KB220246

기적을 찾아
떠나는 여행

지금도 살아계신 하나님

기적을 찾아
떠나는 여행

야곱 박찬범 목사 지음

코람데오

추천의 글

❖

'**지금도 살아계신 하나님**' 시리즈 1권에 이어 《**기적을 찾아 떠나는 여행**》을 출판하게 된 것을 축하드린다.

이 책을 읽는 데는 몇 시간이면 된다. 그러나 그 짧은 몇 시간이 읽는 이의 인생을 완전히 바꾸어 놓을 수도 있을 것이다. 저자의 영적 통찰력이 담겨있는 고귀한 책으로 성경 말씀 안에서 실제적이고 탁월한 치유 경험에서 터득한 기도와 치유의 원리들을 기록한 책이다. 지금 코로나19로 영육간의 혼란스러운 때에 없어서는 안 될 꼭 필요한 책이다.

이 책에서 가장 중요한 핵심은 "**기도는 모든 문제의 해결이며 답**"인 것을 강조하고 있다. 영원히 변함없는 하나님의 말씀인 성경에서 가르치는 기도응답의 원리를 따라 간절히 기도하여 응답받고, 치유를 비롯한 삶의 문제를 해결 받는 것을 내용으로 하고 있다.

이 책을 통해서 저자의 마음과 나누고자 하는 깊은 메시지를 독자가 함께 공유하기를 원하며, 또한 저자가 강조하는 것과 같이 성경 말씀과 예수 그리스도의 진리 안에서 읽는 이들이 찾고자하는 답을 얻고, 해결받기를 원하는 문제 속에 기적이 일어나기를 원한다.

더 나아가서 성경적인 신앙과 성령의 충만함 속에서 기적적인 치유가 일어나야 할 교회 안에서 많은 성도들이 뜻하지 않는 고통을 겪고 있음을 보면서, 저자의 이 책이 한 영혼의 구원과 치유의 놀라운 역사와 목회 부흥성장에 큰 도움이 되기를 간절히 소원한다.

목회와 삶 속에서 성경적인 기도를 배우고, 지금도 살아계신 하나님의 놀라운 치유의 경험을 갖기를 원하는 신학생과 목회자 그리고, 예수 그리스도의 모든 제자들에게 이 책을 강력 추천한다.

권영삼 목사
(행복한교회 담임, 영남신학대학교 교수)

──────────── 추천사 2 ────────────

우리가 신앙생활을 하다보면 말씀을 붙들고 기도하며 믿음으로 살아가지만 자칫 감정이 메마를 때가 있다. 하지만 하나님이 주신 인간의 인격적 요소인 지·정·의를 통한 감동을 느끼려면 이 책은 아주 탁월한 책이다. 무엇보다 재미가 있다. 흥미롭다. 그리고 감동이 있다.

여행의 코스를 따라서 한 걸음씩 나아가듯, 페이지를 넘길 때마다 지금도 살아계신 우리 하나님이 하시는 일은 그 자체가 기적이었다고 고백할 수밖에 없다.

책을 여는 순간,

기적을 찾아 떠나는 여행의 제목처럼 저자의 간증을 통하여 살아계신 하나님을 느낄 수 있다. 무엇보다 그 간증들이 말씀을 통하여 드러났기에 말씀이 살아있는 생동감을 느낄 수 있다.

야곱이라 부르게 된 저자의 간증을 비롯하여 이 책의 마지막 부분인 **"기도응답과 기적의 실례"**를 통하여 독자는 살아계신 하나님을 느낄 수 있으며, 하나님은 지금도 일하고 계심을 고백하게 된다. 그러므로 하나님이 행하시는 살아있는 일들을 보기 원한다면 이 책을 추천한다. 살아계신 하나님이 오늘 이 책을 읽는 여러분의 하나님, 곧 자신의 하나님이 될 것이다.

특별히 저자는 하나님의 말씀인 성경 안에서 '기도'라는 주제를 평범하면서도 깊이 있게 다루고 있기 때문에, 기도가 무엇인지 더욱 깊이 알고 배우기를 원하는 자들에게 매우 좋은 참고서가 될 것이다. 또한 교회에서 기도를 가르치고 훈련하기에 매우 훌륭한 학습 교재로 믿어지기에 진심으로 이 책을 적극 추천한다.

정병주 목사
(선한목자교회 담임, 현 총회 신학교육부장)

이번 여행에서는 반드시
지금도 살아계신 하나님을 만나길 소원하며……

열 길 물속은 알아도 한 길 사람 속은 모른다는 말이 있다.
정말이지 박 목사님을 알고 지내는 지가 10년이 넘는다.
그런데 박 목사님에게 이런 글재주가 있는 줄을 몰랐다.

사람들은 흔히 말하기를
내 이야기를 책으로 쓰면 열 권을 쓰고도 남는다고 말하지만
실제로 글을 써서 책으로 내는 사람은 많지 않다.
그만큼 글을 쓰는 것이 쉽지 않음을 말하는 것이다.

그런데 박 목사님은 '지금도 살아계신 하나님' 시리즈로
1권 **《암과 질병 이렇게 고쳐라》**에 이어
2권 **《기적을 찾아 떠나는 여행》**을 집필하셨고
또 3권 **《치유사역의 이해와 실제》**를 출간할 예정이다.

박 목사님의 지금도 살아계신 하나님 시리즈 1권에서도 큰 감동을 주었는데 기적을 찾아 떠나는 여행은 나에게 설렘을 갖게 했다.
그리고 내 삶에는 물론이거니와 내 목회에도 큰 영향을 미치고 있다.
우리 교회 신년도 표어가

'**하나님의 기적을 체험하는 교회**'인 것을 보면 알 수 있을 것이다.

솔직히 우리는 신앙생활을 하면서 많은 기적을 이야기 하지만 거기서
끝나지, 살아계신 하나님을 만나기는 쉽지 않다.
박 목사님은 이 책을 통해 특히 제3부 '**응답과 기적의 실례**'를 통하여
어떻게 많은 사람이 살아계신 하나님을 만날 수 있는가를 보여주고 있다.

이번에 출간되는 박 목사님의 《기적을 찾아 떠나는 여행》은
단순히 좋은 여행지를 소개하는 책이 아니라
몸소 그 길을 걷고 경험한 하나의 기행문과 같다고 할 수 있다.

박 목사님의 《기적을 찾아 떠나는 여행》에서 지금도 살아계신 하나님
을 만나는 사람들이 많았으면 하는 간절한 바람이다.

이명수 목사
(수정교회담임 · 원포인트설교아카데미원장)

글쓴이의 마음

❖

기적과 기도는 보편적으로 함께 따라가는 특별한 관계 속에 있다. 기적을 바라는 환경은 기도를 요청하고, 기도는 기적을 불러온다. 세상을 사는 사람들이 항상 기적을 바라며 살지 않는다. 모든 사람들이 기적을 필요로 하는 것도 아니다. 그럼에도 불구하고 우리가 살고 있는 세상에는 간절히 기적을 구하고 필요로 하는 사람들이 눈에 보이게 많이 있다.

어떤 사람들은 갑자기 사고를 당하여 고통 속에서 기적을 구하는 사람들이 있다. 어떤 사람들은 눈물과 피로 공들여 일궈온 사업이 부도나고 파산될 지경에서 기적을 바라는 사람들이 있다. 어떤 사람들은 암과 불치병으로 인해 죽음의 공포와 두려움 속에서 간절히 기적을 소원하는 사람들이 있다. 지금도 첨단 의학과 의술을 자랑하는 대형병원의 암센터 호스피스 병동에는 마약성 진통제로도 통증이 다스려지지 않아 참혹한 고통을 당하며, 환자 본인과 가족들이 살려달라고 울부짖고, 자신들이 믿고 의지하는 신을 찾거나 누군가의 도움을 호소하며 소리치는 이들이 얼마나 많은지 모른다. 이들은 모두 기적이 필요한 사람들이다.

허황되고 잘못된 기적에 미쳐서도 안 되겠지만 그래도 성경은 기적을 말하고 있고, 환난과 역경에 처한 자들에게 은혜의 기적은 필요하다. 그래서 저는 이 책에서 가나 혼인잔치에서 예수님이 물로 포도주를 만드신 기적을 알기 쉽게 풀어가면서 오늘의 현실에서도 기적이 필요한 분들에게 기적을 경험할 수 있도록 귀한 지혜를 발견하게 하며, 또한 기도의 진실이 무엇인지, 얼마나 귀하고 위대한 것이며 능력을 발휘할 수 있는 것인지를 서술하였다. 그리고 몇 가지 기도응답과 기적의 실례를 기록하였다.

이 책은 기도에 대해서 더욱 깊이 알고 배우고자 하는 이들에게 좋은 참고서와 학습교재가 될 것이며, 무엇보다도 삶 속에서 "어떻게 하면 기도 응답을 받을 수 있을까?" 고민하는 자들에게 큰 도움이 되리라 믿는다.

삶 속에서 특별히 어려운 문제없이 평범한 일상을 누리는 사람들에게는 기적이 필요 없고, 그러한 기적을 생각하거나 기대하지도 않을 것이다. 그러나 큰 환난을 만난 사람들에게 기적은 꼭 필요하고 또 있어야 한다. 그래서 이러한 고난과 시련을 겪고 있는 분들과 가족들을 위해 조금이나마 위로가 되고 도움이 되었으면 하는 간절한 마음에서 이 책을 세상에 내어놓게 되었다.

이 책을 읽는 분들이여!

여러분의 삶의 주위에 큰 환난을 당하여 고통과 절망 속에 있는 분들이 있다면, '지금도 살아계신 하나님' 시리즈 제1권 《암과 질병 이렇게 고쳐라》와 제2권 《기적을 찾아 떠나는 여행》을 꼭 읽도록 추천해 주시기 바란다. 그들에게 삶의 희망을 주고, 그들을 살려야 한다!

감사와 축복 인사

❖

나에게 야곱이란 이름을 친히 지어주시고, 죽음에서 건지시어 오늘날까지 내 생명을 보존하신 하나님, '지금도 살아계신 하나님' 시리즈로 제1권 《암과 질병 이렇게 고쳐라》 출판에 이어 제2권 《기적을 찾아 떠나는 여행》을 집필하게 하신 하나님께 감사와 찬양과 존귀와 영광을 올려드립니다.

심히 부족한 사람의 글에 아름답고 훌륭한 추천사를 올려주신 나의 사랑하는 친구들에게 감사하고 축복하며, 이 책의 원고를 받아들여 기쁨으로 출판해 주시기로 하신 임병해 코람데오 출판사 사장님을 비롯하여 완성 작품이 나오기까지 모든 과정에서 함께 수고하시는 모든 분들에게 진심으로 감사드리며 축복합니다.

세광교회 교우들을 비롯하여 저를 사랑하며 축복하는 분들과 이 책을 읽는 모든 분들에게, 우리 주 예수 그리스도 안에서 전능하신 하나님의 은혜와 평강이 있기를 원하며, 복되고 아름다운 기적이 있기를 축원합니다.

차 례

제3부 응답과 기적의 실례(實例)

제1부

기적의
비밀

1.

기적을 찾아
떠나는 여행

〈요한복음 2:1-11〉

"사흘째 되던 날 갈릴리 가나에 혼례가 있어 예수의 어머니도 거기 계시고 예수와 그 제자들도 혼례에 청함을 받았더니 포도주가 떨어진지라 예수의 어머니가 예수에게 이르되 저들에게 포도주가 없다 하니 예수께서 이르시되 여자여 나와 무슨 상관이 있나이까 내 때가 아직 이르지 아니하였나이다 그의 어머니가 하인들에게 이르되 너희에게 무슨 말씀을 하시든지 그대로 하라 하니라 거기에 유대인의 정결 예식을 따라 두세 통 드는 돌항아리 여섯이 놓였는지라 예수께서 그들에게 이르시되 항아리에 물을 채우라 하신즉 아귀까지 채우니 이제는 떠서 연회장에게 갖다 주라 하시매 갖다 주었더니 연회장은 물로 된 포도주를 맛보고도 어디서 났는지 알지 못하되 물 떠온 하인들은 알더라 연회장이 신랑을 불러 말하되 사람마다 먼저 좋은 포도주를 내고 취한 후에 낮은 것을 내거늘 그대는 지금까지 좋은 포도주를 두었도다 하니라 예수께서 이 첫 표적을 갈릴리 가나에서 행하여 그의 영광을 나타내시매 제자들이 그를 믿으니라"

● 들어가는 말

"게으른 자여 개미에게 가서 그가 하는 것을 보고 지혜를 얻으라 개미는 두령도 없고 감독자도 없고 통치자도 없으되 먹을 것을 여름 동안에 예비하며 추수 때에 양식을 모으느니라 게으른 자여 네가 어느 때까지 누워 있겠느냐 네가 어느 때에 잠이 깨어 일어나겠느냐 좀더 자자, 좀더 졸자, 손을 모으고 좀 더 누워 있자 하면 네 빈궁이 강도같이 오며 네 곤핍이 군사 같이 이르리라"(잠 6:6-11)

하나님은 자신의 형상과 모양을 따라 친히 지으시고 사랑하시는 우리 인간을 향해 **"게으른 자여 개미에게 가서 그가 하는 것을 보고 지혜를 얻으라"**고 하시며 부지런하고 성실하게 살기를 원하시는 하나님의 심정을 나타내셨다. 하나님은 우리 인간이 하는 일 없이 기적이나 요행을 바라거나 게으르고 불성실한 자로 살아가는 것을 결코 원하지 않으신다.

그리고 기도만 하면 하나님께서 모든 일을 알아서 해주신다고 믿고, 자신이 마땅히 해야 할 일을 소홀히 하는 것은 바람직한 신앙자세가 아니다. 참된 신앙인이라면 모든 일에 최선을 다해 노력하면서 하나님의 도우심을 구해야 한다. 우리는 잘못되고 허무맹랑한 기적을 기대하거나 요행만을 바라는 마치 신기루에 희망을 걸고 좇아가는 것과 같은 어리석은 사람이 되어서는 안 된다.

그러나 환난이나 역경을 만난 사람들에게 특별한 기도의 응답과 기적은 너무나도 필요하고, 성경은 그러한 응답과 기적의 사건들을 보여주고 있다. 또한 오늘날도 실제적으로 기적을 경험하는 사람들이 많이 있다.

실례로 원종수 박사 이야기와 리앤 맥코이 사모님 이야기를 소개해 본다.

**원종수 박사
이야기**

어느 분이 그에 대해서 이렇게 소개하였다.

"그는 서울대학교 의과대학을 수석으로 졸업하고 그해 전국 의사고시에도 수석 합격한 수재이다. 지금은 미국에서 암 전문병원을 운영하며, 신학을 전공하고 해외 의료선교사로 활동 중이다. 1990년대 초 원종수 박사의 신앙 간증 테이프는 우리나라 기독교에 신선한 충격을 주었다. '원종수 신드롬'을 몰고 왔다. 가히 매머드급 태풍이었다. 미국 교회에서 간증한 테이프가 역으로 들어와서 화제가 되었다. 그는 우리 크리스천들, 특히 젊은 엘리트층에 새로운 스타요 영웅이었다. 그는 우리 크리스천들의 의식 속에 다시 살아나야 한다. 공부하는 학생들에겐 더욱 필요한 지혜의 간증이다. 그의 간증 속에서 그는 직접 예수님을 만나고 음성을 듣는다. 예수님은 그만의 구원자가 아니다. 우리도 생활 속에서 언제나 만날 수 있다."

"젊은이들이여 원종수 박사의 간증을 통하여 지혜를 배우십시오!"

원종수 권사는 추운 겨울날 추위에 떨고 있는 거지를 집안에 들여 엄청난 축복을 받게 되는데 그 거지를 비롯하여 그가 도왔던 어려운 사람들은 다름이 아닌 변신한 예수님이었다.

"인자가 자기 영광으로 모든 천사와 함께 올 때에 자기 영광의 보좌에 앉으리니 모든 민족을 그 앞에 모으고 각각 구분하기를 목자가 양과 염소를 구분하는 것 같이 하여 양은 그 오른편에 염소는 왼편에 두리라 그 때

에 임금이 그 오른편에 있는 자들에게 이르시되 내 아버지께 복 받을 자들이여 나아와 창세로부터 너희를 위하여 예비된 나라를 상속받으라 내가 주릴 때에 너희가 먹을 것을 주었고 목마를 때에 마시게 하였고 나그네 되었을 때에 영접하였고 헐벗었을 때에 옷을 입혔고 병들었을 때에 돌보았고 옥에 갇혔을 때에 와서 보았느니라 이에 의인들이 대답하여 이르되 주여 우리가 어느 때에 주께서 주리신 것을 보고 음식을 대접하였으며 목마르신 것을 보고 마시게 하였나이까 어느 때에 나그네 되신 것을 보고 영접하였으며 헐벗으신 것을 보고 옷 입혔나이까 어느 때에 병드신 것이나 옥에 갇히신 것을 보고 가서 뵈었나이까 하리니 **임금이 대답하여 이르시되 내가 진실로 너희에게 이르노니 너희가 여기 내 형제 중에 지극히 작은 자 하나에게 한 것이 곧 내게 한 것이니라 하시고**"(마 25:31-40)

원종수 박사 간증의 일부를 소개한다.

나는 1951년 2월 8일 출생했다. 6·25 전란 중이었다. 나의 가족은 대전에서 살았고 아버지가 6세에 돌아가셨다. 험하고 가난한 생활의 연속이었다. 딸 셋 아들 하나, 4명의 가족을 부양하기 위해 어머니는 고달픈 행상을 했지만, 새벽 기도만은 빠지지 않고 매일 가정 예배를 드렸다. 하늘이 보이고 다 쓰러져 가는 사글세 집에서 하루의 끼니를 걱정하던 시절이었다.

16세 때 나는 새벽예배 철야 예배에 빠지지 않고 참석했다. 그때 방언의 은사를 받고 더욱 기도와 교회 생활에 열심이었다. 그해 겨울 어머니가 거지 할아버지 한 분을 모시고 오셨다. 대전 역 앞에서 구걸하던 노인이셨다. 옷은 때가 갑옷처럼 두터워져 있고 악취가 심했다.

할아버지를 목욕시켜 드리라는 어머니의 말씀에 순종하여 따뜻한 물로 목욕을 시켜 드리고, 한 벌 밖에 없는 옷을 입혀드렸다. 그리고 우리의 끼니도 부족한 속에서 정성스럽게 한 겨울을 모셨다. 이상한 일이 생겼다. 집 앞을 지나던 사람들이 먹을 것과 입을 것을 놓고 갔다.

어느 날 새벽 기도 중에 하나님의 음성이 들렸다.
"종수야, 종수야 네가 무엇을 원하느냐?"
깜짝 놀랐다. 사람의 목소리도 아니고 큰 소리도 아닌데 분명 하나님의 음성임을 깨달았다. 나의 입술에서 '돈' 하려다가, 솔로몬의 지혜 구하던 일을 생각하고 **"하나님! 지혜를 주세요."** 하고 대답했다. 새벽 기도를 다녀와서 성경 로마서 쪽 복음 16장을 두 번 읽고 걸어가는데 이상한 일이 생겼다. 눈에 로마서가 보이는 것이었다. 머릿속으로 넘기면 페이지가 보이고 그 내용이 훤히 다 보였다. 신비한 능력이 생겼다. 바로 하나님이 지혜를 주신 것이었다.

어느 날 선생님이 나를 부르셨다. 나의 성적은 전교 480명 중 410등이었다. 선생님의 안타까운 꾸중이 있었다. 분발하기로 했다. 열심히 공부하고 시험 볼 때마다 머릿속에서 책장을 넘기면 답이 있었다. 갑자기 전교에서 5등을 하고 대전 고등학교를 1등으로 졸업을 했다. 그리고 서울의대 예과에 합격을 했다. 그러나 나의 몸은 극도로 쇠약해져 있었고 신체검사 후 보건소에서 통지가 왔다. 나의 폐가 반이 썩어 들어가고 있었다. 심한 결핵에 걸려있었다. 그래도 아르바이트를 계속해야 되었고, 지쳐버린 나는 마침내 죽기로 결심을 했다.

1969년 5월, 화학실험실 4층 발코니에 한발을 걸치고 떨어지려는 순간 **"종수야!"** 부르는 어머니의 애절한 음성을 들었다. 마음을 돌이키고 기도원에 들어가서 하나님께 매달렸다. 물도 마시지 않고 단식을 했다. 하루 저녁이 지났다. 피가 다른 폐로 들어가고 더 힘들어졌다. 둘째 날 밤, 정신이 혼미해지고 손가락도 움직이지 못했다.

　새벽 4시 반에 내가 늘 어려서부터 기도하던 그 시간에 하나님이 찾아오셨다. 갑자기 머리가 시원해지며 **"종수야, 네 머리는 새 것이 되었다."** 하나님의 음성이 들렸다. 위에서부터 아래로 모든 부위마다 **"새 것이 되었다."**는 하나님의 은혜로운 말씀의 선포가 있었다. 그 시원한 기운이 엄지발가락을 빠져나가는 순간 나는 오뚝이처럼 발딱 일어나 단숨에 산을 뛰어 올라갔다. **"하나님! 감사합니다!"** 산 속 깊은 곳곳에 감사의 메아리가 "-다-다-다." 울려 퍼지고 있었다.

　본과 1학년 때 아르바이트로 3만 원을 벌었다. 어머니에게 고기를 사드리고 싶다는 기쁨으로 대전으로 향했다. 토요일 밤 11시였다. 고속버스정류장에 내리니 다 떨어진 바지를 입은 할아버지 한 분이 떨고 계셨다. 내 마음과는 달리 나의 손은 어느새 그 할아버지에게 가진 돈 3만 원을 모두 쥐어 주었다. 그리고 정육점 앞을 그냥 지나칠 때는 어머니 생각으로 가슴이 찢어지는 듯 아프고 눈물이 났다.

　뒤에 미국 간증 집회의 기도 중에 나에게 다섯 장면이 환상으로 비춰졌는데 처음 장면은 16살 때 만났던 거지 할아버지였고, 두 번째 장면에서 이 할아버지 모습이 보였다. 예수님이 말씀하셨다. **"그때 내가 얼마나 춥고 배고픈지 몰랐다. 너는 내게 큰돈을 주었다. 평생 너를 축복하겠다."**

1975년 서울 의대를 1등으로 졸업하고 의사국가고시에도 1등을 했다. 지금 생각하면 나는 돈 3만 원에 1등을 예수님으로부터 축복의 선물로 받았다고 믿는다. 레지던트 때 일이다. 어머니께 월급을 드리고 3만 원을 갖고 있었다. 병원 밖에서 할아버지 한 분이 떨고 계셨다. 돈이 없어 접수도 못하고 쫓겨나 있었다. 증상이 심각했다. 내가 모든 것을 책임지고 정성껏 치료해드렸다. 다리에 종기를 째서 고름을 짜고 심을 박고 주사를 양쪽 엉덩이에 놔드렸다. 그리고 손에 가진 돈 3만 원을 모두 드렸다. 그리고 예수를 믿으라고 전도를 했다. 세 번째 장면에 이 할아버지 모습이 보였다.

예수님이 말씀하셨다.

"that was me." "내가 너를 영혼을 사랑하는 훌륭한 의사로 축복해주겠다."

리앤 맥코이 사모님 이야기

말로 감당할 수 없는 고난 속에서 믿음으로 승리한 분이 있다. 목사의 사모로서 많은 글을 쓰신 저술가이기도 하고 강연가로 유명하신 리앤 맥코이 사모님이다. 목회자의 아내로서 세 자녀와 함께 평범한 삶을 살고 있던 사모님이신데 감당할 수 없는 고난이 한꺼번에 몰아닥쳤다. 2010년도 3월에 대장암 판정을 받고 수술을 받았다. 그런데 두 달 지나고 나서, 섬기는 교회가 있는 테네시 중부에 쏟아진 집중호우로 예배당과 교육관이 물에 다 침수가 되었다. 그래서 무려 피해액은 27만 5천 달러, 약 3억 원 가까운 피해가 났다.

그로부터 한 달이 지난 후에 18살 난 큰딸이 가출했다. 일반 가정도 아닌 목사님 딸이 가출을 했으니 얼마나 힘들었겠는가? 목사님 딸이 집을 나갔다고 사람들이 많은 비방을 할 것이라 생각이 되었다. 그런데 집을 나가서 또 남자친구랑 동거하면서 아이까지 낳았다.

큰딸이 가출하고 나서 석 달이 지나고 난 다음, 그분의 아들은 전염성 단핵증이라고 하는 발열과 오한을 동반하는 바이러스성 병을 앓게 되어 온몸이 바늘로 찌르는 듯한 고통이 와서 일 년 동안 힘들게 병마와 싸워야 했다. 또 그 아들이 이런 진단을 받고 난 한 달 뒤에는 남편 목사님 눈꺼풀에 피부암이 발견되어 종양 절제술을 받아야 했다. 그리고 나서 삼 주 후에는 작은 딸마저 다낭성 난소 증후군이라고 하는 진단을 받아서 병원에 가게 되었다. 이 모든 것이 일 년 내에 순식간에 갑자기 사모님 가정에 불어 닥친 것이다. 그리고 2년 후에는 또 사모님의 대장암이 재발되고 간으로 전이가 되었다. 계속 수술을 받고 항암치료 때문에 제대로 먹지도 자지도 못하고 몸은 쇠약해지고 정신은 점점 지쳐만 갔다.

이는 마치 욥이 당한 환난을 떠올리게 하는 현실이었다. 하루아침에 전 재산 다 잃어버리고, 태풍이 불어서 집이 무너져 열 자녀가 다 죽고, 건강하던 몸에 질병이 걸려서 기왓장으로 긁어야하는 비참한 신세와 같았다. 또한 이러한 모습을 바라보는 욥의 아내는 남편을 향해 등을 지고, 몇몇의 친구들은 와서 비난하는 것과 같이, 리앤 맥코이 사모님의 당시 상황은 주변의 사람들의 비난과 멸시 속에서 깊은 절망의 구렁텅이에 빠져 있었다.

어느 날 새벽 코피가 터져서 코피를 닦다가 이대로 죽겠구나 하는 생각이 들어서 사모님은 하나님께 기도했다.

"하나님, 저는 이 암으로 인해 죽게 되나요?"

그때 주님의 음성이 들려왔다.

"아니다. 리앤, 너는 죽지 않을 것이다. 너는 좋아질 것이다. 내가 너로 장수하고 풍요로운 삶을 살게 할 것이다."

사모님은 이러한 주님이 친히 들려주신 약속의 말씀을 붙잡고 주님 앞에 더욱 낮아져 간구하였다. 눈물 콧물 쏟으면서 주님 앞에 기도했다.

"주님 저를 살려주신다고 했사오니, 건강을 회복시켜 주시고, 우리 가정에 특별한 은혜를 베풀어 주셔서 모든 어려움을 이기게 하여 주시옵소서."

기도하고 또 간구하며 부르짖었더니 하나님께서 사모님의 기도에 응답하시고 기적을 나타내셨다. 하나님은 사모님을 비롯하여 남편과 가족들의 몸을 치료해주시고 가정도 교회도 건강하고 안정되게 회복하여 주셨다. 이 어찌 하나님의 놀라운 은혜와 기적이 아닐 수 있겠는가?

기사와 표적은 우리 인간의 관심을 끌고 마음을 설레게 한다. 또한 세상 사람들의 닫혀진 마음을 열고 그것을 행한 사람이나 배후의 신적 존재를 믿고 신뢰하게 하는데 중요한 역할을 한다. 본문 성경에 나타난 기적은 예수께서 행하신 수많은 기적 중에서 첫 번째 행하신 기적으로 요한복음에서는 특별히 이 기적을 '표적'이라는 말로 사용하고 있다.

표적은 헬라어로 세메이온이라고 하는데 영어로 사인(sign)이라는 말

이다. 예수께서 이 표적, 즉 사인을 통해서 나타내고자 하시는 거룩한 목적이 있었던 것이다. 예수님은 이러한 표적을 통해서 신적 권위와 위엄을 나타내시므로 하나님의 권능과 영광을 드러내셨고, 또한 이것을 보는 이로 하여금 하나님께 영광을 돌리게 하셨다. 더 나아가 예수 자신이 하나님께서 보내신 메시아 곧 그리스도이심을 믿게 하셨다.

"예수께서 이 첫 표적을 갈릴리 가나에서 행하여 그의 영광을 나타내시매 제자들이 그를 믿으니라"(요 2:11)

예수님이 세상에 계셨던 당시 유대 종교는 종교적 제의가 있고 말씀은 있었지만 능력이 없었다. 그래서 당시 종교 지도자들은 성령의 권능으로 기사와 표적을 행하시는 예수님의 능력 사역을 시기하고 비판하였다. 더 나아가서 그들은 예수님이 귀신을 쫓아내는 것을 보고 귀신의 왕 바알세불을 힘입어 귀신을 쫓아낸다는 악한 말로 성령을 모독하였다. 교회가 지나친 신비주의에 빠져서는 안 되겠지만, 영적인 신비가 없거나 그것을 무시한다면 그러한 교회는 하나님이 없는 세상 단체와 다를 바가 없다. 그렇다고 잘못된 마술적이거나 샤머니즘적인 신비와 기적에 빠져서도 결코 안 될 것이다.

우리가 하나님의 삼위일체 속에서 성령 하나님을 믿는다면 자연스럽게 신비를 생각하게 되고 신비를 경험하게 되는 것이 당연하다. 성령은 하나님의 영으로서 그 본체는 보이지 않는다. 그러나 성령은 그분의 뜻대로 나누어 주시는 각양 은사로 계시되어지고 나타난다. 더 나아가서 성령은 그를 믿는 자들로 하여금 놀라운 기사와 표적을 경험하게 한다. 여기에 하나님의 신비가 있고, 신앙의 신비로움이 있다.

사도 바울은 성령의 은사 곧 나타나심을 고린도교회에 보내는 편지 속에서 구체적으로 이야기하고 있다.

"은사는 여러 가지나 성령은 같고 직분은 여러 가지나 주는 같으며 또 사역은 여러 가지나 모든 것을 모든 사람 가운데서 이루시는 하나님은 같으니 **각 사람에게 성령을 나타내심은 유익하게 하려 하심이라 어떤 사람에게는 성령으로 말미암아 지혜의 말씀을, 어떤 사람에게는 같은 성령을 따라 지식의 말씀을, 다른 사람에게는 같은 성령으로 믿음을, 어떤 사람에게는 한 성령으로 병 고치는 은사를, 어떤 사람에게는 능력 행함을, 어떤 사람에게는 예언함을, 어떤 사람에게는 영들 분별함을, 다른 사람에게는 각종 방언 말함을, 어떤 사람에게는 방언들 통역함을 주시나니 이 모든 일은 같은 한 성령이 행하사 그의 뜻대로 각 사람에게 나누어 주시는 것이니라**"(고전 12:4-11)

"내 말과 전도함이 설득력 있는 지혜의 말로 하지 아니하고 **다만 성령의 나타나심과 능력으로 하여** 너희 믿음이 사람의 지혜에 있지 아니하고 **다만 하나님의 능력에 있게 하려 하였노라**"(고전 2:4-5)

지금도 하나님은 살아계신다.

지금도 하나님은 그리스도 예수 안에서 성령의 각양 은사와 권능을 나타내신다.

지금도 하나님이 나타내시는 기적은 있다.

우리의 삶에 일어나는 모든 고난을 슬기롭게 잘 극복하고, 또한 그 배후에 역사하는 어둠의 세력과 싸워 승리하며 하나님 영광을 위해 살아가야 한다. 하나님은 영원히 살아계시고 자기를 피난처로 삼고 의지하며 도움을 구하는 자에게 전능하신 능력과 기적을 나타내시는 분이시다. 지금도 기적은 일어나고 있다.

하나님께서는 오늘날도 변함없이 우리를 통하여 위대한 역사를 이루고 계신다. 지금 어렵고 힘들지만 삶의 모든 무거운 짐을 주님께 믿음으로 맡기고 의지하며 주님만 바라보고 전진한다면 어제보다 오늘이, 오늘보다 내일이 더 나은 삶을 살도록 인도해 주시고 놀라운 은혜와 축복으로 함께하실 것이다. 어떠한 역경과 시련이 와도 낙심하거나 절망하지 말고 포기하지 말자. 우리의 피난처 되시고 환난 날의 큰 도움이 되시며 희망이 되신 우리 주님 붙잡고 주의 말씀 의지하여 믿음으로 전진해 나아가기 바란다. 자비로우신 하나님은 우리 앞에 평강과 기적의 은총을 예비하고 계신다.

"하나님은 우리의 피난처시요 힘이시니 환난 중에 만날 큰 도움이시라"(시 46:1)

"환난 날에 나를 부르라 내가 너를 건지리니 네가 나를 영화롭게 하리로다"(시 50:15)

우리는 때로 삶의 기분 전환과 즐거움을 위해서 또는 어떤 연구나 학문을 위해 여행을 하고, 보다 나은 삶을 위해 모험의 길을 떠날 때가 있다. 우리는 성경에서 하나님이 약속하신 말씀을 따라 인생의 운명을 좌우할 특별한 모험의 여행을 떠나는 한 사람의 이야기를 들을 수 있다. 믿음의 조상 아브라함에 대한 이야기이다.

"여호와께서 아브람에게 이르시되 너는 너의 고향과 친척과 아버지

집을 떠나 내가 네게 보여 줄 땅으로 가라 내가 너로 큰 민족을 이루고 네게 복을 주어 네 이름을 창대하게 하리니 너는 복이 될지라** 너를 축복하는 자에게는 내가 복을 내리고 너를 저주하는 자에게는 내가 저주하리니 땅의 모든 족속이 너로 말미암아 복을 얻을 것이라 하신지라 **이에 아브람이 여호와의 말씀을 따라갔고 롯도 그와 함께 갔으며 아브람이 하란을 떠날 때에 칠십오 세였더라 아브람이 그의 아내 사래와 조카 롯과 하란에서 모은 모든 소유와 얻은 사람들을 이끌고 가나안 땅으로 가려고 떠나서 마침내 가나안 땅에 들어갔더라**"(창 12:1-5)

하나님은 일찍이 아브라함에게 나타나셔서 그에게 큰 은총과 축복과 희망의 말씀을 들려주시고, 하나님이 지시하시는 땅을 향하여 떠나라고 하셨다. 하나님의 말씀을 들은 아브라함은 그 약속의 말씀을 믿고 말씀을 따라 먼 여행길에 오른다. 그리고 마침내 하나님이 약속하시고 지시하신 젖과 꿀이 흐르는 가나안 땅에 들어갔다. 우리가 어떤 목적이 있어서 여행을 하고자 한다면 준비도 있어야 하고 지혜도 필요하다. 고생 끝에 낙이 온다는 '苦盡甘來'(고진감래)라는 말도 있듯이 고생도 각오해야 한다.

크리스토포로 이야기

보다 의미 있고 가치 있는 삶을 위해 여행을 떠나는 한 성인의 이야기가 있다. 여러분은 한 남자가 어깨에 어린 아이를 얹고 있는 형상의 사진을 본 적이 있을 것이다. 바로 이분이 '크리스토포로' 라는 성인이다.

크리스토포로는 덩치가 크고 힘이 장사인 거인이다. 그는 자신보다 더

힘센 사람이 나타나면 그를 주인으로 섬기고자 하는 생각을 하며 그런 사람을 찾아 여행을 하였다.

처음에는 왕을 찾아갔으나 왕은 자기보다 약한 모습을 보였다. 그래서 다음에 찾아간 대상이 악마였다. 그런데 악마는 강한 것 같았지만 예수 그리스도의 십자가를 보고 도망치는 것이었다. 이것을 본 그는 그 후부터는 예수 그리스도가 가장 힘이 센 분일 것이라 생각하고 예수님을 찾아 다녔다.

이렇게 예수님을 찾아 여행을 하며 찾아다니던 중 한 은수자 즉, 숨어서 도를 닦는 사람을 만나게 되는데, 그 은수자는 그에게 가난한 사람들을 섬기는 일이 곧 그리스도를 섬기는 일이요 또한 그 분을 만나는 일이라며 강가에 머물며 가난한 여행자들을 건네주라고 말했다. 이 힘센 거인은 은수자가 가르쳐 준 말을 따라 강가에서 돈이 없어 배를 타고 가지 못하는 순례자나 여행객들을 어깨에 올려 태우고 건네주는 일을 하였다.

그러던 어느 날 강을 건너지 못하고 있는 한 어린 아이를 어깨에 앉히고 강을 건너게 되었는데 물속으로 들어갈수록 아이가 점점 무거워지기 시작했다. 물살은 더욱 거세져 마침내 강을 건널 수 없는 지경에까지 이르게 되었다. 힘센 거인은 **"너무 무거워서 마치 세상을 짊어진 것 같구나"**라고 하자 어깨에 앉은 어린 아이가 이렇게 말했다.

"두려워 말라. 너는 세상뿐만 아니라 세상의 창조자를 짊어지고 있느니라. 내가 바로 예수 그리스도다!"

이때부터 거인의 원래 이름은 레프로보스였지만 '그리스도를 업고 가는 사람'이란 뜻의 '크리스토포로'로 불리게 되었다고 한다. 그 이름은 '그리스도를 업는다'는 것보다 영적으로 '그리스도를 가슴에 간직한다'는 의미가 함축되었다는 말이다. 그의 여행은 힘들고 고생도 되었지만 큰 보람을 느끼는 행복한 여행이 되었다.

요한복음 2장에는 하나님의 아들 예수께서 세상에 오셔서 첫 번째 기적을 행하신 사건을 기록하고 있다. 그 기적이란 **포도 없이 물로만 포도주**를 만드신 일이다. 그래서 기적이다. 하나님은 본문의 사건을 통해서 참된 기적의 비밀이 무엇인지를 깨닫도록 우리를 인도하며 지혜의 선물을 안겨주고 있다.

예수님은 메시아로서 공적 활동을 하셨을 때 세례 요한과 같이 세속과 단절하고 살거나 신비주의자들과 같이 현실을 떠나 산이나 동굴 속에 살지 않으셨다. 주님과 그 제자들은 특별한 일이 아니고서는 언제나 그 지역의 주민들 속에 계셨고, 그들과 일상생활을 함께 하며 호흡을 같이하셨다.

본문 말씀에서도 주님과 제자들은 갈릴리 가나의 어느 혼인집에 초대를 받아 그 잔치에 참석하셨다. 유대인들의 잔치는 보통 7일 동안 계속되는 것이 당시 그들의 풍습이었다. 그런데 본문에 나타난 가나 혼인집에는 잔치가 다 끝나기도 전에 꼭 필요한 포도주가 떨어졌다. 이것은 혼인집으로서 큰 수치와 낭패가 아닐 수 없었고, 잔치집의 즐거움과 흥이 깨질 수밖에 없었다.

이러한 안타까운 상황에 있었던 혼인집에 예수님은 물로 포도주를 만들어 줌으로 그 혼인집의 수치를 면케 하고, 분주하게 일을 돕는 사람들에게 위안을 주었으며, 축하하기 위해 방문한 모든 하객들의 마음에 즐거움과 큰 행복을 더해 주었다. 무엇보다도 그 날의 주인공 신랑은 연회장으로부터 칭찬을 받으므로 기쁨이 충만할 수 있었다.

이러한 본문 말씀을 통해 '**기적을 찾아 떠나는 여행**'이라는 주제로 여러분과 함께 생명과 은혜의 말씀을 나누고자 한다. 이 말씀을 통해서 참된 기적의 비밀을 깨닫고 예수 그리스도 안에서 놀라운 능력과 기적을 경험하는 주인공이 되기를 바란다. 우리는 누구나 예수 이름으로 하나님께 기도하고 응답받을 수 있다. 또한 누구나 예수 그리스도를 통해서 기적을 경험할 수 있다.

구구단을 비롯하여 어려운 수학에 이르기까지 공식을 알면 알수록 문제를 풀어가는 것이 쉽다. 이와 같이 우리가 기도의 응답 받기를 원하고, 참된 기적을 경험하기를 원한다면 이에 따른 비결을 배우고 터득하는 것이 중요하다. 그러나 마치 운전면허증을 갖고도 장롱에 넣어두고 운전하지 않는 사람처럼, 기적의 비결을 배우고 터득한다 해도 그것을 내 삶에 적용하지 않거나 실행하지 않으면 아무 소용이 없다.

본문 말씀을 통해서 우리 모두 참된 기적의 비밀을 배우며 터득하고, 뿐만 아니라 삶에 적용하고 실천하여서 저와 여러분의 삶에 놀라운 기적과 축복의 역사가 있기를 축원한다.

성경 본문 9절은 이렇게 말씀하고 있다. "**연회장은 물로 된 포도주를 맛보고도 어디서 났는지 알지 못하되 물 떠온 하인들은 알더라**"

연회장은 물로 된 포도주의 비밀을 알지 못했지만 하인들은 알았다. **우리는 지금 하인들이 아는 그 기적의 비밀을 찾아 '말씀의 여행'을 떠나고자 한다.** 여러분들이 즐겁고 은혜로운 말씀의 여행을 하기 원한다면 이제부터 마음 문을 활짝 열고 귀를 쫑긋 세우며, 시선은 여행 가이드인 목사에게 집중하는 것이다. 여러분 모두가 말씀 여행을 통해서 참된 기적의 비밀에 대해서 많은 것을 깨달아 유익하고 행복한 여행이 될 수 있도록 최선을 다하여 정성껏 여러분들의 여행을 도울 것이다.

나의 사랑하는 친구 여러분, 즐겁고 행복한 여행, 보람되고 유익한 여행을 위해 마음에서 잘 준비되셨습니까? 아멘이십니까? "아멘"
할렐루야!
자! 준비되었으면 버스 출발합니다.

1. 참된 기적의 비밀을 아는
첫 번째 코스입니다

"예수 그리스도를 내 인생과 가정과 사업에 청하여 모시는 것이다."
"예수와 그 제자들도 혼례에 청함을 받았더니"(요 2:2)

앞에서 나눈 원종수 박사와 리앤 맥코이 사모의 간증은 예수 그리스도를 믿고 자신의 삶에 모시고 산다는 것이 얼마나 중대한 일이고 축복인지를 깨우쳐주고 있다.

만일 포도주가 떨어진 가나 혼인집 그 잔치자리에 예수님이 계시지 않았다면 어떻게 되었을까? 거기엔 기적의 그림자도 비추지 않았을 것이고, 잔치의 즐거움은 사라졌을 것이다. 다행스럽게도 혼인집에 예수님을 초청하여 함께 자리를 같이할 수 있었기에 물로 포도주를 만들어 위기를 면할 수 있었을 뿐만 아니라 기쁨과 행복을 한층 더할 수 있었다.

누가복음 8장에는 예수께서 회당장 야이로의 죽은 딸을 살리는 기적 이야기가 나온다. 이 기적의 사건에서도 야이로는 자기 가정에 삶의 위기가 닥쳤을 때 예수님을 초청함으로 위기가 축복이 되었다.

"예수께서 돌아오시매 무리가 환영하니 이는 다 기다렸음이러라 **이에 회당장인 야이로라 하는 사람이 와서 예수의 발 아래에 엎드려 자기 집**

에 오시기를 간구하니 이는 자기에게 열두 살 된 외딸이 있어 죽어감이러라 예수께서 가실 때에 무리가 밀려들더라"(눅 8:40-42)

예수님이 회당장 야이로의 인도를 따라 그 집에 이르렀을 때 아이는 이미 죽어 있었다. 그러나 예수님은 들어가셔서 아이의 손을 잡고 불러 이르시기를 **"아이야 일어나라"** 하시니 그 영이 돌아와 아이가 곧 살아 일어났다. 죽은 자가 살아나는 이 기적을 바라보면서 부모는 놀랐다. 부모만이 아니라 모두가 얼마나 놀라워하며 기뻐했겠는가? 회당장 야이로는 예수님을 자기 집에 초청함으로 죽은 자기 딸을 살릴 수 있었다. 예수님을 모신다는 것은 이렇게 중요하다.

예수님을 우리 마음과 인생에 영접할 때 우리는 하나님의 자녀 되는 권세를 얻게 된다.

"영접하는 자 곧 그 이름을 믿는 자들에게는 하나님의 자녀가 되는 권세를 주셨으니"(요 1:12)

우리는 예수님을 믿고 영접함으로 우리의 모든 죄를 용서받고 의롭다 함을 얻으며, 마귀의 자녀에서 하나님의 자녀로 바뀌는 기적이 일어난다. 하나님과의 원수 된 관계에서 화목하고 화평한 관계로 변화되고, 지옥백성에서 천국백성으로 바뀌는 것이다. 예수님을 내 인생에 초청하여 모심으로 얻는 이 모든 것 자체가 큰 기적이다. 우리는 우리 인생과 가정과 직장과 사업에 예수님을 청하여 모셔야 한다. 그렇게 함으로 때를 따라 중요한 시기에 놀라운 기적을 경험할 수 있다.

복음서에는 예수님이 행하신 기적의 사건을 많이 기록하였다. 예수님은 불치병으로 고통 당하는 자들을 고쳐주심으로 건강한 삶을 살게 하셨고, 죽은 자를 살려주심으로 가족들의 슬픔을 기쁨으로 바꾸어 주셨다. 사람이 감당할 수 없는 귀신을 쫓아내어 온전한 새 인생을 살게 하셨고, 풍랑을 꾸짖어 바다를 잔잔케 하셨으며 오병이어로 오천 명을 먹이고 열두 광주리를 남기는 기적을 행하셨다.

이러한 기적보다 더 크고 놀라운 기적을 말하고 싶다. 그것은 사람이 변화되는 것이다. 바울은 예수를 그리스도로 믿지 않을 뿐 아니라 예수 믿는 사람들을 눈엣가시처럼 여겨 그들을 잡아 옥에 가두는 일에 앞장서는 사람이요, 그리스도의 몸인 교회에 대해 원수같이 살던 혈기왕성한 청년이었다.

하루는 바울이 다메섹에 있는 예수 믿는 사람들을 만나면 남녀를 막론하고 결박하여 예루살렘으로 잡아끌고 오려고 다메섹 가까이 갔을 때 예수께서 해보다 더 밝은 빛 가운데서 그를 만나주심으로 그의 인생은 완전히 변화되었다. 바울은 한량없이 풍성한 예수 그리스도의 사랑에 그의 교만하고 강퍅한 마음이 완전히 녹아버렸다.

바울은 예수를 만난 후 그 분을 자신의 삶 속에 생명과 주인으로 모시고 예수를 위해 결혼도 하지 않고 자신의 모든 삶을 온전히 바쳤다. 하나님은 그를 능력의 종으로 특별히 사용하셨다. 이것보다 더 큰 기적이 어디 있겠는가?

예수님을 마음과 모든 삶에 모신 바울이 남긴 놀라운 고백들이 있다.
"내가 그리스도와 함께 십자가에 못 박혔나니 그런즉 이제는 내가 사

는 것이 아니요 오직 내 안에 그리스도께서 사시는 것이라 이제 내가 육체 가운데 사는 것은 나를 사랑하사 나를 위하여 자기 자신을 버리신 하나님의 아들을 믿는 믿음 안에서 사는 것이라"(갈 2:20)

"내가 달려갈 길과 주 예수께 받은 사명 곧 하나님의 은혜의 복음을 증거하는 일을 마치려 함에는 나의 생명조차 조금도 귀한 것으로 여기지 아니하노라"(행 20:24)

"바울이 대답하되 여러분이 어찌하여 울어 내 마음을 상하게 하느냐 나는 주 예수의 이름을 위하여 결박 당할 뿐 아니라 예루살렘에서 죽을 것도 각오하였노라 하니"(행 21:13)

누가복음 8장에는 예수님의 특별한 은혜를 입은 사람들의 변화와 헌신을 보여주고 있다. 그러한 사람들 중에서도 특히 일곱 귀신이 들려 정상적인 인간의 삶을 살 수 없었고, 마귀의 노예로서 삶의 희망을 찾을 수 없었던 막달라 마리아의 삶을 기록한 복음서는 읽는 이의 주목을 끌게 하고 있다.

"그 후에 예수께서 각 성과 마을에 두루 다니시며 하나님의 나라를 선포하시며 그 복음을 전하실새 열두 제자가 함께 하였고 **또한 악귀를 쫓아내심과 병 고침을 받은 어떤 여자들 곧 일곱 귀신이 나간 자 막달라인이라 하는 마리아**와 헤롯의 청지기 구사의 아내 요안나와 수산나와 다른 여러 여자가 함께 하여 자기들의 소유로 그들을 섬기더라"(눅 8:1-3)

"예수께서 안식 후 첫날 이른 아침에 살아나신 후 전에 일곱 귀신을 쫓아내어 주신 막달라 마리아에게 먼저 보이시니"(막 16:9)

2. 참된 기적의 비밀을 아는 두 번째 코스로 떠납니다

"삶의 문제를 바르게 파악하고 주님께 구하는 것이다."

"포도주가 떨어진지라 예수의 어머니가 예수에게 이르되 저들에게 포도주가 없다 하니"(요 2:3)

예수님의 어머니 마리아는 아마도 잔치 집과 특별한 친인척의 연관을 갖고 일을 도우려고 잔치에 와 있었던 것 같다. 그래서 잔치집의 형편을 잘 알고 있는 것으로 보인다. 마리아가 보니 아직도 손님을 많이 접대하여야 하는데 포도주가 떨어졌다. 오늘날 같으면 대형마트에 차를 끌고 가서 당장 사다가 사용하면 되지만 2000여 년 전에는 그런 것이 없었다. 당시 사람들은 큰 잔치가 있으면 미리 포도철에 많은 포도를 준비하여 포도주를 담가 놓아야 쓸 수 있었다. 그런데 포도주가 바닥이 난 것이다. 생각보다 손님이 많이 와서인지, 아니면 처음부터 적게 준비했는지 어찌되었든 손님은 많고 사용해야 할 포도주는 떨어졌다.

마리아는 잔치를 둘러보면서 성공적인 축제의 결혼식을 위해서 무엇이 부족한지 무엇이 문제인지 지혜롭게 파악을 하여 예수님께 말씀을 드렸다. 우리에게도 이것이 필요하다. 우리의 삶에 무엇이 정말 필요한 것인지. 무엇이 정말 문제인지 바르게 파악하는 지혜가 필요하다. 사람마다 나름대로 필요한 것이 있을 것이고, 각종 해결해야 할 문제를 가지고 있을 것이다. 건강이, 재물이, 자손이, 직장이, 사업이, 믿음이, 성격이 그리고 공부하는 학생들에게는 학업의 능률이, 대학 진학이, 지혜 등등

하나님은 우리의 필요를 채워주시기를 기뻐하신다. 그래서 구하라 찾으라 두드리라 말씀하신다. 우리가 마땅히 구하면 받을 것을 구하지 않으므로 받지 못한다면 참으로 안타깝고 어리석은 것이 아닐 수 없다.

"구하라 그리하면 너희에게 주실 것이요 찾으라 그리하면 찾아낼 것이요 문을 두드리라 그리하면 너희에게 열릴 것이니 구하는 이마다 받을 것이요 찾는 이는 찾아낼 것이요 두드리는 이에게는 열릴 것이니라"

(마 7:7-8)

"너희가 얻지 못함은 구하지 아니하기 때문이요 구하여도 받지 못함은 정욕으로 쓰려고 잘못 구하기 때문이라"(약 4:2-3)

"환난 날에 나를 부르라 내가 너를 건지리니 네가 나를 영화롭게 하리로다"(시 50:15)

| **절망 중에 구하라는 천사의 음성** | 어머니는 나를 낳으신 후, 어린 내가 한 달도 못되어 이유를 알 수 없는 병이 걸려 죽어가는 절망적 상황에 처하게 되었다. 그러 |

한 어린 아기를 바라보고 한숨지으며 눈물 흘리던 어머니는 이런 생각을 하였다.

'내일 아침에는 도시의 큰 병원에라도 가서 이 어린애가 왜 아픈 것인지, 왜 죽어 가는지 죽더라도 이유라도 알아보자.'

어머니는 이러한 생각을 하며 그날 밤 체온마저 차갑게 식어가는 어린 아기를 안고 슬픔과 근심 속에 잠을 청했다. 잠이 쉽게 오지 않아 늦게야 잠이 들었다. 그런데 한 밤중 꿈속에서 흰 옷을 입은 천사가 어머니에게 나타나더니만 **"이 아기를 데리고 어디로 가려고 하느냐? 네가 날이 밝으면 큰 병원에라도 가보려고 하지만 이미 때는 늦었다."** 그러면서 천사는 동네 아랫마을 예배당, 즉 어머님이 나를 임신하기 얼마 전부터 다니던 작은 초가 예배당을 가리키며 하는 말이 **"믿고 하나님께 나아가 간구하면 이루어주시지 않는 것이 없는데 어디로 가려고 하느냐 하나님께 구하라."**고 하였다.

천사의 등에는 양쪽에 커다란 통을 단 지게가 지워져 있는데 가고자 하는 병원이 있는 인천 쪽의 통에는 똥물이 가득했고, 예배당이 있는 쪽의 통에는 맑은 물이 가득했다. 천사가 하는 말이 **"맑은 물에 손을 씻으라"** 하여 어머니는 손을 씻었다.
그리고 또 이어 하는 말이 **"아기의 이름을 갈아라"**
어머니는 천사를 향해 **"무엇이라고 갈까요?"**
천사는 **"야곱이라고 갈아라."**
어머니는 **"야곱이라고요."**
어머니는 이렇게 꿈속에서 천사를 만나 대화를 나누었다.

이런 대화가 끝나고 천사는 사라지고, 천사가 가리키던 예배당을 바라보니 그 앞에는 불기둥이 하늘 끝까지 솟아있었다. 그 타오르는 불기둥을 바라보며 깜짝 놀라 깨어보니 꿈이었다. 그러나 꿈치고는 너무나도 생생하게 기억되어지는 꿈속의 사건으로 인해 어머니는 새 힘이 솟아났다. 어머니는 죽어가는 아기를 업고 한 밤중 함박눈이 허리까지 쌓인 길을 헤치고 현실같이 보여지는 꿈속의 불기둥을 바라보며 예배당으로 새 희망의 발걸음을 옮겼다.

예배당에 도착하여 문을 열고 들어가서 나무널판 마루 바닥에 무릎을 꿇었다. 어머니는 어린 아기를 덮었던 것을 풀어 내리면서 이런 확신이 들었다고 한다. **"하나님의 능력이면 감기가 무슨 문제냐?"** 어머니의 입에서는 간절한 기도가 이어지며, 눈에서는 참회와 감사의 눈물이 비 오듯 쏟아졌다. 어머니는 이 때 흘린 눈물이 나무마루 바닥을 적셔서 여러 주간을 어린아이 오줌 싼 것처럼 젖은 흔적이 보였다고 한다.

이렇게 눈물로 오랜 시간 기도를 하고 돌아오는데 우리 집 바로 뒷집의 사랑방에 걸려 있는 괘종시계에서 두 번의 종소리가 들렸다. 어머니는 지금이 새벽 두 시구나 생각하며 집으로 돌아와 어린 아기를 방안에 내려놓았다. 그 순간 놀라운 현상이 벌어졌다. 살 희망이 보이지 않고 차디차게 식어가던 아기의 몸에서 갑자기 김이 솟더니만, 온 방안을 자욱하게 만들었고 등잔불을 켠 방안은 사물을 분별하기가 어렵게 되었다.

아기에게 젖을 물리니 건강한 아기처럼 힘 있게 빨았다. 그야말로 기적이 일어난 것이다. 참으로 하나님께서 베푸신 큰 은혜와 감동의 순간이었다. 이 구원의 큰 기적은 어머니와 아버지에게 있어서 평생에 잊지 못할 하나님의 사건이 되었다. 이 기적의 사건 이후 내 이름은 야곱으로 부르게 되었고, 어머니는 새벽을 깨워 어린 나를 업고 성전을 찾아 기도하는 습관을 가지셨다.

사랑하는 여러분, 우리도 문제나 아픔이 있을 때 혼자 괴로워하지 말고, 우리 주님이 나타내실 기적을 기대하며 마리아처럼 문제의 정확성을 파악하고 예수님께 구해야 한다. 사람이 할 수 없는 것을 하나님은 다 하실 수 있다.

"예수께서 그들을 보시며 이르시되 **사람으로는 할 수 없으나 하나님으로서는 다 하실 수 있느니라**"(마 19 : 26)

성경에 나타난 수많은 기적의 역사들은 대부분이 사람이 할 수 없는 큰 문제에 봉착한 사람들이 하나님께 기도하고 간구함으로 이루어진 것이다. 그러므로 예수 그리스도를 믿고 하나님의 자녀로 거듭남으로 기도의 특권을 가진 성도들은 어떤 어려운 일을 만나도 걱정할 것이 없다.

기도할 수 있는데 〈복음성가〉

기도할 수 있는데 왜 걱정하십니까

기도하면서 왜 염려하십니까

기도할 수 있는데 왜 실망하십니까

기도하면서 왜 방황하십니까

주님 앞에 무릎 꿇고 간구해 보세요

마음을 정결하게 뜻을 다하여

기도할 수 있는데 왜 걱정하십니까

기도하면서 왜 염려하십니까

맹인 거지 바디매오 이야기

"예수께서 제자들과 허다한 무리와 함께 여리고에서 나가실 때에 디매오의 아들인 맹인 거지 바디매오가 길 가에 앉았다가 나사렛 예수시란 말을 듣고 소리질러 이르되 **"다윗의 자손 예수여 나를 불쌍히 여기소서"** 하거늘 많은 사람이 꾸짖어 잠잠하라 하되 그가 더욱 크게 소리 질러 이르되 **"다윗의 자손이여 나를 불쌍히 여기소서"** 하는지라.

(막 10:46-48)

이런 상황을 지켜보며 길을 가시던 자비로우신 예수님은 간절히 자신을 찾아 도움을 구하는 그를 외면하지 않으시고 가던 길을 머물러 서서 그 맹인을 부르라 하셨다. 맹인을 꾸짖던 무리들은 예수님의 말씀을 따라 맹인을 부르며 **"안심하고 일어나라 네가 찾는 예수님이 너를 부르신다"** 고 전해주었다.

맹인은 그 말을 듣고 겉옷을 내버리고 뛰어 일어나 예수님께로 나아왔다. 예수님은 그를 향하여 말씀하셨다. **"네게 무엇을 하여 주기를 원하느냐?"** 이 때 그 맹인은 **"선생님이여 보기를 원하나이다"** 라고 분명하게 자기가 정말로 소원하는 것을 말했다. 예수님은 그를 향해 **"가라 네 믿음이 너를 구원하였느니라"** 하시니 맹인 바디매오에게 즉시 치유의 역사가 일어나 보게 되어 예수님을 길에서 따랐다.

맹인은 자기에게 근본적으로 꼭 필요한 것, 정말로 소원하는 것을 분명히 말했고, 예수님은 그를 고쳐 밝히 보게 하셨다. 만일 맹인 거지 바디매오가 자신의 인생을 거지로 살 수밖에 없도록 만든 근본적 문제인 눈에 초점을 맞추지 못하고, 일반 거지처럼 먹고 사는 음식에 초점을 맞추어 소원을 요구하였다면 그는 맹인으로 평생을 살았을 것이다. 그러나 그는 사람으로는 할 수 없는 자신의 앞을 보지 못하는 눈의 문제를 오직 예수님은 능히 보게 하실 수 있다는 믿음을 가지고 예수께 구했던 것이다.

이 사건에서 우리는 기적을 찾아 떠나는 여행 두 번째 코스의 주제를 다시금 생각해 볼 수 있다.

"문제를 바르게 파악하고 주님께 구하는 것이다."

"포도주가 떨어진지라 예수의 어머니가 예수에게 이르되 저들에게 포도주가 없다 하니"(요 2 : 3)

3.

참된 기적의 비밀을 아는
세 번째 코스로 떠납니다

"주께서 주시는 말씀 그대로 받아들이고 믿음으로 순종하는 것이다."

"그의 어머니가 하인들에게 이르되 너희에게 무슨 말씀을 하시든지 그대로 하라 하니라"(요 2:5)

참된 기적의 비밀에 있어서 아주 중요한 것이 바로 이것이다.

"주께서 무슨 말씀을 하시든지 그대로 하라"

주께서 주시는 말씀 그대로 받아들이고 믿음으로 순종하는 것이다. 하나님의 기적은 이러한 필수과정을 거쳐 일어나는 것이다. 우리가 성경 창세기 1장을 살펴보면 하나님의 창조의 역사가 어떻게 이루어졌는지를 알 수 있다. 무엇보다도 창조의 과정 속에서 반복되는 말씀의 구절이 있는데 그것은 **"그대로 되니라"**는 말씀의 기록이다. 하나님이 말씀으로 선포하신 것이 그대로 되어 천지만물의 창조역사를 이루셨다는 것이다. 하나님의 말씀에는 권세와 능력이 있어서 능치 못하심이 없다.

"대저 하나님의 모든 말씀은 능하지 못하심이 없느니라"(눅 1:37)

아브라함이 이삭을 낳을 때에 그의 나이는 100세요, 아내 사라의 나이는 90세였다. 사라는 여성의 생리가 끊어졌기 때문에 인간의 상식과 의학적으로 임신이 불가능한 여인이었다. 그럼에도 불구하고 하나님께서 천사를 통해 아브라함에게 말씀하시기를 **"내년 이맘때 내가 반드시 네게로 돌아오리니 네 아내 사라에게 아들이 있으리라"** 하셨다. 이 말을 장막문 뒤에서 사라가 듣고 속으로 혼자 웃고 생각하며 말했다. **"내가 노쇠하였고 내 주인도 늙었으니 내게 무슨 즐거움이 있으리요"** 이 말을 들으신 하나님은 아브라함에게 말씀하셨다.

"사라가 왜 웃으며 이르기를 내가 늙었거늘 어떻게 아들을 낳으리요 하느냐 **여호와께 능하지 못한 일이 있겠느냐 기한이 이를 때에 내가 네게로 돌아오리니 사라에게 아들이 있으리라**"(창 18:13-14)

이러한 사건이 있은 후 창세기 21장에는 사라를 향하신 하나님의 예언의 말씀이 어떻게 이루어졌는지를 이렇게 기록하고 있다.

"**여호와께서 말씀하신대로** 사라를 돌보셨고 **여호와께서 말씀하신대로** 사라에게 행하셨으므로 사라가 임신하고 **하나님이 말씀하신 시기가 되어** 노년의 아브라함에게 아들을 낳으니 아브라함이 그에게 태어난 아들 곧 사라가 자기에게 낳은 아들을 이름하여 이삭이라 하였고… **사라가 이르되 하나님이 나를 웃게 하시니 듣는 자가 다 나와 함께 웃으리로다**"(창 21:1-6)

하나님이 말씀으로 선포하신대로 창조의 역사가 일어났고, 하나님이 말씀으로 선포하신대로 불가능하게 보여졌던 사라의 몸에서 이삭이 태어났다. 이삭이라는 이름의 뜻은 웃음이다. 하나님이 아들이 있으리라 말씀하셨을 때에 사라의 얼굴에는 코웃음이 비쳤는데, 하나님은 그의 인생에 큰 기적을 일으켜주심으로 아들이 없어 몸종 하갈로부터 큰 상처를 입고 멍들었던 가슴 속에서부터 올라오는 놀라운 치유와 큰 기쁨의 함박웃음이 터졌다. 이삭은 큰 기쁨의 웃음을 준 아들이요, 하나님 말씀의 크신 능력을 보여준 기적의 아들이다.

하나님의 기적과 축복을 경험하기를 원한다면 하나님이 행하실 기적의 역사를 기대하며 하나님의 말씀을 그대로 믿고 그대로 순종하는 삶을 훈련하여야 한다. 모세의 인도를 따라 출애굽 후 광야에서 방황하던 40년의 생활을 청산하고, 이제 새로운 지도자 여호수아의 인도를 따라 가나안 땅을 향하는 모든 정복의 길은 하나님의 백성들이 얼마나 하나님의 말씀을 그대로 믿고 순종하는가를 시험하고 훈련하는 삶의 길이었다.

이스라엘 백성들이 광야 40년의 세월을 끝내고, 하나님이 약속하신 젖과 꿀이 흐르는 가나안 땅을 정복하기 위해 넘쳐흐르는 요단강을 건너야 하는 큰 과제를 앞에 놓고 하나님이 명령하시는 말씀은 이것이었다.

"너는 언약궤를 멘 제사장들에게 명령하여 이르기를 **너희가 요단 물가에 이르거든 요단에 들어서라** 하라… 온 땅의 주 여호와의 궤를 멘 제사장들의 발바닥이 요단 물을 밟고 멈추면 요단 물 곧 위에서부터 흘러내리던 물이 끊어지고 한 곳에 쌓여 서리라… 요단이 곡식 거두는 시기에는 항상 언덕에 넘치더라 **궤를 멘 자들이 요단에 이르며 궤를 멘 제사장들의 발이 물 가에 잠기자 곧 위에서부터 흘러내리던 물이 그쳐서**… 그 모든 백성이 요단을 건너기를 마칠 때까지 모든 이스라엘은 그 마른 땅으로 건너갔더라"(수 3:8-17)

요단강이 갈라지는 기적은 여호와의 궤를 멘 제사장들이 하나님의 말씀을 믿고 그대로 순종의 발을 내디뎠을 때 일어난 것이다. 많은 사람들이 예수님을 삶에 초청하여 하나님의 자녀로 살아가며 하나님께 예수 이름으로 기도하고 간구한다. 그런데 그리스도인들의 실질적인 문제 가운데 하나는 말씀 그대로 순종하는 것을 싫어하고 멀리하는 것이다. 만일 우리들 자신이 그렇다면 오늘 말씀을 들으면서 주님의 은혜로 변화되어야 할 것이다.

가나의 혼인집에는 유대인의 정결예식을 따라 두세 통 드는 돌 항아리 여섯이 놓여 있었다. 예수께서는 자신이 일하실 때가 이른 줄 아시고 하인들에게 말씀하셨다.

"항아리에 물을 채우라"

그랬더니 하인들은 열심히 물을 길어다 부어 항아리마다 아귀까지 채웠다. 아귀까지 채웠다는 것은 기쁨과 성실함으로 온전히 순종했다는 것을 함축하고 있는 말이다. 예수님은 다시금 하인들을 향해 말씀하셨다.

"이제는 떠서 연회장에게 갖다 주라"

하인들은 주께서 하라는 말씀대로 그대로 했다. 자기들이 방금 가져다 부은 물을 떠서 연회장에게 가지고 가서 주었다. 이러한 하인들의 순종의 과정에서 예수님의 말씀은 아무리 생각해보아도 참으로 순종하기 어려운 일이 아닐 수 없다. 왜일까? 그동안 살아오면서 보고 경험했던 것 때문이다. 이성적으로나 상식적으로 생각할 때 포도주를 만들려면 무엇보다도 포도가 있어야 한다. 그런데 포도가 없다. 항아리에 포도도 없는데 물을 갖다 부으라는 것이다. 포도가 있어도 물을 갖다 붓는다고 바로 포도주가 되는 것이 아니다. 오랜 시간 발효의 과정을 거치고 숙성이 되어야 한다.

마리아가 특별히 부탁한 말, 즉 **"주께서 무슨 말씀을 하시든지 그대로 하라"**는 말이 없었다면 하인들은 적어도 말대꾸라도 했을 것이다.

"포도주에는 포도가 들어가야 되는데 없는 포도는 어떻게 하시려고 물부터 부으라고 하십니까?"

하인들은 의문과 불평의 말이 목구멍까지 나왔다가 그만두었을지 모른다. 아니 그렇게 말했다면 예수께서는 어떻게 하셨을까? 예수님이 유머가 넘치는 개그맨 기질이 있었다면 이렇게 하셨을지도 모른다.

"하인들아 붕어빵에 붕어 들어간 것 보았니? 붕어 없이도 붕어빵 만드는 것처럼 나는 포도 없이도 포도주 만들 수 있단다." 라고…

그런데 이런 문제보다도 더 황당한 것은 두 번째 주시는 명령이다.

"이제는 떠서 연회장에게 갖다 주라"

연회장이라는 것은 잔치를 책임지고 지휘하는 총책임자, 즉 지배인 같은 사람을 가리키는 말이다. 물이 포도주가 된 상태에서 가져다주라면 기적을 본 하인들은 신이 나서 갖다 주지만 아직 그러한 증거가 없는데, 자기들이 갖다 부은 맹물을 떠다주라니 예수님의 말씀 그대로 했다가는 뺨맞기 쉬운 너무나 황당한 상황이 아닐 수 없다.

우리가 이 사건 속에서 하인들의 순종을 더욱 높이 평가할 가치가 있는 것은 이 표적이 예수님에게 있어서 첫 번째 표적이요 기적이라는 것이다. 그동안 예수께서 행하신 기적이 여러 번 있어서 보았거나 소문을 들었다면 '혹시 이번에도 기적을 나타내시려고 이러시는구나' 생각하며 기대 속에 순종하였을 것이다. 그러나 하인들은 지금까지 그러한 기적을 못 보았고 또한 그러한 소문도 못들었다. 그렇기 때문에 이 하인들은 순종하기가 더욱 어려웠을 것이다. 그럼에도 불구하고 하인들은 예수께서 무슨 말씀을 하시든지 그대로 순종했다. 부으라면 부었고, 떠다 주라면 아무런 말대답 없이 떠다 주었다.

누가복음 5장에는 이와 같은 순종으로 이루어진 기적의 사건이 나온다.

"말씀을 마치시고 시몬에게 이르시되 **깊은 데로 가서 그물을 내려 고기를 잡으라** 시몬이 대답하여 이르되 **선생님 우리들이 밤이 새도록 수고하였으되 잡은 것이 없지마는 말씀에 의지하여 내가 그물을 내리리이다 하고 그렇게 하니 고기를 잡은 것이 심히 많아 그물이 찢어지는지라** 이에 다른 배에 있는 동무들에게 손짓하여 와서 도와 달라 하니 그들이 와서 두 배에 채우매 잠기게 되었더라"(눅 5:4-7)

이 사건에서 지난 밤 시몬 베드로는 밤새도록 그물을 내려 고기를 잡으려 했지만 아무 것도 잡지 못하고 빈 배로 돌아왔다. 그 날 예수님은 바닷가에 모인 무리들에게 말씀을 선포하고 가르치고자 베드로의 빈 배를 사용하기를 원하셨다.

"예수께서 한 배에 오르시니 **그 배는 시몬의 배라 육지에서 조금 떼기를 청하시고** 앉으사 배에서 무리를 가르치시더니"(눅 5:3)

시몬 베드로는 예수님의 말씀에 순종하여 자기 배를 말씀 선포의 강단으로 빌려드리고 그 곁에서 말씀을 들으며 큰 은혜를 받았다. 그 후에 예수님을 더욱 신뢰하고 말씀을 따라 깊은 데로 가서 그물을 내렸더니 자기 배만 아니라 동무의 배에까지 두 배에 채우는 기적이 일어났다.

여기서도 만일 시몬 베드로가 자신의 어부로서의 경험과 상식을, 목수의 아들로서 태어나신 예수님의 말씀보다 더욱 주장하며 내세웠다면 그러한 엄청난 기적을 경험하지 못했을 것이다. 그러나 시몬은 겸손히 자신의 경험과 상식을 몽땅 내려놓고 **"주의 말씀에 의지하여 내가 그물을 내리리이다"** 하고 그대로 순종했기 때문에 기적의 주인공이 되었던 것이다.

주께서 주신 말씀을 그대로 따르는 순종은 믿음과 함께 하나님이 참으로 기뻐하시고 좋아하시는 것이다.

"사무엘이 이르되 **여호와께서 번제와 다른 제사를 그의 목소리를 청종하는 것을 좋아하심 같이 좋아하시겠나이까 순종이 제사보다 낫고 듣는 것이 숫양의 기름보다 나으니 이는 거역하는 것은 점치는 죄와 같고 완고한 것은 사신 우상에게 절하는 죄와 같음이라** 왕이 여호와의 말씀을 버렸으므로 여호와께서도 왕을 버려 왕이 되지 못하게 하셨나이다 하니"(삼상 15:22-23)

순종하는 것은 하나님의 기쁨이요 기적을 일으키는 필수 행위인데, 우리가 하나님의 말씀을 알면서도 순종하며 실행하지 못하는 큰 이유는 첫째는 주님을 향한 사랑의 부족이요 주님보다 세상을 더 사랑하기 때문이다.

"예수께서 대답하여 이르시되 **사람이 나를 사랑하면 내 말을 지키리니** 내 아버지께서 그를 사랑하실 것이요 우리가 그에게 가서 거처를 그와 함께 하리라 **나를 사랑하지 아니하는 자는 내 말을 지키지 아니하나니** 너희가 듣는 말은 내 말이 아니요 나를 보내신 아버지의 말씀이니라"(요 14:23-24)

둘째는 하나님과 그 말씀에 대한 신뢰의 결여라고 볼 수 있다. 신뢰도가 높을수록 비례적으로 순종도가 높이 나타난다.

신뢰는 조금도 의심 없이 하나님을 믿고 의지하는 마음이다.

신뢰는 하나님께 전폭적으로 맡길 수 있는 평안한 믿음이다.

신뢰는 기대를 가지고 순종과 실행으로 나아가는 든든한 디딤돌이다.

여호사밧이 유다 나라를 통치할 때에 모압과 암몬과 마온 사람들이 동맹을 맺어 함께 쳐들어 왔다. 왕과 백성들은 두려워 떨며 금식하며 하나님께 간절히 기도하였고, 하나님은 그들의 간구에 응답하셨다. 여호와의 영이 레위 사람 야하시엘에게 임하므로 놀라운 구원과 희망의 말씀을 주셨다.

"야하시엘이 이르되 온 유다와 예루살렘 주민과 여호사밧 왕이여 들을지어다 여호와께서 이같이 너희에게 말씀하시기를 너희는 이 큰 무리로 말미암아 두려워하거나 놀라지 말라 **이 전쟁은 너희에게 속한 것이 아니요 하나님께 속한 것이니라 내일 너희는 그들에게로 내려가라 그들이 시스 고개로 올라올 때에 너희가 골짜기 어귀 여루엘 들 앞에서 그들을 만나려니와 이 전쟁에는 너희가 싸울 것이 없나니 대열을 이루고 서**

서 너희와 함께 한 여호와가 구원하는 것을 보라 유다와 예루살렘아 너희는 두려워하지 말며 놀라지 말고 내일 그들을 맞서 나가라 여호와가 너희와 함께 하리라"(대하 20:15-17)

왕과 백성들은 응답하신 하나님께 감사함으로 경배하고 찬송을 하였다. 그러나 여호사밧 왕은 하나님께서 야하시엘을 통해서 주신 그 말씀을 그대로 믿고 순종함에 있어 신뢰의 중요성을 알았다. 하나님의 말씀을 알아도 행동으로 옮기지 않는 큰 이유가 신뢰하지 못하기 때문이다. 그래서 왕은 백성들에게 이렇게 외쳤다.

"여호사밧이 서서 이르되 유다와 예루살렘 주민들아 내 말을 들을지어다 **너희는 너희 하나님 여호와를 신뢰하라 그리하면 견고히 서리라 그의 선지자를 신뢰하라 그리하면 형통하리라**"(대하 20:20)

백성들은 왕의 권면을 듣고 하나님과 그의 선지자를 신뢰하고 주신 말씀을 따라 순종하므로 하나님이 행하시는 큰 구원을 볼 수 있었고 큰 축복을 받을 수 있었다. 이 엠 바운즈는 이러한 하나님에 대한 신뢰가 기도에 미치는 영향을 잘 말해주고 있다.

"하나님에 대한 신뢰가 기도에 결정적인 영향을 미친다. 절정에 달한 믿음이 신뢰이다. 신뢰가 가장 잘 자랄 수 있는 곳은 기도의 골방이다."

다시 본문으로 돌아가 추측하건대 물이 포도주로 만들어진 기적은 하인들이 예수님의 말씀을 듣고 그대로 순종하여 물을 떠다가 연회장에게 주는 동시에 나타났으리라 본다. 왜냐하면 연회장은 물을 본 것이 아니라 포도주를 보았고, 포도주를 마시고 칭찬을 하되 포도주의 질에 있어 좋은 평가를 했기 때문이다. 연회장은 신랑을 불러 말하며 칭찬하였다.

"사람마다 먼저 좋은 포도주를 내고 취한 후에 낮은 것을 내거늘 그대는 지금까지 좋은 포도주를 두었도다"

예수님을 잔치에 초청하여 모시고 주님의 말씀에 그대로 순종하였더니 포도주가 모자라 망신과 수치를 당해야 할 위기에 포도주도 채워지고, 자기들이 준비했던 포도주보다 더 좋은 포도주를 만들어 주시는 기적을 이루셔서 칭찬까지 받게 되었다. 그 날의 잔치는 신랑과 신부 그리고 혼주와 모든 하객들이 정말로 즐겁고 행복한 축제가 되었다.

"기적은 내게 주시는 말씀 그대로 순종할 때 나타나는 것이다."
"그의 어머니가 하인들에게 이르되 너희에게 무슨 말씀을 하시든지 그대로 하라 하니라"(요 2:5)

4. 참된 기적의 비밀을 아는
네 번째 코스로 떠납니다

"좋은 것을 주시는 좋으신 하나님을 신뢰하고 기대하는 것이다."

**"말하되 사람마다 먼저 좋은 포도주를 내고 취한 후에 낮은 것을 내거
늘 그대는 지금까지 좋은 포도주를 두었도다 하니라"(요 2:10)**

예수님은 가나 혼인집에 일어난 문제를 해결해 주시고 부족한 것을 채
워주시되 그들이 생각한 것 이상의 좋은 것으로 풍성하게 채워주심으로
잔치의 자리를 더욱 빛내 주셨다. 우리가 하나님을 섬기면서 좋으신 하
나님에 대한 인식이 필요하다. 이러한 사실을 내용으로 담은 복음성가가
있다.

"좋으신 하나님 좋으신 하나님 참 좋으신 나의 하나님"
"우리의 기도를 응답해 주시는 참 좋으신 나의 하나님"
"한없는 축복을 우리게 주시는 참 좋으신 나의 하나님"

좋으신 하나님에 대한 인식과 믿음은 우리로 하여금 기도의 사람이 되
게 한다. 왜일까? 그것은 좋은 것으로 풍성케 하실 하나님의 응답을 기
대하기 때문이다.

"너희가 악한 자라도 좋은 것으로 자식에게 줄 줄 알거든 **하물며 하**

늘에 계신 너희 아버지께서 구하는 자에게 좋은 것으로 주시지 않겠느냐"(마 7:11)

"우리 가운데서 역사하시는 능력대로 **우리가 구하거나 생각하는 모든 것에 더 넘치도록 능히 하실 이에게**"(엡 3:20)

이렇게 좋으신 하나님에 대한 인식과 믿음이 우리로 기도의 사람이 되게 하고, 참된 기적의 현장으로 인도하는 것이다. 하나님은 우리의 믿음대로 역사하시는 분이시다. 우리를 죄와 사망과 저주에서 구원하시기 위해 독생자를 아낌없이 십자가에 내어주신 하나님은 분명 좋으신 하나님이시다. 우리가 믿고 섬기는 하나님은 좋으신 하나님이시기에 좋은 것을 준비하시고 좋은 것으로 응답하시는 분이시다. 독생자 예수 그리스도를 십자가에 내어주시기까지 우리를 사랑하신 하나님은 그 어떤 것이라도 아끼지 않으신다고 하신다.

"자기 아들을 아끼지 아니하시고 우리 모든 사람을 위하여 내주신 이가 어찌 그 아들과 함께 모든 것을 우리에게 주시지 아니하겠느냐"(롬 8:32)

누가복음 15장에는 많은 사람들에게 탕자의 비유로 알려져 있는 잃은 아들을 찾은 아버지에 대한 이야기가 나온다. 이 비유를 살펴보면 탕자에게 초점을 맞추는 것이 아니라 그를 사랑으로 받아들이는 참 좋은 아버지에게 맞추고 있는 것을 알 수 있다. 비유 속에 나타나는 아버지의 모습 속에는 회개하며 돌아오는 탕자와 같은 이 세상의 죄인들을 용서하시고 기쁨으로 맞아들여 큰 잔치를 벌이시는 무한한 사랑과 자비의 아버지시요 좋으신 하나님을 보여주고 있다.

우리는 성경에서 이렇게 좋으신 하나님을 알지 못하고 깨닫지 못한 한 사람을 발견할 수 있다. 그 사람은 다름 아닌 마태복음 25장에 나오는 한 달란트를 받은 사람이다. 그는 주인을 너무도 인정이 없고 무서운 사람이라고 생각하여 실패를 두려워한 나머지 장사도 하지 않고 주인으로부터 받은 달란트를 땅에 묻어 두었다. 주인에 대한 안 좋은 인식과 두려움 때문에 어떤 모험도 도전도 없이 게으른 삶을 살았다.

"한 달란트 받았던 자는 와서 이르되 **주인이여 당신은 굳은 사람이라 심지 않은데서 거두고 헤치지 않은 데서 모으는 줄을 내가 알았으므로** 두려워하여 나가서 당신의 달란트를 땅에 감추어 두었었나이다 보소서 당신의 것을 가지셨나이다"(마 25:24-25)

하나님은 이 세상에서 어느 누구와도 비교할 수 없는 참으로 좋으신 분이지만 이것을 모르고 산 잘못된 신앙과 불성실한 그 사람의 최후는 어떻게 되었는가? 결국은 더욱 슬프고 비참한 상황에 빠지게 되었다.

"그에게서 그 한 달란트를 빼앗아 열 달란트 가진 자에게 주라 무릇 있는 자는 받아 풍족하게 되고 없는 자는 그 있는 것까지 빼앗기리라 **이 무익한 종을 바깥 어두운 대로 내 쫓으라 거기서 슬피 울며 이를 갈리라** 하니라"(마 25:28-30)

좋으신 하나님을 목자로 삼고 섬기는 삶에 기쁨이 있고 행복이 있다. 이러한 믿음 안에서 살았던 다윗은 시편 23편에서 이렇게 즐겁고 행복한 노래를 부르고 있다.

여호와는 나의 목자시니 내게 부족함이 없으리로다

그가 나를 푸른 풀밭에 누이시며 쉴만한 물가로 인도하시는도다

내 영혼을 소생시키시고 자기 이름을 위하여 의의 길로 인도하시는도다
내가 사망의 음침한 골짜기로 다닐지라도 해를 두려워하지 않을 것은
주께서 나와 함께 하심이라
주의 지팡이와 막대기가 나를 안위하시나이다
주께서 내 원수의 목전에서 내게 상을 차려 주시고
기름으로 내 머리에 부으셨으니 내 잔이 넘치나이다
내 평생에 선하심과 인자하심이 반드시 나를 따르리니
내가 여호와의 집에 영원히 살리로다

좋으신 하나님은 다윗의 인생에만 함께 하시고 복주시고 책임져주시는 목자가 아니라 그리스도 예수 안에서 은혜로 구원받은 우리 모두의 선한 목자이시다. 육신을 입고 세상에 오신 하나님의 아들 예수께서 이렇게 말씀하셨다.

"그러므로 예수께서 다시 이르시되 내가 진실로 진실로 너희에게 말하노니 나는 양의 문이라… 내가 문이니 누구든지 나로 말미암아 들어가면 구원을 받고 또는 들어가며 나오며 꼴을 얻으리라 도둑이 오는 것은 도둑질하고 죽이고 멸망시키려는 것뿐이요 **내가 온 것은 양으로 생명을 얻게 하고 더 풍성히 얻게 하려는 것이라 나는 선한 목자라 선한 목자는 양들을 위하여 목숨을 버리거니와** 삯군은 목자가 아니요 양도 제 양이 아니라 이리가 오는 것을 보면 양을 버리고 달아나나니 이리가 양을 물어 가고 또 헤치느니라… **나는 선한 목자라 나는 내 양을 알고 양도 나를 아는 것이 아버지께서 나를 아시고 내가 아버지를 아는 것 같으니 나는 양을 위하여 목숨을 버리노라**"(요 10:7-15)

이 말씀에서 예수 그리스도는 자신이 선한 목자이심을 거듭 강조하시면서 사랑하는 양들을 위해 목숨을 바치실 뿐 아니라 영원한 생명을 얻게 하고 좋은 것에 부족함이 없도록 더 풍성케 하시는 분임을 나타내시고 있다. 그러므로 우리는 이렇게 좋으신 하나님을 찾아 의지하므로 은혜를 구하여야 할 것이다.

"내가 온 것은 양으로 생명을 얻게 하고 더 풍성히 얻게 하려는 것이라"(요 10:10)

"젊은 사자는 궁핍하여 주릴지라도 **여호와를 찾는 자는 모든 좋은 것에 부족함이 없으리로다"**(시 34:10)

"여호와 하나님은 해요 방패이시라 **여호와께서 은혜와 영화를 주시며 정직하게 행하는 자에게 좋은 것을 아끼지 아니하실 것임이니이다** 만군의 여호와여 주께 의지하는 자는 복이 있나이다"(시 84:11-12)

5. 참된 기적의 비밀을 아는
다섯 번째 코스로 떠납니다

"우리 각자가 주인 되신 예수님 앞에 하인이 되는 것이다."

"연회장은 물로 된 포도주를 맛보고도 어디서 났는지 알지 못하되 물 떠온 하인들은 알더라"(요2:9)

사랑하는 여러분, 우리는 지금 참된 기적의 비밀이란 보물을 찾기 위해 말씀과 함께 여행을 하고 있다. 여기서 다시 한 번 특별히 주목하여 볼 말씀이 있다. 9절의 말씀이다.

"연회장은 물로 된 포도주를 맛보고도 어디서 났는지 알지 못하되 물 떠온 하인들은 알더라"

연회장은 기막히게 맛이 좋은 포도주의 맛을 느끼며 신랑을 불러 칭찬을 하면서도 그 포도주의 출처를 몰랐다. 그러나 하인들은 알았다. 하인들은 어떻게 알았을까? 하인들은 포도주가 만들어지는 모든 과정 속에 함께 있었기 때문이다. 예수님이 돌 항아리에 물을 갖다 부으라고 하실 때 그 말씀을 듣고 물을 부은 자도 하인들이요. 자기들이 갖다 부은 물을 떠다가 연회장에게 주라는 주님의 말씀을 듣고 그대로 순종한 자도 하인들이다. 그러니 물로 된 포도주가 어떻게 만들어졌고 어디서 났는지 너무도 잘 알고 있는 자들은 다름 아닌 하인들이다.

이 세상에서 누구든지 스스로 자신을 겸손히 낮추는 하인의 자리로 내려가지 않으면 예수님의 말씀에 그대로 순종하는 것은 어렵다. 하인의 자리로 겸손히 내려가는 자만이 주인 되신 예수께서 무슨 말씀을 하시든지 그대로 할 수 있다. 하나님은 그렇게 겸손히 하인의 자리로 내려가 순종하는 자에게 기적을 나타내시는 것이다. 그러므로 하나님이 나타내시는 기적의 비밀은 주께서 무슨 말씀을 하시든지 그대로 순종할 수 있는 하인만이 아는 것이다.

"그러나 더욱 큰 은혜를 주시나니 그러므로 일렀으되 **하나님이 교만한 자를 물리치시고 겸손한 자에게 은혜를 주신다 하였느니라 그런즉 너희는 하나님께 복종할지어다** 마귀를 대적하라 그리하면 너희를 피하리라 하나님을 가까이하라 그리하면 너희를 가까이 하시리라 죄인들아 손을 깨끗이 하라 두 마음을 품은 자들아 마음을 성결하게 하라 슬퍼하며 애통하며 울지어다 너희 웃음을 애통으로 너희 즐거움을 근심으로 바꿀지어다 **주 앞에서 낮추라 그리하면 주께서 너희를 높이시리라**"(약 4:6-10)

하나님으로부터 오는 기적을 경험하기를 진정 원한다면 주님 앞에서 인생의 모든 계급장을 내려놓아야 한다. 나아만이 자신의 나병을 고침받기 위하여 하나님의 사람 엘리사를 찾아갔을 때 아람 나라의 군대장관이라는 계급장을 멋지게 장식하고 찾아갔다. 왕의 총애를 받는 자로서 이스라엘 왕에게 보내는 아람왕의 편지와 많은 예물을 준비했다. 그리고 많은 군사를 거느렸다.

이러한 눈에 보이는 화려한 계급장만 아니라 보이지 않지만 더 무서운 순종을 가로막는 '내 생각'이라는 교만의 계급장도 있었다. 나아만이 세상적인 계급장을 내려놓기까지는 자신의 나병을 고침 받을 수 없었다. 그러다가 주인을 생각하는 부하의 청을 듣고는 자신의 모든 계급장과 교만한 생각을 몽땅 내려놓고 낮아진 하인의 자리로 내려가서 하나님의 사람 엘리사가 시키는 대로 순종했다. 그렇게 했을 때 나병으로 흉했던 그의 몸은 어린 아이의 살같이 깨끗이 치유되는 기적을 경험할 수 있었다.

마태복음 8장을 보면 중풍병으로 고생하는 사랑하는 하인을 고치기 위해, 유대 민족을 지배하는 로마 백성으로서의 자존심과 백부장이라는 계급장을 내려놓고 예수님을 주(主)라 칭하면서 겸손히 치료의 은총을 간구하는 이름 없는 훌륭한 장교의 이야기가 나온다. 上命下服(상명하복)의 질서를 잘 나타내고 있다.

"예수께서 가버나움에 들어가시니 **한 백부장이 나아와 간구하여 이르되 주여 내 하인이 중풍병으로 집에 누워 몹시 괴로워하나이다** 이르시되 내가 가서 고쳐주리라 백부장이 대답하여 이르되 **주여 내 집에 들어오심을 나는 감당하지 못하겠사오니 다만 말씀으로만 하옵소서 그러면 내 하인이 낫겠사옵나이다 나도 남의 수하에 있는 사람이요 내 아래에도 군사가 있으니 이더러 가라 하면 가고 저더러 오라 하면 오고 내 종더러 이것을 하라 하면 하나이다** 예수께서 들으시고 놀랍게 여겨 따르는 자들에게 이르시되 내가 진실로 너희에게 이르노니 이스라엘 중 아무에게서도 이만한 믿음을 보지 못하였노라… 예수께서 백부장에게 이르시되 가라 네 믿은 대로 될지어다 하시니 그 즉시 하인이 나으니라"(마 8:5-13)

이렇게 참된 기적의 비밀은 자신을 낮추어 종의 자리 하인의 자리로 내려가 주께서 무슨 말씀을 하시든지 그대로 순종할 수 있는 자만이 알

수 있는 것이다.

마가복음 7장 24절 이하에는 수로보니게 여인에 대한 이야기가 나온다. 예수께서 두로 지방으로 가서 한 집에 들어가셨는데 더러운 귀신 들린 어린 딸을 둔 한 여자가 예수의 소문을 듣고 와서 그 발 아래에 엎드려 자기 딸에게 들린 귀신을 쫓아내 주시기를 간구했다. 이 여인은 헬라인으로서 수로보니게 족속이었다.

예수님은 이 여자가 이방인인줄 아시고 이르시기를 **"자녀로 먼저 배불리 먹게 할지니 자녀의 떡을 취하여 개들에게 던짐이 마땅치 아니하니라"** 하셨다. 이에 여인은 예수께 이르기를 **"주여 옳소이다마는 상 아래 개들도 아이들이 먹던 부스러기를 먹나이다"**라고 대답을 했다. 이 말을 들은 예수님은 여인을 향해 **"이 말을 하였으니 돌아가라 귀신이 네 딸에게서 나갔느니라"**고 축복의 말씀을 해 주셨다. 예수님의 말씀을 듣고 돌아가 보니 어린 딸을 괴롭히던 귀신은 떠나고 아이가 온전해 진 것을 볼 수 있었다.

이 사건에서 귀신 들린 어린 딸을 고치기 위해 아이의 엄마는 예수님 앞에 겸손히 엎드릴 뿐 아니라 이방인으로서 하인보다 더 못한 개 취급의 멸시를 당하는 것 같은 예수님의 말씀을 듣고는 **"주여 옳소이다마는 상 아래 개들도 아이들이 먹던 부스러기를 먹나이다"**라는 말로 긍정하고 수용하는 낮아짐을 보였다. 이 여인의 그러한 겸손함과 낮아짐이 결국은 주님의 놀라운 치유의 기적을 경험하게 한 것이다. 그래서 어느 무명의 성도는 **"기도는 하나님 앞에서 가장 낮은 자세로 엎드리는 영적인 낮은 포복이다."**라고 하였다.

"주 앞에서 낮추라 그리하면 주께서 너희를 높이시리라"(약 4:10)

6. 참된 기적의 비밀을 아는
여섯 번째 코스로 떠납니다

"하나님이 찬송과 영광을 받으시게 하려는 제1 목적이 있어야 한다."

"예수께서 이 첫 표적을 갈릴리 가나에서 행하여 **그의 영광을 나타내시매** 제자들이 그를 믿으니라"(요 2:11)

하나님이 우리 인간을 지으시되 하나님의 형상과 모양을 따라 만드셨다. 그래서 인간은 하나님을 닮은 존재이다. 하나님께서 우리 인간을 그렇게 하나님을 닮은 존재로 만드신 중요한 이유가 있다. 그것은 하나님의 영광을 위함이다. 우리는 하나님의 영광을 위하여 하나님이 친히 지으신 인간을 바라보면서 영광스런 하나님을 보며 찬송할 수 있어야 한다.

"내 이름으로 불려지는 모든 자 곧 **내 영광을 위하여 창조한 자를 오게 하라** 그를 내가 지었고 그를 내가 만들었느니라"(사 43:7)

"이 백성은 내가 나를 위하여 지었나니 나를 찬송하게 하려 함이니라"(사 43:21)

그러므로 인간은 먹든지 마시든지, 사나 죽으나 무엇을 하든지 생명이 이 세상에 존재하기까지 하나님의 영광을 위한 목적을 가지고 살아야 한다.

요리문답 제1문에서 **"사람의 제일 되는 목적은 무엇입니까?"** 질문의 답은 **"사람의 제일 되는 목적은 하나님을 영화롭게 하고 영원토록 그를 즐거워하는 것이다."** 라고 하였다. 이렇게 우리 인간이 하나님의 영광과 찬송을 위해 살아야 할 것을 하나님은 성경의 많은 곳에서 말씀하고 있다.

"그런즉 너희가 먹든지 마시든지 무엇을 하든지 다 하나님의 영광을 위하여 하라"(고전 10:31)

"이같이 너희 빛이 사람 앞에 비치게 하여 그들로 너희 착한 행실을 보고 **하늘에 계신 너희 아버지께 영광을 돌리게 하라**"(마 5:16)

"모든 입으로 예수 그리스도를 주라 시인하여 하나님 아버지께 영광을 돌리게 하셨느니라"(빌 2:11)

"하나님은 우리에게 은혜를 베푸사 복을 주시고 그의 얼굴 빛을 우리에게 비추사(셀라) 주의 도를 땅위에, 주의 구원을 모든 나라에게 알리소서 **하나님이여 민족들이 주를 찬송하게 하시며 모든 민족들이 주를 찬송하게 하소서**"(시 67:1-3)

하나님은 사람으로 하여금 영광을 받으시기 전에 먼저 그 분의 영광을 나타내신다. 그래서 그 영광을 바라보는 자들로 하여금 하나님께 감사와 찬송과 영광을 돌리게 하는 것이다. 그러므로 우리는 하나님이 나타내시는 기사와 표적을 통해서 지금도 살아 계시고 전능하신 하나님을 경험하고 그에게 영광을 돌릴 뿐만 아니라 그것을 보는 이로 하여금 하나님께 감사와 찬송과 존귀와 영광을 돌리게 하려는 목적을 가져야 한다.

"중풍병자에게 말씀하시되 내가 네게 이르노니 일어나 네 침상을 가지고 집으로 가라 하시매 **그 사람이 그들 앞에서 곧 일어나 그 누웠던 것을 가지고 하나님께 영광을 돌리며 자기 집으로 돌아가니 모든 사람이 놀라 하나님께 영광을 돌리며** 심히 두려워 이르되 오늘 우리가 놀라운 일을 보았다 하니라"(눅 5:24-26)

복음서에 나타난 예수님의 사역에서 보편적으로 하나님의 영광을 높이 드러낸 사역은 치유사역이었다. 이러한 치유사역은 전능하시고 살아계신 하나님을 믿고 예수를 그리스도로 고백하는 오늘날 교회 안에서도 이루어져야 하는 사역이다. 이러한 치유사역에 있어서 성경적인 올바른 사역은 인간의 어떤 기술이나 능력으로 하는 것이 아니라 오직 성령의 권능으로 하는 것이기에 오직 영광을 하나님께 돌려야 한다. 그 영광을 가로채어 자신이 받으려고 한다면, 하나님께 돌려야 할 영광을 자신이 취함으로 죽음을 당한 헤롯과 같이 하나님 앞에 큰 죄를 짓는 것이다.

치유사역을 잘못하여 덕이 되지 않거나 사람을 죽이는 일이 생길 경우 하나님께 영광을 돌리는 것이 아니라 반대로 하나님의 영광을 가리고 욕을 돌리게 된다. 그래서 주의할 것은 시대 상황에 잘 맞추어 교회에 덕이 되고, 하나님이 영광을 받으시도록 하나님의 말씀과 성령 안에서 올바른 방법을 사용하여 치유사역을 감당해야 한다.

하나님은 약과 병원을 통해서도 물론 일하신다. 특별한 경우에는 약을 먹어야 되고, 병원의 의술을 의지해야 한다. 그러나 많은 경우 하나님은 예수 그리스도 안에 있는 은혜와 성령의 권능으로 역사하시는 신유를 통해서 더욱 영광 받기를 기뻐하신다. 문제는 몸이 아프거나 질병에 걸렸

을 때 약국과 병원을 찾는 것이 익숙해져 있는 사람들에게는 기도의 무
릎을 꿇어 하나님의 직접적인 치유의 손길을 구하는 것이 쉽지 않은 것
이다.

그렇지만 하나님과 그 말씀을 온전히 믿는 성도라면 약과 의술보다 하
나님을 더욱 찾고 의지하여 하나님이 행하시는 구원을 체험하므로 하나
님께 큰 영광을 돌려야 한다. 기도응답과 치유사역의 목적이 하나님께
찬송과 영광을 돌리는 것이다.

**"너희가 내 이름으로 무엇을 구하든지 내가 행하리니 이는 아버지로
하여금 아들로 말미암아 영광을 받으시게 하려 함이라"**(요 14:13)

"예수께서 들으시고 이르시되 **이 병은 죽을 병이 아니라 하나님의 영
광을 위함이요 하나님의 아들이 이로 말미암아 영광을 받게 하려 함이라**
하시더라"(요 11:4)

이렇게 우리가 살아가는 모든 삶이 하나님의 영광을 위하여 살아야 하
지만 기도의 응답이나 기적은 특별히 하나님께 영광을 돌리고자 하는데
목적을 두어야 한다.

이 엠 바운즈는 기도를 이렇게 정의하였다.

"**기도란**, 하나님의 현존을 나의 현존으로 인식하여 **그 분에게 나의 모
든 필요를 요구하고, 그 요구가 충족되면 충족된 것을 가지고 오히려 하
나님의 영광과 그 분의 사업을 위하여 투자하는 하나님의 자녀 된 자들
의 열망이다.**"

7. 참된 기적의 비밀을 아는
마지막 일곱 번째 코스입니다

"사람으로 하나님을 믿게 하려는 제2 목적이 있어야 한다."

"예수께서 이 첫 표적을 갈릴리 가나에서 행하여 그의 영광을 나타내
시매 **제자들이 그를 믿으니라**"(요 2:11)

하나님은 모세에게 가시나무 불꽃이라는 특별한 표적을 보여주심으
로 그의 발걸음을 인도하셨다. 뿐만 아니라 믿지 못하고 두려워하는 모
세에게 지팡이가 뱀이 되게 하시고, 손에 나병이 들게 하시는 기이한 역
사를 통해서 모세가 참 믿음을 갖고 사명을 감당하는 자가 되기를 원하
셨다. 뿐만 아니라 그러한 이적은 그들이 전하는 하나님과 그 분의 말씀
을 백성들로 하여금 믿게 하려는 목적이 있었다.

"모세가 대답하여 이르되 그러나 그들이 나를 믿지 아니하며 내 말을
듣지 아니하고 이르기를 여호와께서 네게 나타나지 아니하셨다 하리이
다 여호와께서 그에게 이르시되 네 손에 있는 것이 무엇이냐 그가 이르
되 지팡이니이다 여호와께서 이르시되 그것을 땅에 던지라 하시매 곧 땅
에 던지니 그것이 뱀이 된지라 모세가 뱀 앞에서 피하매 여호와께서 모
세에게 이르시되 네 손을 내밀어 그 꼬리를 잡으라 그가 손을 내밀어 그
것을 잡으니 그의 손에서 지팡이가 된지라 **이는 그들에게 그들의 조상의**

하나님 곧 아브라함의 하나님, 이삭의 하나님, 야곱의 하나님 여호와가 네게 나타난 줄을 믿게 하려 함이라 하시고"(출 4:1-5)

"모세가 여호와께서 자기에게 분부하여 보내신 모든 말씀과 여호와께서 자기에게 명령하신 모든 이적을 아론에게 알리니라 모세와 아론이 가서 이스라엘 자손의 모든 장로를 모으고 아론이 여호와께서 모세에게 이르신 모든 말씀을 전하고 그 백성 앞에서 이적을 행하니 백성이 믿으며 여호와께서 이스라엘 자손을 찾으시고 그들의 고난을 살피셨다 함을 듣고 머리 숙여 경배하였더라"(출 4:28-31)

모세가 이스라엘 백성들을 이끌고 애굽에서 나와 홍해 앞에 도착했을 때에 하나님의 말씀을 믿고 순종하므로 지팡이를 들고 바다위로 내밀어 갈라지게 하였다. 그리하여 이스라엘 백성들은 바다를 육지같이 건너 구원을 받고, 애굽 군인들은 갈라졌던 바닷물이 다시 합하여 모두가 죽음을 당하고 말았다. 이러한 하나님의 놀라운 구원의 역사를 경험한 이스라엘 백성들의 변화를 성경은 이렇게 기록하고 있다.

"이스라엘이 여호와께서 애굽 사람들에게 행하신 그 큰 능력을 보았으므로 백성이 여호와를 경외하며 여호와와 그의 종 모세를 믿었더라"(출 14:31)

하나님은 믿는 자들에게 그의 영광을 나타내시기를 기뻐하시기도 하지만 또한 기적의 영광을 바라보는 이들로 하여금 믿음을 갖도록 도우신다. 예수께서 죽은 나사로를 살리시는 사건 속에서도 이것을 알 수 있다.

"예수께서 이르시되 내 말이 네가 믿으면 하나님의 영광을 보리라 하지 아니하였느냐 하시니 돌을 옮겨 놓으니 예수께서 눈을 들어 우러러 보시고 이르시되 아버지여 내 말을 들으신 것을 감사하나이다 항상 내 말을 들으시는 줄을 내가 알았나이다 **그러나 이 말씀 하옵는 것은 둘러 선 무리를 위함이니 곧 아버지께서 나를 보내신 것을 그들로 믿게 하려 함이니이다**"(요 11:40-42)

아람 왕의 군대 장관 나아만이 처음에는 하나님의 사람 엘리사의 말을 신뢰하지 못하다가 나중에 생각을 고쳐먹고 순종함으로 하나님이 하시는 놀라운 치유를 경험하게 된다. 그 후 그의 신앙에 참된 변화가 왔다. 나아만에게 일어난 치유의 기적은 그로 하여금 하나님의 사람 엘리사와 하나님을 향한 참 믿음을 갖게 했다.

"나아만이 이에 내려가서 하나님의 사람의 말대로 요단 강에 일곱 번 몸을 잠그니 그의 살이 어린 아이의 살 같이 회복되어 깨끗하게 되었더라 나아만이 모든 군대와 함께 하나님의 사람에게로 도로 와서 그의 앞에 서서 이르되 **내가 이제 이스라엘 외에는 온 천하에 신이 없는 줄을 아나이다 청하건대 당신의 종에게서 예물을 받으소서** 하니"(왕하 5:14-15)

죽은 아들을 살리는 엘리야의 놀라운 기적을 통해서 사르밧 과부는 엘리야가 참으로 하나님의 사람인 것과 엘리야의 입에 있는 여호와의 말씀이 거짓이 아닌 진실한 것임을 고백한다.

"여호와께서 엘리야의 소리를 들으시므로 그 아이의 혼이 몸으로 돌아오고 살아난지라 엘리야가 그 아이를 안고 다락에서 방으로 내려가서 그의 어머니에게 주며 이르되 보라 네 아들이 살아났느니라 여인이 엘리야에게 이르되 **내가 이제야 당신은 하나님의 사람이시요 당신의 입에 있는 여호와의 말씀이 진실한 줄 아노라 하니라**"(왕상 17:22-24)

우리는 열왕기상 18장에 나오는 엘리야의 기도를 통해서 기도의 응답이나 하나님이 나타내시는 기사와 표적이 왜 필요하고 중요한지 그 목적을 더욱 깊이 깨달아 알 수 있다.

"저녁 소제 드릴 때에 이르러 선지자 엘리야가 나아가서 말하되 아브라함과 이삭과 이스라엘의 하나님 여호와여 **주께서 이스라엘 중에서 하나님이신 것과 내가 주의 종인 것과 내가 주의 말씀대로 모든 일을 행하는 것을 오늘 알게 하옵소서 여호와여 내게 응답하옵소서 내게 응답하옵소서 이 백성에게 주 여호와는 하나님이신 것과 주는 그들의 마음을 되돌이키심을 알게 하옵소서** 하매 **이에 여호와의 불이 내려서 번제물과 나무와 돌과 흙을 태우고 또 도랑의 물을 핥은지라 모든 백성이 보고 엎드려 말하되 여호와 그는 하나님이시로다 여호와 그는 하나님이시로다** 하니"(왕상 18:36-39)

요한복음 20장을 보면 예수께서 제자 도마에게 나타나 말씀하셨다. **"너는 나를 본 고로 믿느냐 보지 못하고 믿는 자들은 복되도다"**

예수님은 자신의 손의 못자국과 옆구리의 창 자국을 보지 못하고 믿는 자들이 복되다고 하셨다. 그러나 믿지 못하는 도마를 위해서 예수님은 친히 부활하신 자신과 고난의 흔적을 보여주셨다. 그렇게 해서 도마를 믿는 자가 되게 하셨다. 여기에 기사와 표적의 중요한 목적이 있다. 사도 요한은 예수께서 행하신 표적의 중요성을 믿음과 관계해서 이렇게 증언하기도 했다.

"예수께서 제자들 앞에서 **이 책에 기록되지 아니한 다른 표적도 많이 행하셨으나 오직 이것을 기록함은 너희로 예수께서 하나님의 아들 그리스도이심을 믿게 하려 함이요 또 너희로 믿고 그 이름을 힘입어 생명을 얻게 하려 함이니라**"(요 20:30-31)

사랑하는 나의 친구 여러분, 이제 우리는 **참된 기적의 비밀을 찾아 떠나는 여행**을 마치고 버스에서 내릴 시간이 되었다. 열심히 찾은 보물과 같은 것들을 버스에 두고 내리는 일이 없도록 그 비밀을 다시 한 번 마음에 깊이 새기고 정리하면서 말씀의 여행을 마치고자 한다.

'참된 기적의 비밀'

첫째는 예수 그리스도를 내 인생과 가정과 사업에 청하여 모시는 것이다.

둘째는 삶의 문제를 바르게 파악하고 주님께 구하는 것이다.

셋째는 주께서 주시는 말씀 그대로 받아들이고 믿음으로 순종하는 것이다.

넷째는 좋은 것을 주시는 좋으신 하나님을 신뢰하며 기대하는 것이다.

다섯째는 우리 각자가 주인 되신 예수님 앞에 하인이 되는 것이다.

여섯째는 하나님이 영광을 받으시게 하려는 제1 목적이 있어야 한다.

일곱째는 사람으로 하나님을 믿게 하려는 제2 목적이 있어야 한다.

"오늘 저와 함께 말씀 여행에 동참하신 여러분 모두가 우리 주님이 행하시고 나타내실 참된 기적의 주인공들이 되시기를 예수 이름으로 간절히 축원합니다." 할렐루야!

물이 포도주가 되는 기적에 얽혀진 일화

영국의 캠브리지 대학에서 있었던 일이다. 그 날은 종교학 시험시간이었다. 그 날의 문제는 요한복음 2장에 나오는 가나 혼인잔치 집에서 벌어진 **'물로 포도주를 만드신 예수의 기적'**을 **'종교적이고 영적인 의미로 서술하라'**는 것이었다.

강의실 안의 모든 학생들은 저마다의 답안을 열심히 작성해 나가기 시작했다. 그런데 시험 감독을 하던 교수는 답안지에 단 한 글자도 적지 않은 채 창밖의 먼 산만을 바라보는 한 학생을 발견했다.

교수는 학생에게 다가가서 말했다. "왜 답안을 작성하지 않는가?"

학생은 대답했다. "저는 쓸 말이 없습니다."

교수는 어이가 없었다. 시험이 끝나기 5분 전까지도 그는 미동도 하지 않은 채 창밖만 바라볼 뿐이었다. 강의실엔 그 교수와 그 학생만 남았다. 교수는 학생에게 다가가 최후통첩을 했다.

"단 한 줄이라도 쓴다면 낙제는 없을 걸세."

그 학생은 이윽고 펜을 들더니, 단 한 줄을 쓰고는 강의실을 나갔다. 하지만 달랑 한 줄 답안지는 이 대학 신학과 창립 이후 전설이 된 만점 답안지!

그 답안의 내용은 다음과 같았다.

"물이 그 주인을 만나니 얼굴이 붉어지더라."

담당교수는 이 학생에게 최고의 점수를 주었다고 한다. 그러한 답안으로 인해 최우수 학점을 받은 그 학생은 바로 영국의 3대 낭만파 시인 중의 한 사람인 '**조지 고든 바이런**'이다.

"물이 그 주인을 만나니 얼굴이 붉어지더라."

어떻게 그에게 이런 놀라운 시상이 떠올랐을까? 바이런의 시적인 영감은 정말로 대단하고 위대하다. 바이런은 물이 변하여 포도주가 된 이 기적을 그렇게 표현했을 때 어떤 생각을 가지고 있었을까?

물이 자신을 만드신 창조주 예수님을 만났을 때 경외감에서 나오는 겸손함과 부끄러움의 홍조일까? 아니면 마치 신부가 신랑을 만났을 때처럼 그립던 낭군님의 얼굴을 보며 가슴으로부터 차오르는 설레임과 기쁨으로 말미암은 홍조일까?

아니면 그 이상을 생각하고 있었던 것은 아닐까? 생명과 구원의 주인으로 우리 인간을 죄에서 구원하시기 위하여 육신의 몸을 입고 이 땅에 오셔서 인류의 모든 죄짐을 짊어지시고 십자가에서 흘리신 거룩한 피의 연상을!

"거울 같이 맑은 물에 비쳐지는 예수 그리스도의 생명과 대속의 붉은 피"

어느 경우라도 좋다. 중요한 것은 물이 그 주인을 만났을 때 그동안 맛보지 못한 질 좋은 포도주로, 그리고 혼인 잔치에 참석한 많은 사람들에게 즐거움과 행복함을 가져다 줄 수 있는 큰 가치로 변했다는 것이다.

우리가 세상에서 기적을 찾아 떠나는 여행을 하면서 이런 저런 기적을 경험할 수 있지만 무엇보다도 우리 자신이 세상 많은 사람들에게 유익함과 즐거움을 주고, 또한 거룩하신 하나님의 영광을 드러내는 가치 있는 존재로 변했으면 하는 바람이다.

물은 주인을 만남으로 변화되었다. 우리의 주인은 누구인가? 예수 그리스도가 진정 주인이라면 우리도 그를 만나 영광스럽게 변화되어야 할 것이다.

"그런즉 **너희가 먹든지 마시든지 무엇을 하든지 다 하나님의 영광을 위하여 하라** 유대인에게나 헬라인에게나 하나님의 교회에나 거치는 자가 되지 말고 **나와 같이 모든 일에 모든 사람을 기쁘게 하여 자신의 유익을 구하지 아니하고 많은 사람의 유익을 구하여 그들로 구원을 받게 하라 내가 그리스도를 본받는 자가 된 것 같이 너희는 나를 본받는 자가 되라**"(고전 10:31-11:1)

"**이같이 너희 빛이 사람 앞에 비치게 하여 그들로 너희 착한 행실을 보고 하늘에 계신 너희 아버지께 영광을 돌리게 하라**"(마 5:16)

2.

나아만 장군에게
임한 기적

〈왕하 5:1-19〉

열왕기하 5장에는 아람나라 군대 장관이던 나아만의 이야기가 나온다. 그는 왕으로부터 신임을 받는 크고 존귀한 자였다. 그러나 안타깝게도 그는 나병환자로 큰 근심과 고통이 있었다. 이러한 그에게 희망의 복음이 들려왔다. 그것은 다름 아닌 이스라엘 땅에서 사로잡은 어린 소녀가 나아만의 아내에게 수종들었는데 이 소녀로부터 그의 아내는 놀라운 소식을 듣게 된다.

"우리 주인이 사마리아에 계신 선지자 앞에 계셨으면 좋겠나이다 그가 그 나병을 고치리이다"

이 희망의 소식을 들은 나아만은 왕에게 허락을 받고, 군대와 말과 병거를 거느리고 또한 많은 예물을 가지고 떠나 하나님의 사람이요 선지자인 엘리사의 집에 도착하였다. 그런데 엘리사는 나와서 정중하게 인사를 하거나 집안으로 모셔 들이지도 않고 사환을 시켜 이르기를 **"너는 가서**

요단 강에 몸을 일곱 번 씻으라 네 살이 회복되어 **깨끗하리라"**는 말을 듣
게 된다.

    나병환자인 나아만의 귀에 이러한 놀라운 복음의 말씀이 들려졌지만
그의 마음은 기쁘고 신나는 것이 아니라 반대로 몹시 불쾌하고 화가 났
다. 그래서 노하여 물러가며 이르기를 "**내 생각에는** 그가 내게로 나와 서
서 그의 하나님 여호와의 이름을 부르고 그의 손을 그 부위 위에 흔들어
나병을 고칠까 하였도다 다메섹 강 아바나와 바르발은 이스라엘 모든 강
물보다 낫지 아니하냐 내가 거기서 몸을 씻으면 깨끗하게 되지 아니하
랴" 하며 분노하고 몸을 돌려 돌아가려고 했다. 이때 그의 종들이 나아만
에게 나아와 말했다.

    **"내 아버지여 선지자가 당신에게 큰 일을 행하라 말하였더면 행하지
아니하였으리이까 하물며 당신에게 이르기를 씻어 깨끗하게 하라 함이
리이까?"**(왕하 5:10)

    종들이 이렇게 말할 때 나아만의 생각에 새로운 변화가 일어났다. 자
신의 교만함을 깨달은 것이다. 나아만은 자신의 생각을 고쳐먹고 마음
을 낮추어 하나님의 사람 엘리사 선지자가 지시하는 말대로 요단강으로
내려가서 일곱 번 몸을 잠그며 씻었다. 참으로 신기하고 놀라운 일이 일
어났다. 그의 살이 어린 아이의 살과 같이 회복되어 깨끗하게 된 것이다.
나아만은 모든 군대와 함께 하나님의 사람에게로 도로 와서 그의 앞에
서서 이렇게 말했다.

    "내가 이제 이스라엘 외에는 온 천하에 신이 없는 줄을 아나이다 청하

건대 당신의 종에게서 예물을 받으소서"

그렇게 당당하고 교만했던 나아만은 하나님의 사람에게 자신을 '당신의 종'이란 표현을 쓰면서까지 겸손히 자신을 낮추는 모습을 보였다. 하나님의 사람 엘리사는 나아만에게 말하기를 "내가 섬기는 여호와께서 살아 계심을 두고 맹세하노니 내가 그 앞에서 받지 아니하리라" 나아만이 다시 받으라고 강권했지만 엘리사는 거절하였다. 이러한 엘리사 앞에 나아만은 아주 특별한 요청과 결단을 한다.

"그러면 청하건대 노새 두 마리에 실을 흙을 당신의 종에게 주소서 이제부터는 종이 번제물과 다른 희생 제사를 여호와 외 다른 신에게는 드리지 아니하고 다만 여호와께 드리겠나이다"(왕하 5:17)

할렐루야!

나아만 장군이 하나님의 은혜를 입어 치유의 기적이 일어나는 과정에서 매우 유익한 교훈을 얻을 수 있다. 그 과정을 주의 깊게 살펴보면서 좋은 교훈만 아니라 우리의 삶에 일어나는 실제적인 각종 문제나 고난 속에서 하나님이 무엇을 보게 하시는지 영안이 열려져야 할 것이며, 하나님이 무엇을 말씀하시고 어떻게 인도하시는지 귀한 지혜를 얻어야 할 것이다.

첫째. 나아만은 자신의 나병을 고침 받을 수 있다는 희망의 기쁜 소식, 즉 복음을 들었다.

"우리 주인이 사마리아에 계신 선지자 앞에 계셨으면 좋겠나이다 그가 그 나병을 고치리이다"

누군가 불치의 병을 고침받기 위해서는 전도인을 통해서든 성경을 통해서든 전능하신 하나님의 구원의 복음을 들어야 한다. 더 나아가서 그 복음을 하나님이 나를 사랑하사 나의 병을 고쳐주실 것이라는 믿음으로 받아들여야 한다.

성경의 복음서에는 예수께서 귀신을 쫓아내고 병을 고치신 소문에 대해 많은 기록을 남기고 있다. 이러한 소문을 듣고 많은 사람들이 예수께로 나와서 말씀도 듣고 병도 고침을 받았다. 특별히 마가복음에 보면 예수님의 소문에 대한 말씀을 많이 기록하고 있다.

"다 놀라 서로 물어 이르되 이는 어찜이냐 권위 있는 새 교훈이로다 더러운 귀신들에게 명한즉 순종하는도다 하더라 **예수의 소문이 곧 온 갈릴리 사방에 퍼지더라**"(막 1:27-28)

"그러나 그 사람이 나가서 **이 일을 많이 전파하여 널리 퍼지게 하니** 그러므로 예수께서 다시는 드러나게 동네에 들어가지 못하시고 오직 바깥 한적한 곳에 계셨으나 사방에서 사람들이 그에게로 나아오더라 수일 후에 **예수께서 다시 가버나움에 들어가시니 집에 계시다는 소문이 들린지라 많은 사람이 모여서 문 앞까지도 들어설 자리가 없게 되었는데** 예수께서 그들에게 도를 말씀하시더니"(막 1:45-2:2)

"열두 해를 혈루증으로 앓아 온 한 여자가 있어 많은 의사에게 많은 괴로움을 받았고 가진 것도 다 허비하였으되 아무 효험이 없고 도리어 더 중하여졌던 차에 **예수의 소문을 듣고 무리 가운데 끼어 뒤로 와서 그**의 옷에 손을 대니 이는 내가 그의 옷에만 손을 대어도 구원을 받으리라 생각함일러라"(막 5:25-28)

"예수께서 일어나사 거기를 떠나 두로 지방으로 가서 한 집에 들어가 아무도 모르게 하시려 하나 숨길 수 없더라 이에 더러운 귀신 들린 어린 딸을 둔 한 여자가 **예수의 소문을 듣고 곧 와서 그 발 아래에 엎드리니** 그 여자는 수로보니게 족속이라 자기 딸에게서 귀신 쫓아내주시기를 간구하거늘"(막 7:24-26)

우리는 예수 그리스도의 좋은 소문 즉 구원의 복음, 치유의 복음, 희망의 복음을 아직까지 듣지 못한 많은 사람들에게 그들이 들을 수 있도록 전해야 한다. 제가 이미 출판한 책 《암과 질병 이렇게 고쳐라》와 지금 이 책을 출판하고자 하는 중요한 이유 중 하나가 여기 있다. 예수 그리스도의 좋은 소문을 내는 것이다. 암과 질병으로 고통 받는 이들에게, 그리고 환난과 절망의 늪에 빠져 괴로워하는 이들에게 예수 그리스도 안에 있는 치유와 희망의 기쁜 소식을 전하는 것이다. 특별히 《암과 질병 이렇게 고쳐라》 책은 크리스천 암 환자와 그 가족이라면 꼭 읽어보고 예수 그리스도 안에서 희망과 답을 얻고, 치유의 기적을 경험하기를 바란다.

둘째. 나아만은 자신의 나병을 고칠 수 있다는 복음을 듣고 하나님의 사람 엘리사 선지자를 찾아 길을 떠난다.

믿음은 행동으로 나타나야 한다. 행함이 없는 믿음은 죽은 것과 같다.

"또 이와 같이 기생 라합이 사자들을 접대하여 다른 길로 나가게 할 때에 행함으로 의롭다 하심을 받은 것이 아니냐 **영혼 없는 몸이 죽은 것 같이 행함이 없는 믿음은 죽은 것이니라**"(약 2:25-26)

히브리서 11장에는 믿음의 조상 아브라함의 행동하는 신앙을 잘 묘사

해주고 있다.

"믿음으로 아브라함은 부르심을 받았을 때에 순종하여 장래의 유업으로 받을 땅에 나아갈새 갈 바를 알지 못하고 나아갔으며"(히 11:8)

마가복음 5장 25절 이하에는 혈루증 여인에 대한 이야기가 나온다.

"열두 해를 혈루증으로 앓아 온 한 여자가 있어 많은 의사에게 많은 괴로움을 받았고 가진 것도 다 허비하였으되 아무 효험이 없고 도리어 더 중하여졌던 차에"

그리고 바로 이어서 기록된 말씀이 이것이다.

"예수의 소문을 듣고 무리 가운데 끼어 뒤로 와서 그의 옷에 손을 대니 이는 내가 그의 옷에만 손을 대어도 구원을 받으리라 생각함일러라 이에 그의 혈루 근원이 곧 마르매 병이 나은 줄을 몸에 깨달으니라"

"예수께서 이르시되 딸아 네 믿음이 너를 구원하였으니 평안히 가라 네 병에서 놓여 건강할지어다"

혈루증 여인이 보여주는 것도 바로 행동하고 실천하는 믿음이다. 자신을 구원할 좋은 소문을 들었어도 의심하고, 또한 관심이 없거나 행동으로 옮기지 않는다면 아무 소용이 없다. 혈루증으로 고생하던 여인은 예수의 소문을 듣고 예수님을 찾아 나섰다. 이 여인은 예수님이 자신을 혈루증으로부터 구원하실 분으로 믿었고, 또한 그 믿음을 행동으로 옮긴 것이다. 행동하는 믿음의 여인은 예수님으로부터 자신의 병을 깨끗이 치유 받았다. 많은 치유의 기적이 이렇게 일어나는 것이다.

현대 기독교의 큰 문제요 아픔 가운데 하나는 성경과 예수 그리스도는 치유의 복음을 외치고 있지만 그 복음을 믿지 않거나 따르지 않고 있는 것이다. 입으로는 성경을 하나님의 말씀으로 믿는다고 하며, 입술로서는 전능하신 하나님을 고백하면서도 몸의 모든 아픔과 질병을 현대 의학과 의술에 의존하며, 병원과 약국을 찾아 자신의 고통과 질병을 고치려 하고 있다. 현대 의학이나 의술을 부정하고 무시하는 것이 아니다. 하나님은 그러한 모든 것을 통해 일하시고 고치실 수 있다. 그러나 성경과 예수 그리스도를 통해 나타난 치유의 복음을 믿고 그대로 우리들의 삶에 적용하여 지금도 살아계신 하나님의 치유기적을 체험하며 주께 영광을 돌릴 수 있다면 얼마나 좋을까 하는 간절한 바람이다.

만일 나아만이 한 소녀가 전해주는 치유의 복음을 들었어도 불신하거나 여러 이유로 엘리사를 찾아가지 않았고, 혈루증을 앓고 있던 여인이 예수님의 소문을 들었어도 의심하며 행동으로 옮기지 않았다면, 하나님이 베푸시는 치유의 은총을 경험하지 못했을 것이다. 그러나 그들은 세상이 고칠 수 없는 자신의 병을 고치기 위해 하나님의 사람 엘리사를 찾아 나섰고, 예수님을 찾아 간 것이다.

셋째. 나아만은 하나님의 사람을 찾아갔지만 '자기 생각'이 얼마나 무서운 치유의 적임을 깨닫지 못했다.

나아만이 만반의 준비를 갖추고 엘리사를 찾아갔는데 엘리사 본인은 나와 보지도 않고 사환을 시켜 **"너는 가서 요단강에 몸을 일곱 번 씻으라 네 살이 회복되어 깨끗하리라"**는 말을 듣게 되었다. 그때 나아만은 그 말씀이 자신의 병을 고치시는 은혜와 복음의 말씀으로 받지 못했다. 이유는 엘리사가 자신과 같은 특별한 사람을 귀빈으로 정중하게 맞아들이지 않고, 너무나도 형편없이 푸대접을 한다는 생각 때문에 자존심이 상한 것이다. 또한 엘리사가 그를 치료하는 방법도 아주 마음에 들지 않았다. 그래서 그는 자신의 생각을 이렇게 드러냈다.

"내 생각에는 그가 내게로 나와 서서 그의 하나님 여호와의 이름을 부르고 그의 손을 그 부위 위에 흔들어 나병을 고칠까 하였도다 다메섹 강 아바나와 바르발은 이스라엘 모든 강물보다 낫지 아니하냐 내가 거기서 몸을 씻으면 깨끗하게 되지 아니하랴"

나아만은 이러한 자신의 불신과 잘못된 생각이 자신의 나병을 치료하는데 있어서 얼마나 무서운 적이요 큰 장애물인지 몰랐다. 많은 사람이 하나님의 말씀 성경을 통해서나 복음을 전하는 자들을 통해서 하나님의 치유의 복음을 들어도 치유를 경험하지 못하는 가장 큰 이유는, 마귀와 세상으로부터 오는 불신과 잘못된 생각을 내려놓지 못하기 때문이다.

사람의 생각이 다 잘못되었거나 나쁘다고 할 수는 없다. 혈루증 여인처럼 하나님이 기뻐하실 아름답고 긍정적인 믿음의 생각을 한다면 그것은 두말할 것 없이 좋을 수 있다. "예수의 소문을 듣고 무리 가운데 끼어 뒤로 와서 그의 옷에 손을 대니 **이는 내가 그의 옷에만 손을 대어도 구원을 받으리라 생각함일러라**" 그러나 사람의 생각이 잘못되어 하나님의 말씀을 불신하고 불순종하며 죄를 짓고, 그 결과로 재앙을 불러올 위험이 있다.

"땅이여 들으라 내가 이 백성에게 재앙을 내리리니 이것이 그들의 생각의 결과라 그들이 내 말을 듣지 아니하며 내 율법을 거절하였음이니라"(렘 6:19)

누가복음 8장 4절 이하에는 예수님의 씨 뿌리는 비유의 말씀이 나오는데 12절에서 예수님은 길가에 떨어진 씨앗에 대한 비유를 이렇게 설명해 주셨다.

"길 가에 있다는 것은 말씀을 들은 자니 이에 마귀가 가서 그들이 믿어 구원을 얻지 못하게 하려고 말씀을 그 마음에서 빼앗는 것이요"

길가와 같은 마음에 떨어진 말씀의 씨앗은 마귀가 그 말씀을 믿어 구원을 받지 못하도록 말씀을 그 마음에서 빼앗는다고 하였다. 길가와 같은 마음에 떨어진 말씀이 왜? 하나님이 기뻐하시는 믿음을 갖지 못할까? 그 이유가 무엇일까? 이렇게 생각해 볼 수 있다. 길가는 많은 사람들이 지나가며 밟아 다져진 곳이다. 알게 모르게 하나님의 말씀과 역행하는 가르침과 배움이 있으므로 말씀의 씨앗이 쉽게 파고 들어가 뿌리를 내릴 수 없는 마음 밭이다. 사도 바울이 철학의 도시 아테네에서 선교활동을 하며 자신의 모든 지식과 학문을 동원하여 전도를 했지만 열매를 별로 맺지 못했다. 왜냐하면 그들의 마음 밭이 바로 많은 사람들이 다녀간 길가와 같은 밭이었기 때문이다.

길가와 같은 그들의 마음 밭에는
많은 명사들이 다녀갔다.
많은 과학자들이 다녀갔다.
많은 의사들이 다녀갔다.
많은 철학자들이 다녀갔다.
많은 종교인들이 다녀갔다.

그들의 가르침이 다 나쁘다는 것이 아니다. 그들로부터 배움이 필요 없다는 것도 아니다. 문제는 하나님의 말씀을 그대로 믿고 따라야 할 때 이런 세상 사람들이 심어놓은 많은 지식들이 말씀을 믿어 구원을 받는데 큰 방해와 장애물이 될 수 있다는 것이다. 때로는 길가와 같은 밭에는 세상의 종교나 점쟁이와 무당과 같은 샤머니즘적인 신앙과 사상이 지나가며 자리를 잡기도 한다. 이것 또한 하나님의 놀라운 구원과 치유의 은총을 받는데 큰 장애물이 된다.

뿐만 아니라 성경에서 빗나간 진리를 가르치거나 성경이 보여주는 예수가 아닌 다른 예수를 가르치고 전하는 신학자나 목회자들이 지나가기도 한다. 예수님은 분명히 귀신을 쫓아내고 병을 고치셨고, 또한 그 권능을 제자들에게도 주어서 그러한 치유사역을 행하게 하셨다. 그런데 오늘날 이러한 행위를 하는 자들을 이상하게 생각하거나 잘못된 이단처럼 여기는 신학자나 목회자들이 마음에 지나갔을 때 문제는 심각하고 골치 아플 수 있다. 쉽게 치유 복음이 들어가지 않기 때문이다.

이러한 여러 부류의 많은 사람들이 지나가면서 다져진 길가와 같은 마음일수록 기적을 나타내시고 치유하시는 하나님의 말씀을 그대로 믿고 받아들여지기가 무척이나 힘이 든다. 왜냐하면 그러한 사람들로 인하여 이미 형성된 성령치유에 역행하는 잘못된 정신적 사고와 지식과 신앙이 자리 잡고 있기 때문이다. 바로 여기서 '**자기 생각**'이라는 구원을 방해하는 무서운 적이 만들어지는 것이다. 이렇게 형성된 마음의 밭을 기도와 말씀과 성령으로 일구어 새롭게 하기까지는 성령과 믿음을 통한 구원도, 기적도, 치유도 일어나기가 어렵다.

그리고 나아만의 자기 생각이라는 여기에는 우리가 간과해서는 안 되는 중요한 것이 또 있다. 그것은 바로 나아만의 계급장과 자존심이다. 만일 그가 낮은 신분의 사람이었다면 하나님의 사람 앞에서 자기 생각을 말하지 않고 순종하기가 쉬웠을 것이다. 그러나 나아만이 자신의 나병을 고침받기 위하여 하나님의 사람 엘리사를 찾아갔을 때, 아람 나라의 군대 장관이라는 계급장을 멋지게 장식하고 찾아갔다. 왕의 총애를 받는 자로서 이스라엘 왕에게 보내는 아람 왕의 편지와 많은 예물을 준비했다. 그리고 많은 군사를 거느렸다. 그러한 화려한 계급장을 달고 하나님의 사람 엘리사를 찾아갔는데 그는 직접 나와서 영접도 하지 않고 기도도 해주지 않았다.

뿐만 아니라 사환을 시켜 요단 강으로 가서 강물에 몸을 일곱 번 담그라는 말을 들었을 때 군대 장관이라는 계급장을 단 나아만은 자존심에 큰 상처를 입고 분노가 일어난 것이다. 이러한 교만으로부터 오는 계급장과 자존심도 하나님의 치유를 방해하는 큰 요인이 아닐 수 없다.

서울에서 성공적인 목회를 하셨고, 지금도 은퇴 후에 하나님이 기뻐하실 보람된 큰 일을 감당하고 계시는 어느 목사님의 옛 간증을 들으면서 은혜를 받았다. 젊었을 때 성령 충만과 능력을 사모한 나머지 소문으로 들은 경상도 산골의 나이 많은 노인 장로님을 찾아 안수기도를 받기 위해 물어물어 찾아갔는데 집에 계시지 않아 하룻밤을 그곳에 묶고서 기다린 끝에 기어코 장로님을 만났다. 그런데 늙은 할아버지 장로님은 발음도 이상해 말도 잘 알아들을 수 없는 분이었다고 한다. 그러나 그러한 장로님 앞에 은사와 능력을 사모하는 믿음과 열정을 가지고 겸손히 무릎 꿇어 기도를 받는 자신에게 하나님은 놀랍고 신비한 성령을 체험하게 하셨다고 한다.

목사라는 직분을 가지고 교통편이 많이 불편한 옛날에 서울에서 경상도 산골까지 내려가 장로에게 무릎 꿇어 안수기도를 받는다는 것은 쉬운 일은 아니다. 왜냐하면 보편적으로 교회의 직분을 계급장으로 보는 인식이 있기 때문이다. 장로가 목사에게 안수기도를 받는 것은 자연스러운데, 반대로 목사가 장로에게 안수기도를 받는 것은 도무지 어색하게 보이고 자존심 상하는 일처럼 보일 수 있다. 교회의 직분은 때로 질서와 평안을 위해서 상하의 개념이 필요하다. 그러나 지나친 계급적인 의식으로 치우칠 때 마귀가 기뻐하는 교만에 빠질 수 있다. 특히 하나님의 은혜와 신령한 은사를 사모하는 일에 있어서는 그러한 직분의 계급장을 내려 놓아야 한다.

목사님과 사모님들을 비롯하여 특별한 직책을 가진 분들 가운데는 은혜의 기쁨을 모르고 사는 사람들이 많고, 또한 직분의 계급장과 자존심 때문에 환난이나 질고의 아픔이 있을 때 누군가에게 가서 상담을 하고 안수기도를 받는다는 것을 마음에서 허락하지 못하는 분들이 많다. 우리는 누구나 마음을 낮추고 겸손히 하여 교만의 모든 계급장과 자존심을 내려놓아야 한다.

"그러나 더욱 큰 은혜를 주시나니 그러므로 일렀으되 **하나님이 교만한 자를 물리치시고 겸손한 자에게 은혜를 주신다 하였느니라** 그런즉 너희는 하나님께 복종할지어다 마귀를 대적하라 그리하면 피하리라---주

앞에서 낮추라 그리하면 주께서 너희를 높이시리라"(약 4:6-7,10)

넷째. 나아만은 치유를 방해하는 마귀와 세상으로부터 오는 잘못된 생각을 내려놓고, 계급장과 자존심도 내려놓았다. 그리고 하나님의 사람의 지시에 순종함으로 하나님의 놀라운 치유를 경험했다.

하나님의 사람 엘리사가 나와서 영접도 하지 않고 사환을 시켜 지시할 때 나아만은 엘리사의 태도나 언행이 영 마음에 들지 않고 불쾌하여 자신의 생각을 이야기 하며 분노하며 돌아가려고 할 때 그의 종들이 나아만에게 나아와 말했다.

"내 아버지여 선지자가 당신에게 큰 일을 행하라 말하였더면 행하지 아니하였으리이까 하물며 당신에게 이르기를 씻어 깨끗하게 하라 함이리이까?"

나아만은 주인을 사랑하며 생각해 주는 부하들의 말을 듣고 자신의 생각을 고쳐먹었다. 그리고 겸손히 마음을 낮추어 하나님의 사람 엘리사 선지자가 지시하는 대로 요단강으로 가서 몸을 일곱 번 담그었다. 교만의 때를 다 씻어버렸다. 그의 몸은 신기하고 놀랍게도 어린 아이 살과 같이 회복되어 깨끗하게 되었다.

하나님과 그 말씀을 믿는다면 온전히 신뢰하고 순종하려는 자세를 항상 가져야 한다. 믿음을 순종으로 나타낼 때 기적은 일어나는 것이다. 하나님께서 모세에게 명령하시기를 손에 지팡이를 들고 홍해를 가리키라 하셨다. 모세가 하나님의 말씀대로 순종했을 때 홍해는 갈라졌다. 하나님은 지팡이로 반석을 치라 하셨다. 모세가 그대로 순종했더니 반석에서 물이 나왔다.

예수님은 시몬 베드로에게 깊은 데로 가서 그물을 내리라 말씀하셨다.
베드로의 반응은 이러했다.

**"시몬이 대답하여 이르되 선생님 우리들이 밤이 새도록 수고하였으되
잡은 것이 없지마는 말씀에 의지하여 내가 그물을 내리리이다"**(눅 5:5)

베드로가 이렇게 말씀을 드리는 데는 예수님의 지시하시는 말씀이 어
부로서 뼈가 굵은 시몬으로서는 자신의 경험과 상식으로 판단할 때 도저
히 용납하고 순종하기 어려운 것이지만 그럼에도 불구하고 예수님의 말
씀이기에 순종하겠다는 것이다. 시몬이 말씀에 의지하여 깊은 데로 가서
그물을 내렸을 때 잡힌 고기는 상상을 초월할 정도로 심히 많아 그물이
찢어질 정도가 되었다. 그래서 다른 배에 있는 동무들을 불러 도움을 청
함으로 두 배에 가득 채울 수 있게 되었다.

예수께서 갈릴리 가나에서 첫 번째 표적을 나타내셨을 때 예수님의 어
머니 마리아가 하인들에게 이렇게 말했다. "(주께서) **너희에게 무슨 말씀
을 하시든지 그대로 하라**"(요 2:5)

하인들은 **예수님의 말씀대로** 돌 항아리에다 물을 떠다 부었고, **예수님
의 말씀대로** 항아리의 물을 연회장에게 떠다 주었다. 연회장이 받은 물
은 이미 질이 좋은 포도주로 변해있었다. 성경은 이때의 사건에 대해서
이런 말씀을 남기고 있다.

**"연회장은 물로 된 포도주를 맛보고도 어디서 났는지 알지 못하되 물
떠온 하인들은 알더라"**(요 2:9)

맞는 말이다. 하나님으로부터 오는 기적의 비밀은 오직 주의 말씀에 그대로 순종하는 자들만이 아는 것이다.

다섯째. 나아만은 육신의 질병 때문에 하나님을 온전히 믿고 영혼도 구원받는 큰 복을 받았다.

나아만은 겸손히 마음을 낮추고 하나님의 사람 엘리사의 지시를 따라 순종함으로 하나님의 놀라운 치유하심을 경험한 후에 모든 군사와 함께 하나님의 사람에게로 다시 와서 예물을 드리려 했다. 그러나 엘리사는 받지 않았고 강권해도 거절했다. 이러한 하나님의 사람 엘리사 앞에서 나아만은 이방인으로서 위대한 신앙의 결단과 고백을 하였다.

"그러면 청하건대 노새 두 마리에 실을 흙을 당신의 종에게 주소서 이제부터는 종이 번제물과 다른 희생 제사를 여호와 외 다른 신에게는 드리지 아니하고 다만 여호와께 드리겠나이다"(왕하 5:17)

우리는 나아만의 이러한 고백에서 어떤 교만함이나 불손함을 찾아볼 수 없다. 또한 아람 왕의 총애를 받는 군대 장관이라는 계급장의 냄새를 조금도 맡을 수 없다. 그렇게 교만하고 당당했던 그는 하나님의 사람 엘리사의 지시대로 행하여 기적적인 놀라운 치유를 경험하고는 엘리사 앞에서 '**당신의 종**'이라는 표현을 쓰기까지 자신을 낮추는 겸손하고 아름다운 사람이 되었다. 뿐만 아니라 그의 신앙의 결단과 고백에서 우리는 구원받은 한 영혼의 근본적이고 아름다운 변화를 보는 것이다.

"이제부터는 종이 번제물과 다른 희생 제사를 여호와 외 다른 신에게는 드리지 아니하고 다만 여호와께 드리겠나이다"

나아만에게 주어진 질병의 고난은 저주가 아닌 하나님의 품으로 돌아오게 되는 구원의 통로요 큰 축복이었다.

할렐루야!

전능하셔서 모든 만물을 창조하시고 지금도 살아계신 하나님께는 고치지 못할 불치병이 없다. 하나님과 그 말씀을 의심 없이 믿고 그대로 순종하는 자에게 하나님은 오늘날도 변함없이 영광과 권능을 나타내신다. 믿음은 하나님을 기쁘시게 하며 영화롭고 행복하게 해드리는 우리가 간직하고 지켜야 할 귀중한 보물이다. 이 믿음은 마음을 열고 겸손히 하나님께 나아가는 자에게 주시는 성령의 선물이다.

우리는 믿음으로 세상의 많은 문제를 해결하고 병을 고침받기도 한다. 그러나 무엇보다도 중요하고 감사한 것은 예수 그리스도를 믿고 영접함으로 하나님의 자녀의 특권을 누리며 거룩하신 하나님을 찬송하고 영화롭게 하는 것이다. 또한 그 안에서 속죄와 영생과 천국의 구원에 참여하게 되는데 이 모든 것이 그리스도 예수 안에서 누리는 큰 축복이요 기적이요 영광이다.

3.

베데스다 연못의
기적

〈요 5:1-9〉

"그 후에 유대인의 명절이 되어 예수께서 예루살렘에 올라가시니라 예루살렘에 있는 양문 곁에 히브리 말로 베데스다라 하는 못이 있는데 거기 행각 다섯이 있고 그 안에 많은 병자, 맹인, 다리 저는 사람, 혈기 마른 사람들이 누워 물의 움직임을 기다리니 이는 천사가 가끔 못에 내려와 물을 움직이게 하는데 움직인 후에 먼저 들어가는 자는 어떤 병에 걸렸든지 낫게 됨이러라 거기 서른여덟 해 된 병자가 있더라 예수께서 그 누운 것을 보시고 병이 벌써 오래된 줄 아시고 이르시되 네가 낫고자 하느냐 병자가 대답하되 주여 물이 움직일 때에 나를 못에 넣어 주는 사람이 없어 내가 가는 동안에 다른 사람이 먼저 내려가나이다 예수께서 이르시되 일어나 네 자리를 들고 걸어가라 하시니 그 사람이 곧 나아서 자리를 들고 걸어가니라"

사자성어에 '줄탁동시(啐啄同時)'라는 말이 있다.

줄탁동시의 깊은 의미는 이런 것이다. 병아리가 부화될 시점이 되면 알 속에서 부리로 껍질 안쪽을 쪼기 시작한다. 그때 어미닭은 품고 있던 알 속에서 병아리가 부리로 쪼는 소리를 듣고 밖에서 알을 쪼아 새끼가 알을 깨는 행위를 도와준다는 것이다.

알 속의 병아리가 껍질을 깨뜨리고 나오기 위하여 껍질 안에서 쪼는 것을 줄(啐)이라 하고, 어미 닭이 밖에서 쪼아 깨뜨리는 것을 탁(啄)이라 한다. 이 두 행위가 동시(同時)에 이루어져야만 아직 여린 부리를 갖고 있는 병아리가 온전히 세상 밖으로 나올 수 있다고 한다. 이것을 줄탁동시라고 한다.

하지만 어미 닭에게는 두 가지 규칙이 있다고 한다. 첫째는 병아리가 알 속에서 혼신의 힘을 다하여 밖으로 나오려고 껍질을 쪼지 않으면 어미 닭 역시 밖에서 도와주지 않는다고 한다. 둘째는 말 그대로 도와줄 뿐이지 온전히 깨 주지는 않고 병아리 자신이 깨고 나오도록 도와만 준다고 한다. 즉, 어미 닭은 병아리의 두드림에 귀를 기울이고 약간의 도움만 주고 병아리가 스스로 알을 깨고 나오도록 한다는 것이다.

이러한 원리는 스승과 제자 사이도 마찬가지이다. 스승의 참된 가르침과 제자의 배우려는 갈망이 동시에 이루어질 때 교육의 효과가 있다. 어느 한쪽의 애정이나 헌신, 안타까움으로만 가득 차 있다면 그 교육은 성공할 수 없다. 스승도 제자가 바른 길, 옳은 길, 곧은 길, 좋은 길을 갈 수 있도록 길 안내만 해 줄 뿐이지 그 길을 걸어갈 사람은 제자이기 때문에 쌍방 간의 관심과 노력은 동시에 이루어져야 한다.

이러한 줄탁동시의 교훈은 본문에 나타난 38년 된 병자와 그를 고쳐주시는 예수님과의 관계 속에서도 잘 보여주고 있다. 예수님은 38년 된 병자에게 **"네가 낫고자 하느냐"** 물으셨다. 예수님은 그에게서 살려고 하는 강한 의지가 있고 소원이 있는지 확인하신 후 능력을 행하셨다. 하나님께서 복을 주시려 할 때 복 받을 준비가 되어 있어야 하고, 하나님께서 치료해 주시려할 때 낫고자 하는 마음의 의지가 동반되어야 한다는 것이다.

한 맹인에게 예수님은 물으셨다. **"네게 무엇을 하여 주기를 원하느냐?"** 그때 맹인은 **"주여 보기를 원하나이다"**라고 마음의 간절한 소원을 말했고, 예수님은 그를 고쳐주셨다. 38년 된 병자는 낫고자 하는 확고한 의지와 강한 소원이 있었다. 그래서 절망적인 상황에서도 희망을 포기하지 않고 오랫동안 베데스다 연못가를 떠나지 않고 그 자리를 지키고 있었던 것이다. 예수님은 이러한 38년 된 병자를 찾아오신 것이다.

자살하는 사람들이 왜 자신의 삶을 포기하는가? 그것은 생에 대한 애착과 삶의 의지와 소망을 모두 잃어버렸기 때문이다. 우리 인간이 건강을 잃어버리고 재물을 잃어버리는 것도 안타까운 일이지만 이 세상에서 더 이상 살아가고자 하는 삶의 의욕과 희망을 잃어버리는 것은 더욱 안타깝고 위험한 것이다. 그래서 19세기 덴마크의 실존주의 철학자 키에르케고르는 **"절망은 죽음에 이르는 병이다 그리고 이 병에 걸리는 것은 인간 뿐이다. 인간이기 때문에 절망할 수 있는 것이다."**라고 하면서 **"절

망에서 벗어나는 가장 효과적인 방법은 신앙의 힘"이라고 하였다.

삶의 의욕과 희망을 잃어버린 절망의 배후에는 마귀가 있음을 깨달아야 한다. 마귀는 우는 사자 같이 두루 다니며 삼킬 자를 찾아서 건강과 재물과 삶의 의욕을 도둑질한다. 희망을 잃어버린 절망의 늪에 빠져 나오지 못하게 하므로 결국 죽음과 멸망으로 끌어간다.

"도둑(마귀)이 오는 것은 도둑질하고 죽이고 멸망시키려는 것뿐이요 내(예수님)가 온 것은 양으로 생명을 얻게 하고 더 풍성히 얻게 하려는 것이라"(요 10:10)

"근신하라 깨어라 너희 대적 마귀가 우는 사자같이 두루 다니며 삼킬 자를 찾나니 너희는 믿음을 굳건하게 하여 그를 대적하라 이는 세상에 있는 너희 형제들도 동일한 고난을 당하는 줄을 앎이라"(벧전 5:8-9)

삶의 의지와 희망을 잃어버리는 것은 암환자들에서 흔히 볼 수 있다. 사람은 태어나서 누구나가 한 번은 죽는다. 그 죽음은 피할 수 없는 하나님이 정하신 이치이다. 그러한 죽음을 생각하고 이 세상을 살아가는 동안에 보다 더 보람되고 가치 있는 삶을 위해 최선을 다하는 것은 아름답다. 그러나 극단적인 죽음에 대한 부정적인 의식은 피해야 한다. 어떤 사람이 몸이 아파서 병원을 찾아 여러 가지 검사를 하고 의사로부터 암 선고를 받았을 때 일반적으로 환자의 마음속에 자리 잡는 것이 두려움과 절망 그리고 부정적인 죽음에 대한 의식이다. **'나는 암이 걸렸으니 머지 않아 죽겠구나'**

우리가 현대의학으로 쉽게 고치기 힘든 어떤 질병에 걸렸을 때 그 병의 치유를 위해서 하나님께 기도한다면 절대적으로 물리쳐야 할 것이 불신과 두려움 그리고 절망과 부정적인 죽음의 의식이다. 이러한 것들은 하나님의 치유역사에 큰 장애물이다. 한편으로는 하나님께 살려달라고 기도하면서 다른 한편으로는 **'나는 이 병으로 결국은 죽을 거야'** 라는 생각을 의식적으로나 무의식적으로 가지고 있다면 이러한 마음 밭에는 구원의 말씀이 깊이 뿌리 내리기 어렵다. 그 안에 전능하신 하나님, 치유하시는 하나님을 믿지 못하는 불신앙이 뿌리를 내리고 있기 때문에 치유의 역사가 일어나기 힘들고 또한 치유역사가 일어난다 하더라도 병마는 그 불신과 죽음의 의식을 타고 다시 들어가 결국은 죽음에 이르게 되는 것이다. 그러므로 하나님의 온전한 치유를 소원한다면 죽는다는 생각을 깨끗이 물리치고 이렇게 외쳐야 한다.

"나는 하나님의 크신 은혜와 전능하신 주의 능력으로 깨끗이 치유 받고 건강하게 될 거야!"

하나님은 우리의 생각과 믿음을 따라 행하시는 분이시다. 환자의 마음 속에 두려움과 부정적인 죽음의 의식을 가지고 있으면 이것은 보편적으로 불신앙에서 비롯되는 것이기 때문에 기도 응답에 방해가 된다. 이러한 두려움과 부정적인 죽음의 의식을 과감하게 물리치고, 하나님의 능력이면 문제될 것이 없고, 하나님은 능히 나의 병을 고쳐주실 것이라는 믿음으로 기도해야 한다. 하나님은 이런 자들을 기쁨으로 고쳐주시고 살려주시는 것이다. 그러므로 자신의 병을 고침받기를 소원한다면 전능하신 하나님께서 능히 나의 병을 고쳐주시고 건강하게 하실 것이라는 믿음과 희망을 가져야 한다. 시편 기자는 42편과 43편에서 자신의 영혼을 향해 세 번이나 똑같이 외치고 있다.

"내 영혼아 네가 어찌하여 낙심하며 어찌하여 내 속에서 불안해 하는가 너는 하나님께 소망을 두라 그가 나타나 도우심으로 말미암아 내 하나님을 여전히 찬송하리로다"(시 42:5,11, 43:5)

38년 된 병자는 끊임없이 고침을 받고, 살고자 하는 의지와 희망이 있었다. 예수님은 이러한 병자를 고쳐주시고 살려주시는 것이다. '나는 암이 걸렸으니까 언젠가는 이 병으로 죽겠지' 하는 죽음에 대한 부정적인 의식과 절망감은 삶의 의욕을 잃게 할뿐 아니라 하나님의 치유역사를 방해한다.

자신의 병이 38년 된 병자보다 더 오래되었고, 혈루증을 앓던 여인보다 더 중한 상태일지라도 전능하신 하나님께서 나의 병을 능히 고치시리라는 믿음과 꿈을 가지고 기도하는 자에게 우리 주님은 치유의 은총과 기적을 나타내시는 것이다. 또한 그러한 믿음과 꿈을 가지고 도전하는 자에게는 삶의 의욕이 살아나고 마음에 즐거움과 희망이 더욱 솟아오르게 되는 것이다. 뿐만 아니라 몸 안에서는 암 세포와 싸우는 백혈구의 수치와 면역력이 높아지게 되어 결과적으로 암을 가져온 암 귀신도 힘을 잃고 항복하므로 암과의 전투는 승리로 끝나게 된다. 그렇게 될 때 온전한 치유의 기쁨을 맛보면서 하나님께 감사와 찬양과 영광을 돌리게 되는 것이다.

"여호와의 말씀이니라 너희를 향한 나의 생각을 내가 아나니 평안이요 재앙이 아니니라 너희에게 미래와 희망을 주는 것이니라 너희가 내게 부

르짖으며 내게 와서 기도하면 내가 너희들의 기도를 들을 것이요 너희가 온 마음으로 나를 구하면 나를 찾을 것이요 나를 만나리라"(렘 29:11-13)

예수님은 유대인의 명절을 맞이하여 예루살렘에 올라가시면서 특별히 그의 발걸음은 병들어 고통당하는 자들이 모이는 베데스다라는 연못으로 향하셨다. 그 연못은 예루살렘의 양문 곁에 있었고, 거기에는 행각 다섯이 있었는데 행각이란 우리나라 말로 지붕이 있는 정자를 말한다. 그 안에 많은 병자, 맹인, 다리 저는 사람, 혈기 마른 사람들이 누워 물이 솟구쳐 움직이기를 기다리고 있었다. 그 이유는 예로부터 내려오고 있는 이상한 전설 때문이었다. 그 전설이란 천사가 가끔 못에 내려와 물을 부글부글 끓게 하는데 그 때 제일 먼저 들어가는 자는 어떤 병에 걸렸든지 낫게 된다는 것이다. 베데스다 못가에 모인 병자들은 이러한 신앙을 갖고 거기에 희망을 걸고 기다리는 사람들이었다.

예수님 당시 이스라엘 백성들은 하나님께서 택하신 선민으로 천지를 창조하신 하나님과 그 말씀을 믿어야 하는데 그들은 전설이나 미신을 믿는 신앙에 더 젖어 있었던 것이다. 이것은 오늘날 많은 교인들이 하나님의 말씀을 믿고 순종하여 따르기보다 자신의 신념이나 세상으로부터 들려오는 말을 더 믿고 따르는 것과 같다. 뿐만 아니라 우리 주변에는 온갖 미신과 샤머니즘 신앙으로 가득 차 있는데 이러한 잘못된 신앙은 알게 모르게 우리 기독교인들의 삶 속 깊숙이 들어와 있는 경우도 많다.

당시 병들어 고통 중에 있는 자들이 지푸라기라도 잡아보려는 심정으로 성전과 하나님이 아닌 전설과 미신적 신앙이 깃들어 있는 베데스다 연못가에 모여들었다. 그러나 거기서도 많은 사람들이 자기 인생의 무거운 짐을 해결하지 못하고 절망 가운데 죽어가고 있었던 것이다.

성도들은 이러한 절망에 빠진 이 세상의 영혼들을 위해서 일하도록 부르심을 받은 자들이다. 잘못된 신앙 속에서 삶의 희망을 포기하고 낙심하고 절망하는 사람들에게 예수 그리스도 안에서 꿈과 소망을 갖도록 해주어야 한다. 만민을 죄와 율법의 저주로부터 속량하기 위해 십자가에서 죽으시고 다시 사신 예수님이 곧 길이요 진리요 생명이며 희망이라는 사실을 분명하고 확실하게 알려주어야 한다. 이 세상에는 헤아릴 수 없는 수많은 종교와 신앙이 있다. 그러나 참된 구원은 예수밖에 없다.

"예수께서 이르시되 내가 곧 길이요 진리요 생명이니 나로 말미암지 않고는 아버지께로 올 자가 없느니라"(요 14:6)

"다른 이로써는 구원을 받을 수 없나니 천하 사람 중에 구원을 받을 만한 다른 이름을 우리에게 주신 일이 없음이라 하였더라"(행 4:12)

예수께서는 전설과 미신에 희망을 걸고 모여든 많은 병자들이 있는 그 베데스다 연못을 방문하셨다. 그 때 거기에는 38년 된 병자가 누워 있었다. 본문에서 중증의 환자 이름이 무엇이며 몇 살인지 알지 못하지만 다만 아는 것은 치유와 회복의 가능성이 전혀 없는 중증환자였다는 것이다. 긴 세월 동안 병과 싸웠으니 몰골이 몹시도 초라했을 것이고 정신적으로 피폐해져 사람 꼴이 아니었을 것이다. 예수님은 38년 된 병자를 보시고 병이 깊은 것을 아시고 그를 향해 물었다. **"네가 낫고자 하느냐?"** 주님의 질문에 병자는 이렇게 대답하였다. **"주여 물이 움직일 때에 나를**

못에 넣어 주는 사람이 없어 내가 가는 동안에 다른 사람이 먼저 내려가나이다."

38년 된 병자는 자기를 도와줄 사람을 찾았으나 그가 찾는 그런 사람이 없었다. 베데스다 연못가에는 많은 병자들이 있었다. 그 주변에는 병자들의 가족인 건강한 이들도 있었을 것이다. 그러나 그 중에서 누구 하나 병자를 도와서 그를 살려주려는 이는 없었다. 병자 주변에는 많은 병자가 있었지만 그보다 더 오랜 병을 앓고 있는 이는 아마도 없었을 것이다. 그러나 그 많은 병자 중에 "당신은 병 든지 38년이니 얼마나 고통스럽고 괴롭습니까? 보호자도 한 명도 없으니 얼마나 외로우십니까? 물이 동하면 우리가 양보할 터이니 당신부터 들어가십시오" 말하며 양보하는 사람도 없었다.

물이 동할 때면 저마다 병을 고침받기 위해 먼저 들어가려고 아우성쳤다. 그 모습은 저마다 살려고 몸부림치는 전쟁 아닌 전쟁터였다. 참으로 불쌍하고 슬픈 이야기다. 잘못된 신앙과 희망을 가지고 신세를 한탄하는 이름 모를 38년 된 병자, 가족으로부터도 버림받고 어느 누구도 동정의 눈길조차 주는 이 없는 이 병자에게 예수님은 특별한 관심과 사랑을 가지고 다가오신 것이다.

38년 된 병자가 **"주여! 사람이 없나이다"**라고 한 말속에는 양보할 사람을 애타게 찾지만 현실은 그렇지 않은 안타까움과 괴로움을 나타내는 말이다. 타인의 양보 없이 자기가 먼저 들어간다는 것은 불가능한 것이었다. 이렇게 도와줄 사람이 아무도 없는 38년 된 병자에게 주어진 삶의 환경은 절망적인 상황이었지만 그에게는 남다른 자기 병을 고치고자 하는 확고한 의지와 강한 소원이 있었다. 그래서 그는 삶의 희망을 포기하지 않고 오랜동안 베데스다 연못가를 떠나지 않고 지키고 있었던 것이다.

예수님은 이러한 병자를 찾아오셔서 만나 주시고 고쳐주셨던 것이다. 줄탁동시라는 말의 의미를 이미 살펴본 바와 같이 만일 이 병자 자신이 고침 받고 건강하게 살고자 하는 삶의 의지와 희망을 갖지 않았다면 예수님은 그를 찾아 고쳐주시지 않으셨을 것이다.

그러므로 세상을 살면서 어떠한 환난과 불행 속에서도 절망하지 않고 삶의 의지와 희망을 가지고 살아가는 것은 매우 중요한 것이며 하나님이 기뻐하시는 것이다. 하나님은 그러한 자들의 간절한 소원과 희망을 외면하지 아니하시고 이루어 주시는 것이다. 38년이나 병고에 시달리던 베데스다 연못의 병자가 예수님을 만난 것은 그의 인생에서 최고의 축복이요 행복이었다. 그가 간절히 바라던 희망은 마침내 꽃을 피우고 열매를 맺었다.

"예수께서 이르시되 일어나 네 자리를 들고 걸어가라 하시니 그 사람이 곧 나아서 자리를 들고 걸어가니라"(요 5:8-9)

예수 그리스도는 지금도 우리들 가까이 오셔서 친구가 되어 주시고, 삶에 필요를 채워주시는 공급자가 되시며, 뿐만 아니라 병들었을 때 치료자가 되시기 위해 우리 곁에 찾아오신다. 이러한 복음의 사실을 아직도 알지 못하고, 어두운 곳에서 절망하고 있는 사람들에게 **"예수님은 당신을 사랑하시고 당신에게도 관심을 갖고 계신다고"** 알려 주어야 한다.

예수님의 지상 사역을 크게 세 가지로 구분할 수 있다. 마태복음 4장 23절에 보면 예수님의 사역에 대해서 이렇게 증언하고 있다.

"예수께서 온 갈릴리에 두루 다니사 저희 회당에서 **가르치시며 천국 복음을 전파하시며 백성 중에 모든 병과 모든 약한 것을 고치시니**"

예수님 공생애의 사역은 가르치시는 것과 천국 복음을 전파하시는 것 그리고 백성 중에 모든 병과 모든 약한 것을 고치시는 치유사역이다. 특히 4복음서는 많은 분량이 예수께서 귀신을 쫓아내고 병을 고치는 기사로 채워져 있다. 예수님은 인간의 본능적인 필요를 외면하지 않으셨다. 영적 정신적인 문제만 해결해 주시는 것이 아니라 오병이어와 칠병이어의 기적을 통한 먹는 문제와 육체적인 온갖 질병과 고통도 깨끗이 치유해 주시는 분이다.

요한복음에 나타난 첫 번째 기적은 예수께서 물로 포도주를 만드신 기적이다. 그래서 혼주의 걱정도 해결해주시고 잔치의 기쁨과 즐거움도 계속 이어지도록 도와주셨다. 두 번째 기적은 왕의 신하의 아들이 병에 걸려 죽게 되었을 때 말씀으로 낫게 하신 사건이다. 인간 생사의 근본적인 문제를 해결해 주셨다. 예수님의 세 번째 기적은 병에 걸린 지 38년이나 되었지만 희망의 끈을 놓지 않고 있는 그 환자를 불쌍히 여겨 만나주시고 고쳐주신 본문의 사건이다.

예수님은 전능하신 하나님이시요, 만병의 치유자이시다. 예수님은 하늘과 땅의 모든 권세를 가지신 하나님의 아들로서 아버지 하나님으로부터 성령과 능력을 기름 붓듯 부음을 받으셨기 때문에 귀신을 쫓아내고 병을 고치시는 일은 큰 문제가 아닌 쉬운 일이다. 그래서 사도 베드로는 이방인 고넬료 가정에 모인 무리들에게 예수 그리스도의 복음을 전파하면서 이렇게 증언하였다.

"하나님이 나사렛 예수에게 성령과 능력을 기름 붓듯 하셨으매 그가 두루 다니시며 선한 일을 행하시고 마귀에게 눌린 모든 사람을 고치셨으니 이는 하나님이 함께 하셨음이라"(행 10:38)

여러분들이 어떠한 시련과 역경과 환난 중에 있더라도 능히 구원하시고 건져내실 전능하신 하나님께 희망을 걸고, 진실 된 믿음으로 삶의 의지를 강하게 나타내기 바란다. 주님은 이러한 자들을 찾아 지금도 인간을 억압하는 악한 마귀와 모든 무거운 짐들로부터 완전히 벗어나게 하시고 참된 구원과 기쁨을 얻게 하시는 것이다.

사랑과 관심을 갖고 찾아오시는 예수님과의 참된 만남을 통해, 놀라운 치유와 기쁨과 행복이 여러분의 삶에도 풍성하게 임하기를 예수 이름으로 간절히 축원한다.

제2부

기도

홀리데이 인 호텔
Holiday In Hotel

미국의 어느 직장에서 갑자기 퇴출된 사람이 있었다. 직장에 출근해 보니 아무런 설명도 없이 책상에 해고 통보서가 놓여 있었다. 속에서 분노가 치밀어 올랐다. 직장과 자신의 상관들에 대한 복수심이 끓어올랐다. 끓어오르는 분노와 함께 자포자기한 나머지 그는 가출했다. 그러나 얼마간의 방황 끝에 그는 다시 집으로 돌아왔다.

그리고 아내에게 이렇게 말했다.

"여보. 나는 죽고 싶소. 모든 노력을 다해 봤지만 아무 것도 되는 일이 없소."

아내는 자기 남편을 향해 이렇게 말했다.

"여보, 당신은 한 가지 시도를 해보지 않은 것이 있어요. 당신은 당신이 처한 이 상황과 문제에 대해서 진지하게 기도해 보신 적이 없잖아요."

이상하게도 이 말이 그에게 큰 감동이 되어 다가왔다.

"그래 맞아. 나는 이 일에 대해 기도해 본 적이 없지!"

그는 아내와 함께 기도하기 시작했다.

며칠 기도하는 동안 마음속에 있던 직장과 상사를 향한 미움과 복수의 감정이 다 사라졌다. 머리 속에서는 새로운 아이디어가 떠오르기 시작했다. 그는 자기 집을 담보로 은행 융자를 얻어 조그마한 건축업을 시작했다. 그렇게 잘될 수가 없었다. 5년 만에 그는 작지만 자기 기업을 갖게 되었다. 그러던 어느 날 그는 이렇게 기도했다.

"하나님! 제가 건축을 하면서 여기 저기 여행을 하다 보니 좋은 호텔이 없습니다. 좋은 호텔은 있지만 너무 비싸고, 작은 호텔은 너무 분위기가 안 좋아서 제가 새로운 호텔을 지었으면 합니다. 우리 이웃들에게 좋은 서비스를 베풀기 위해서 아주 깨끗한 호텔 그러면서도 적절한 가격에 쉼을 제공할 수 있는 호텔을 짓고 싶습니다."

하나님은 그의 기도에 응답하셨다. 그는 하나 둘 호텔을 짓기 시작했다. 이것이 세계적인 체인이 된 '홀리데이 인 호텔(Holiday In Hotel)'이다. 그리고 **이 사람은 홀리데이 인 호텔의 창업자인 케몬스 윌슨(K. Wilson)이다.**

1.

기도의 진실

기도는 하나님이 선물로 주신 위대한 특권

기도는 위대하다. 그 가치가 위대하며 능력이 위대하다.

기도는 하나님이 주신 놀라운 은총이요 위대한 특권이다.

기도는 하나님을 가까이 하는 것이요 그 분을 만나는 것이다.

기도는 하나님과 은밀한 사랑을 나누며 함께 교제하는 것이다.

기도는 하나님을 기쁘시게 하며 행복하게 해 드리는 것이다.

기도는 하나님께 구하고 찾으며 두드리고 부르짖는 것이다.

기도는 영혼의 호흡이요 영적으로 살아있음을 증거하는 것이다.

기도는 하나님 안에 살게 하며 하나님을 닮아가게 하는 것이다.

기도는 하나님 앞에 자신을 낮추는 것이며 겸손히 하는 것이다.

기도는 하나님께 소망을 두는 것이요 그 분만 의지하는 것이다.

기도는 하나님이 창조주요 자신이 피조물임을 인정하는 것이다.

기도는 하나님의 전능하심과 자신의 무능함을 시인하는 것이다.

기도는 하나님의 뜻을 아는 비법이요 그 뜻을 이루는 수단이다.

기도는 하나님께서 은총을 베푸시는 도구요 은밀한 방법이다.

기도는 성령 충만의 비결이요 능력의 기름부음을 받는 통로다.

기도는 원수 마귀를 대적하는 강력한 무기요 거룩한 능력이다.

기도는 염려를 맡기는 수단이요 문제 해결의 강력한 열쇠이다.

기도는 사역을 위해 하나님이 베푸신 은혜요 신령한 지혜이다.

기도는 환난을 만난 자가 도피성 하나님께로 나아가는 대로다.

기도는 응답의 결실로 하나님께 영광을 돌리게 하는 큰 선물이다.

"너희가 내 이름으로 무엇을 구하든지 내가 행하리니 이는 아버지로 하여금 아들로 말미암아 영광을 받으시게 하려 함이라"(요 14:13)

▌ 하나님을 가까이 하며 만남을 이루는 기도

기도는 지존하시고 전능하신 하나님을 가까이 하는 것이기에 위대하다.

"내가 지존하신 하나님께 부르짖음이여 곧 나를 위하여 모든 것을 이루시는 하나님께로다"(시 57:2)

"우리 하나님 여호와께서 우리가 그에게 기도할 때마다 우리에게 가까이 하심과 같이 그 신이 가까이 함을 얻은 큰 나라가 어디 있느냐"(신 4:7)

"하나님을 가까이 하라 그리하면 너희를 가까이 하시리라 죄인들아 손을 깨끗이 하라 두 마음을 품은 자들아 마음을 성결하게 하라"(약 4:8)

기도는 거룩하신 하나님과의 만남을 가능하게 하는 것이기에 더욱 위대하다.

"그러나 네가 거기서(환난 가운데서) 네 하나님 여호와를 찾게 되리니 만일 마음을 다하고 뜻을 다하여 그를 찾으면 만나리라"(신 4:29)

"너희가 내게 부르짖으며 내게 와서 기도하면 내가 너희들의 기도를 들을 것이요 너희가 온 마음으로 나를 구하면 나를 찾을 것이요 나를 만나리라"(렘 29:12-13)

이렇게 기도는 위대한 것이다. 그러나 지존하시고 전능하시고 거룩하신 하나님은 아무나 함부로 자신을 가까이 하거나 만남을 갖지 못하게 하셨다. 사람이 기도로 하나님을 가까이 하여 만남을 갖기 원한다면 성경 말씀을 통해 가르쳐주시는 분명한 원칙과 질서가 있다는 것을 알아야 한다. 구약 성경의 율법서에 나타난 성막의 구조와 거기서 이루어지는 모든 것을 살펴보면 죄인이 어떻게 거룩하신 하나님께로 나아가 만남을 갖고 은혜를 입을 수 있는가를 알 수 있다. 쉽게 말해서 성막은 죄인 된 인간이 그리스도 예수 안에서 하나님께로 나아가는 길을 안내하는 가이드와 같고, 또한 그 길을 정교하고 구체적으로 보여주는 약도로서 대단히 훌륭한 시청각 교재라 할 수 있다.

레위기에서는 거룩하신 하나님께 제물을 드릴 때는 흠 없는 것으로 드려야 함을 강조하고, 하나님의 백성들은 거룩하신 그 분을 닮아 몸을 구별하여 거룩하게 살 것을 명령하고 있다. **하나님의 어린 양 되신 예수 그리스도는 아무런 흠도 없고 죄도 없는 자신을 제물로 드려 십자가에서 피 흘려 죽으심으로 우리 죄를 속량하셨고, 그를 믿는 자들의 의로움과 거룩함이 되셨다.** 그러므로 우리가 진정 기도로 가까이 나아가 거룩하신 하나님을 만나고, 원수가 아닌 아브라함처럼 하나님의 벗이요 친구처럼 친밀하게 지내기를 원한다면 예수 그리스도 안에서 죄를 멀리하고 거룩한 삶을 살아야 한다.

"**나는 여호와 너희의 하나님이라 내가 거룩하니 너희도 몸을 구별하여 거룩하게 하고** 땅에 기는 길짐승으로 말미암아 스스로 더럽히지 말라 **나는 너희의 하나님이 되려고 너희를 애굽 땅에서 인도하여 낸 여호와라 내가 거룩하니 너희도 거룩할지어다**"(레 11:44-45)

"그러므로 형제들아 내가 하나님의 모든 자비하심으로 너희를 권하노니 **너희 몸을 하나님이 기뻐하시는 거룩한 산 제물로 드리라 이는 너희가 드릴 영적 예배니라** 너희는 이 세대를 본받지 말고 오직 마음을 새롭게 함으로 변화를 받아 하나님의 선하시고 기뻐하시고 온전하신 뜻이 무엇인지 분별하도록 하라"(롬 12:1-2)

"**그리스도 예수의 사람들은 육체와 함께 그 정욕과 탐심을 십자가에 못 박았느니라**"(갈 5:24)

"**너희는 유혹의 욕심을 따라 썩어져 가는 구습을 따르는 옛 사람을 벗어 버리고 오직 너희의 심령이 새롭게 되어 하나님을 따라 의와 진리의 거룩함으로 지으심을 받은 새 사람을 입으라**"(엡 4:22-24)

"이러므로 우리에게 구름같이 둘러싼 허다한 증인들이 있으니 **모든 무거운 것과 얽매이기 쉬운 죄를 벗어 버리고 인내로써 우리 앞에 당한 경주를 하며 믿음의 주요 또 온전하게 하시는 이인 예수를 바라보자** 그는 그 앞에 있는 기쁨을 위하여 십자가를 참으사 부끄러움을 개의치 아니하시더니 하나님 보좌 우편에 앉으셨느니라"(히 12:1-2)

야고보서는 오늘날 우리가 어떠한 마음가짐과 자세로 하나님을 가까이 하며 기도해야 할 지 잘 가르쳐 주고 있다.

"너희 중에 싸움이 어디로부터 다툼이 어디로부터 나느냐 너희 지체 중에서 싸우는 정욕으로부터 나는 것이 아니냐 너희는 욕심을 내어도 얻지 못하여 살인하며 시기하여도 능히 취하지 못하므로 다투고 싸우는도 다 **너희가 얻지 못함은 구하지 아니하기 때문이요 구하여도 받지 못함은 정욕으로 쓰려고 잘못 구하기 때문이라**

간음하는 여인들아 **세상과 벗된 것이 하나님과 원수 됨을 알지 못하느냐 그런즉 누구든지 세상과 벗이 되고자 하는 자는 스스로 하나님과 원수 되는 것이니라** 너희는 하나님이 우리 속에 거하게 하신 성령이 시기하기까지 사모한다 하신 말씀을 헛된 줄로 생각하느냐 **그러나 더욱 큰 은혜를 주시나니 그러므로 일렀으되 하나님이 교만한 자를 물리치시고 겸손한 자에게 은혜를 주신다 하였느니라**

그런즉 너희는 하나님께 복종할지어다 마귀를 대적하라 그리하면 너희를 피하리라 하나님을 가까이하라 그리하면 너희를 가까이 하시리라 죄인들아 손을 깨끗이 하라 두 마음을 품은 자들아 마음을 성결하게 하라 슬퍼하며 애통하며 울지어다 너희 웃음을 애통으로, 너희 즐거움을 근심으로 바꿀지어다 주 앞에서 낮추라 그리하면 주께서 너희를 높이시리라"(약 4 : 1-10)

보화와 같은 기도의 가치와 매력

기도는 영적으로 살아있는 자의 영혼의 호흡이며, 물과 성령으로 거듭난 자가 하늘에 계신 하나님 아버지를 향한 자연스러운 믿음의 반응이다. 기도는 하나님과 함께하는 시간이요. 하나님을 가까이 하며 교제하는 시간이요. 하나님을 배우고 깊이 알아가는 시간이요. 하나님으로부터 성령과 능력의 기름부음을 받는 시간이다. 기도하는 사람에게 있어서 하나님의 손에 들려진 축복과 응답을 구하는 것보다 더 중요한 것은 지존하신 하나님 자신을 구하는 기본적 자세이다.

"그의 성호를 자랑하라 여호와를 구하는 자마다 마음이 즐거울지로다 여호와와 그의 능력을 구할지어다 항상 그 얼굴을 찾을지어다"

(대상 16:10-11)

랙스데일은 **"아버지와 같이 있기를 바라는 것 이외의 것을 바라지 않는 것이 기도의 가장 기본적인 의식이다"**라고 말했다.

마가복음 3장에 보면 예수께서 자기가 원하는 자들을 택하여 열두 사도로 세우실 때에 특별한 목적을 기록하였는데 그 중에서 첫 번째가 **"자기와 함께 있게 하는 것"**이다. 예수님과 함께 있는 시간은 전도하는 것과 귀신을 내쫓는 일을 하는 것보다 더 우선적이고 중요한 것이다. 예수님과 함께 있는 시간은 육신을 입으신 하나님과 함께 하는 시간이요, 주님을 배우고 닮아가는 시간이며, 성령과 능력의 기름부음을 받는 기도의 시간이다.

"또 산에 오르사 자기가 원하는 자들을 부르시니 나아온지라 이에 열둘을 세우셨으니 **이는 자기와 함께 있게 하시고** 또 보내사 전도도 하며

귀신을 내쫓는 권능도 가지게 하려 하심이러라"(막 3 : 13-15)

기도는 문제가 있어서 도움을 필요로 할 때만 하는 것이 아니라 평소에 쉬지 말고 기도함으로 영혼의 숨을 쉬며 하나님과 더불어 감사와 사랑의 교제를 나누어야 하고, 또한 항상 깨어 기도함으로 우리의 원수 마귀를 대적할 수 있도록 영적무장을 해야 한다.

믿음이 불가능한 것에 대한 실현을 기대하게 하는 성령의 은사라면, 그러한 믿음은 기도라는 특권을 통해서 하나님의 은혜의 보좌를 향해 표현되어야 한다. 이러한 믿음의 기도를 통해 불가능해 보이는 문제가 해결되고 불치의 질병들이 치유되는 것이다.

예수님에게 있어서 기도는 가르치는 일과 천국 복음을 전파하는 일보다, 그리고 귀신을 쫓아내고 병을 고치는 일보다 더욱 우선적인 것이었으며 귀중하고 위대한 것이었다.

"예수의 소문이 더욱 퍼지매 **수많은 무리가 말씀도 듣고 자기 병도 고침을 받고자 하여 모여 오되 예수는 물러가사 한적한 곳에서 기도하시니라**"(눅 5 : 15-16)

기도는 하나님을 가까이 하며 함께 하는 귀중한 시간으로서 그 기도의 시간은 세상의 어떤 일과 봉사보다 그리고 어떤 싸움과 전투보다 크고 위대한 일이다.

"그 때에 아말렉이 와서 이스라엘과 르비딤에서 싸우니라 모세가 여호수아에게 이르되 우리를 위하여 사람들을 택하여 나가서 아말렉과 싸우라 **내일 내가 하나님의 지팡이를 손에 잡고 산꼭대기에 서리라** 여호수아가 모세의 말대로 행하여 아말렉과 싸우고 모세와 아론과 훌은 산꼭대기에 올라가서 **모세가 손을 들면 이스라엘이 이기고 손을 내리면 아말렉이 이기더니 모세의 팔이 피곤하매 그들이 돌을 가져다가 모세의 아래에 놓아 그가 그 위에 앉게 하고 아론과 훌이 한 사람은 이쪽에서, 한 사람은 저쪽에서 모세의 손을 붙들어 올렸더니 그 손이 해가 지도록 내려오지 아니한지라 여호수아가 칼날로 아말렉과 그 백성을 쳐서 무찌르니라**"(출 17:8-13)

아말렉과 전쟁의 승패를 좌우하는 것이 모세의 기도에 있었다. 여호수아와 그 군대의 적군을 향한 전투도 꼭 필요하고 중요한 것이지만 산꼭대기에 올라가서 손을 들어 기도하는 모세의 기도가 더 능력이 있고 절대적인 것이었다.

이렇게 기도는 놀라운 힘과 능력이 있고 위대하다. 이것이 기도의 진실이다.

진정 기도가 무엇인지를 알고, 기도응답과 기도의 놀라운 능력의 참맛을 알면 알수록 기도하지 않을 수 없으며 기도에 깊이 빠져들 수밖에 없다. 기도는 그만큼 매력이 있는 것이고 엄청난 가치가 있으며 위대하다. 그래서 요한계시록을 보면 기도는 아무런 그릇에 담기는 것이 아니라 특별히 천사들의 손에 들려진 금향로와 금대접에 담겨지는 것으로 기록하였다. 그것은 기도가 그만큼 하나님 앞에서 가치가 있고 귀중한 보화와 같은 것임을 증거하는 것이다. 성전보다 더 중요한 가치는 그 안에 계신 거룩하고 전능하신 하나님이시다. 이와 같이 금향로와 금대접의 참된 가치는 그 안에 하나님의 보좌 앞 금 제단에 드려질 보화와 같은 성도들의 기도가 담겨지기 때문이다.

"또 다른 천사가 와서 제단 곁에 서서 **금향로를 가지고 많은 향을 받았으니 이는 모든 성도의 기도와 합하여 보좌 앞 금 제단에 드리고자 함이라 향연이 성도의 기도와 함께 천사의 손으로부터 하나님 앞으로 올라가는지라**"(계 8:3-4)

"그 어린 양이 나아와서 보좌에 앉으신 이의 오른손에서 두루마리를 취하시니라 그 두루마리를 취하시매 네 생물과 이십사 장로들이 그 어린 양 앞에 엎드려 각각 거문고와 **향이 가득한 금 대접을 가졌으니 이 향은 성도의 기도들이라**"(계 5:7-8)

| 보라 이는 참으로 이스라엘 사람이라

이렇게 귀중한 기도를 요한복음 1장에 나타난 예수님과 나다나엘과의 대화를 통해서 더욱 깊이 연구해볼 필요가 있다.

"이튿날 예수께서 갈릴리로 나가려 하시다가 빌립을 만나 이르시되 나를 따르라 하시니 빌립은 안드레와 베드로와 한 동네 벳새다 사람이라 빌립이 나다나엘을 찾아 이르되 모세가 율법에 기록하였고 여러 선지자가 기록한 그이를 우리가 만났으니 요셉의 아들 나사렛 예수니라 나다나엘이 이르되 나사렛에서 무슨 선한 것이 날 수 있느냐 빌립이 이르되 와서 보라 하니라 예수께서 나다나엘이 자기에게 오는 것을 보시고 그를 가리켜 이르시되 **보라 이는 참으로 이스라엘 사람이라 그 속에 간사한 것이 없도다** 나다나엘이 이르되 어떻게 나를 아시나이까 **예수께서 대답하여 이르시되 빌립이 너를 부르기 전에 네가 무화과나무 아래에 있을 때에 보았노라** 나다나엘이 대답하되 랍비여 당신은 하나님의 아들이시요 당신은 이스라엘의 임금이로소이다 예수께서 대답하여 이르시되 내가 너를 무화과나무 아래에서 보았다 하므로 믿느냐 이보다 더 큰 일을 보리라 또 이르시되 진실로 진실로 너희에게 이르노니 하늘이 열리고 하나님의 사자들이 인자 위에 오르락 내리락 하는 것을 보리라 하시니라"(요 1:43-51)

우리는 이 말씀 속에서 기도의 진실을 더욱 잘 알 수 있고, 숨겨진 기도에 대한 놀라운 진리를 새롭게 발견하고 깨닫게 된다. 예수님은 안드레와 베드로와 한 동네 벳세다 사람 빌립을 만나 **"나를 따르라"** 하시므로 그를 택하시고 부르시어 제자로 삼으셨다. 빌립은 예수님이 누구신지 알게 되었다. 그분이 바로 구약성경에서 오시리라 약속한 메시야이심을 확신했다. 그래서 가깝게 아는 나다나엘을 찾아 전도를 했다.

"모세가 율법에 기록하였고 여러 선지자가 기록한 그이를 우리가 만났으니 요셉의 아들 나사렛 예수니라"

나다나엘은 빌립의 전도를 받으며 성경에서 가리키는 메시아가 나사렛 예수라는 말을 듣고 하는 말이 **"나사렛에서 무슨 선한 것이 날 수 있겠느냐?"** 반문했다. 그 말은 나사렛 같은 촌 동네에서 어떻게 메시야가 나올 수 있겠는가? 개천에서 용이 나올 수 있는가? 하는 말이다. 이러한 잘못된 선입관에 의한 부정적인 사고와 비판은 세상을 어둡게 할뿐 아니라 자신의 성공적 인생을 살아가는데 있어서도 큰 방해 요인이 된다. 이런 잘못된 선입관과 부정적인 비판은 우리의 시야를 좁게 만들고, 모든 인간관계를 어둡게 하고 파괴시킨다. 그래도 나다나엘에게서 다행스러운 것은 그가 빌립의 전도를 받고 예수께로 왔다는 것이다. 그는 예수님을 만남으로 큰 도전을 받게 되었고, 그래서 그의 의식과 삶에 아름다운 변화가 일어났다.

예수님은 나다나엘에게 잘못된 선입관과 부정적인 비판 의식이 있는 것을 잘 아셨다. 그러나 예수님은 그를 꾸짖거나 책망하기보다는 정 반대로 나다나엘에게서 그가 가지고 있는 장점과 좋은 점을 보시고 그것을 말씀해 주셨다.

"보라 이는 참으로 이스라엘 사람이라 그 속에 간사한 것이 없도다"

예수님의 이 말씀은 자기를 나사렛과 같은 별 볼일 없는 촌뜨기 같은 사람으로 보는 나다나엘에게 선으로 악을 이기는 것이요, 또한 그의 마음을 열게 하는 고도의 언어 비법과 같은 것이다.

이러한 예수님의 언어생활은 한 인간을 진정 사랑하는 마음에서 비롯된 것으로 아무나 쉽게 할 수 있는 것이 아니다. 예수님에게는 인간의 마음과 삶을 깊이 들여다 볼 수 있는 영적 통찰력이 있었다.

예수님은 그를 칭찬하셨다. 칭찬은 고래도 춤을 추게 한다는 말이 있다. 없는 것을 만들어 해서도 안 되고, 아닌 것을 사실인 것처럼 거짓으로 띄워주는 것도 문제가 된다. 예수님처럼 상대방에게서 좋은 면이나 장점을 발견하여 항상 긍정적인 말과 반응을 나타내는 것이 중요하다. 입술의 언어만이 아니라 그 중심에 진실과 사랑이 깃들어 있어야 한다.

아리스토텔레스는 이런 유명한 말을 남겼다. **"인간은 사회적 동물이다"**

특별한 사람을 제외한 보통 인간들은 세상을 살면서 사회를 떠나 살 수 없고, 사람을 만나지 않고 살 수 없다. 가까운 가족을 비롯하여 많은 이웃들을 만나면서 그들과의 관계를 맺고 산다. 그러므로 그들과 보다 좋은 관계를 유지하기 위해 아름다운 언어생활을 훈련해야 한다. 운동선수들이 정해진 목표를 위해 부단히 훈련하듯이 우리는 하나님의 도우심을 위해 기도하면서 보다 좋은 인간관계를 위해 의식적이고 의도적으로 우리 입술의 말을 훈련해야 한다.

"여호와여 내 입에 파수꾼을 세우시고 내 입술의 문을 지키소서"

(시 141:3)

그렇게 할 때 우리는 평화를 만드는 사람, 행복을 창조하는 사람이 된다. 그런 사람이야말로 우리 사회에 꼭 필요한 사람이다.

예수님의 언어에는 진실과 사랑이 묻어났다. 말씀에 권세가 있었다. 그래서 그 말씀이 나다나엘의 가슴을 파고들었다. 나다나엘은 예수님의 말씀을 들으면서 마음이 열리고 그에게 더욱 관심을 갖게 되었다. 자기를 알아주고 세워주는 말을 하는데 싫어할 사람이 어디 있겠는가? 나다나엘은 기분이 좋아서 예수께로 더욱 다가가며 **"어떻게 나를 아시나이까?"** 물었다. 예수님은 이렇게 대답하셨다.

"빌립이 너를 부르기 전에 네가 무화과나무 아래에 있을 때에 보았
노라"

예수님의 말씀에 나다나엘은 더욱 놀랐고 감동적인 큰 충격을 받았다.
아니 저분이 누구시기에 내가 무화과나무 아래 있었던 것을 아실까? 그
렇다면 빌립의 말대로 이 분은 성경에서 오시리라 약속하신 바로 그 메
시야시구나 하는 믿음을 갖게 되었다. 그래서 그는 이렇게 고백하지 않
을 수 없었다.

"랍비여 당신은 하나님의 아들이시요 당신은 이스라엘의 임금이로소
이다"

예수님을 믿고 섬기면서 예수님께 어떤 고백을 해보았는가. 베드로는
"주는 그리스도시요 살아계신 하나님의 아들이시니이다"라고 고백했고,
도마는 **"나의 주님이시요 나의 하나님이시니이다"**라고 고백했다. 우리
도 각자 나름대로 분명한 신앙의 고백이 있어야 한다. 예수님은 나다나
엘의 고백을 들으신 후 그에게 이렇게 말씀하셨다.

"내가 너를 무화과나무 아래에서 보았다 하므로 믿느냐 이보다 더 큰
일을 보리라 또 이르시되 진실로 진실로 너희에게 이르노니 하늘이 열리
고 하나님의 사자들이 인자 위에 오르락 내리락 하는 것을 보리라"

주께서 하신 말씀과 나다나엘과의 대화 내용을 기도의 관점에서 계속
해서 풀어나가면 더욱 큰 은혜가 되고, 기도에 대해서 더욱 놀라운 진리
를 깊이 깨닫게 된다. 예수님은 자기에게 나아오는 나다나엘을 향해 이
렇게 말씀하셨다.

"보라 이는 참으로 이스라엘 사람이라 그 속에 간사한 것이 없도다"

이 말씀을 생각해 볼 때 이스라엘 사람에는 참 이스라엘 사람이 있고, 그렇지 못한 이스라엘 사람이 있다는 것을 풍긴다. 그렇다면 누가 참 이스라엘 사람인가? 이것은 이스라엘이란 이름에서 그 근원을 찾아볼 수 있다. 이스라엘이란 이름의 출처는 이스라엘 백성들의 조상 야곱이다.

기도의 씨름꾼 야곱

야곱은 부모 형제를 떠나 밧단 아람 외삼촌 라반의 집으로 가서 20년의 세월을 보내게 된다. 그 곳에서 하나님의 특별한 은혜를 입어 라헬을 비롯하여 레아, 빌하, 실바 네 명의 여인을 아내로 얻게 되고, 또한 그 여인들을 통해서 열두 아들과 한 명의 딸을 낳았다. 뿐만 아니라 많은 종들과 헤아릴 수 없는 많은 가축들을 거느리게 되었다. 야곱은 세상적인 많은 복을 받았다.

그러나 야곱은 외삼촌이자 장인인 라반과의 갈등이 있는 가운데 하나님의 지시를 받고 가족들을 비롯하여 그 모든 종들과 가축들을 거느리고 밧단 아람을 떠나 고향으로 돌아오게 된다. 하지만 그에게는 큰 두려움이 있었다. 풀지 못하고 있는 그의 쌍둥이 형 에서와의 관계였다. 더구나 형 에서가 400명의 군사까지 동원하여 자기에게로 온다는 소리를 듣고 야곱의 마음은 더욱 두렵고 떨렸다. 형을 위한 많은 예물을 준비했지만 그의 마음은 불안했다. 하나님께 기도하며 방법을 동원하지만 이미 그의 마음을 사로잡은 두려움과 공포는 그대로였다.

야곱의 무리가 얍복강 나루까지 왔을 때 야곱은 처자식과 종들과 모든 가축들을 건너가게하고 홀로 남아 괴로운 밤을 보내게 된다. 그런데 갑자기 어떤 사람이 자기에게 씨름을 걸어오는 것이었다. 이러한 사건의 내용이 담겨있는 창세기 32장은 이런 말씀으로 시작한다.

"야곱이 길을 가는데 하나님의 사자들이 그를 만난지라 야곱이 그들을 볼 때에 이르기를 이는 하나님의 군대라 하고 그 땅 이름을 마하나임이라 하였더라"(창 32 : 1-2)

야곱은 자기에게 씨름을 걸어오는 이 사람이 바로 그 하나님의 사자들 가운데 한 분이라 생각했던 것 같다. 야곱은 그 사람이 자기에게 씨름을 걸어오기 때문에 밤새도록 그와 씨름을 하게 되었는데 그가 야곱을 이기지 못함을 보고 야곱의 허벅지 관절을 치므로 야곱은 다리를 절게 되었다. 어찌 보면 야곱은 그에게 참패를 당한 것이나 다름없다. 그러나 야곱은 그분을 붙들고 놓지 않으며 갈 길을 가지 못하게 하였다. 그러면서 이렇게 간곡한 부탁을 한다.

"당신이 내게 축복하지 아니하면 당신을 가게 하지 아니하겠나이다"

그는 결국 야곱을 축복하며 야곱에게 새로운 이름 '**이스라엘**'이라는 이름을 선물했다. 그토록 야곱이 일사각오로 매달리며 간절한 기도와 부르짖음에서 얻어낸 이름이 **"네가 하나님과 겨루어 이겼다"**는 의미의 '**이스라엘**'이다. 씨름을 걸어온 그 분은 바로 하나님이셨다.

야곱의 씨름은 곧 기도의 씨름이었다. 이스라엘은 야곱이 기도의 씨름에서 받아낸 승리의 이름이요 축복의 이름이다.

그런데 야곱의 씨름에서 또 하나 깊이 생각해 볼 것이 있다. 이 기도의 씨름은 하나님이 먼저 걸어오신 것이다. 야곱은 그동안 인생을 살면서 하나님의 은혜와 축복을 알면서도 그의 실제 생활은 끝없는 자신의 인간적인 지혜와 머리를 써서 살아가는 삶의 방식이었다. 그러한 야곱에게 얍복강 나루라는 진퇴양난의 위기를 만나게 된다. 그것은 온 세상을 창조하시고 다스리시는 하나님의 섭리와 인도하심이었다. 하나님은 야곱을 기도의 자리로 인도하셨다. 전폭적으로 하나님만을 믿고 의지하며 간절히 기도할 수밖에 없는 삶의 상황으로 야곱을 인도하신 것이다.

"형제들아 우리가 아시아에서 당한 환난을 너희가 모르기를 원하지 아니하노니 **힘에 겹도록 심한 고난을 당하여서 살 소망까지 끊어지고 우리는 우리 자신이 사형 선고를 받은 줄 알았으니 이는 우리로 자기를 의지하지 말고 오직 죽은 자를 다시 살리시는 하나님만 의지하게 하심이라** 그가 이같이 큰 사망에서 우리를 건지셨고 또 건지실 것이며 이 후에도 건지시기를 그에게 바라노라"(고후 1:8-10)

과거 하나님께서 자기 백성 이스라엘을 애굽에서 구원하여 내시되 다른 길이 아니라 홍해 길로 인도하셨다. 그들이 홍해 앞에 가까이 갔을 때에 앞에는 홍해 바다요 뒤에는 자기들을 다시 종으로 잡아가려는 애굽 군대가 쫓아오고 있었다. 이스라엘 백성들은 진퇴양난의 위기에 놓였다. 그런데 우리가 알 것은 그러한 삶의 상황인 홍해 앞으로 인도한 것은 그 누구도 아닌 자기 백성을 사랑하시는 하나님이셨다. 하나님은 그 백성들로 하여금 기도와 간구와 부르짖음으로 오직 하나님만 믿고 의지하게 하신 것이다. 하나님은 그러한 위기의 상황에서 부르짖는 자기 백성들에게 위대하신 능력을 나타내시고 구원하심으로 큰 영광을 나타내셨다.

우리를 기도의 자리로 인도하시는 하나님께 감사해야 한다. 우리에게 회개의 영을 부어주시고 간구하는 심령을 주어 기도의 무릎을 꿇게 하시는 하나님께 감사해야 한다. 그러한 은혜는 세상의 모든 사람에게 주어지는 것이 아니다. 지금 여러분이 기도의 무릎을 꿇고 기도의 사람으로 살고 있다면 그것은 하나님의 특별한 은혜이기에 그 은혜를 주신 하나님께 정말 감사해야 한다. 야곱에게 기도의 씨름을 걸어오신 것처럼 하나님은 때때로 사랑하는 자기 백성들로 하여금 기도의 씨름을 할 수 밖에 없는 삶의 자리로 인도하신다.

우리는 전능하신 하나님을 이길 수 없다. 그러나 간절함과 부르짖음으로 기도의 씨름을 하는 자에게서 하나님은 자신이 기뻐하시는 믿음을 보시며 또한 그렇게 기도하는 자를 향해 져주시고 자신의 영광과 능력을 나타내시는 것이다. 바로 그 때 우리는 하나님의 위대하신 실체와 사랑과 능력을 경험하면서 감사와 찬송과 영광을 올려드리는 것이다.

우리는 그러한 사실을 얍복강가의 야곱에게서만 볼 수 있는 것이 아니다.

* 아들을 갖기 원하여 눈물과 통곡으로 오랜 시간 하나님께 간구하는 **한나**에게서 볼 수 있다.

* 죽음과 절망의 계곡에서 하나님께만 희망을 걸고 눈물과 간구로 통곡하는 **히스기야**에게서 볼 수 있다.

* 많은 사람들이 잠잠하라고 꾸짖는 속에서도 포기하거나 물러서지 않고 더욱 크게 소리 질러 예수님의 발걸음을 멈추게 한 맹인 거지 **바디매오**에게서 볼 수 있다.

* 예수님을 찾아와 그 발 아래에 엎드리어 딸에게 들린 귀신을 쫓아내

주시기를 간구하나 돌아온 예수님의 황당한 말씀에 자신의 모든 자존심을 내려놓는 **수로보니게 여자**에게서도 볼 수 있다. **"주여 옳소이다마는 상 아래 개들도 아이들이 먹던 부스러기를 먹나이다"**(막 8:28)

이들은 모두 진정한 믿음의 기도, 응답받는 기도가 무엇인지 보여준 사람들이다. 그들은 하나님을 이긴 사람들이다. 전능하신 하나님은 세상의 누구도 당할 수 없는 크고 강한 힘을 가지신 분이시지만 이러한 끈질긴 인내로 기도하는 사람들을 이길 수 없다. 이것이 또 하나의 기도의 진실이다. 이 엠 바운즈는 기도에 대해 이런 명언을 남겼다.

"끈질긴 기도가 하나님의 마음을 움직이고 기도자의 인격을 바꾸어 놓는다. 끈질긴 기도의 씨름은 성령께서 우리 영혼 안에 불러일으키시는 능력이다"

우리 주 예수 그리스도를 믿는 신앙인에게 있어서 기도 없는 승리가 없고, 기도 없는 진정한 축복은 없다. 만일 기도 없는 승리와 축복이 있다면 그것은 하나님과 더욱 멀어지게 하는 무서운 요인이 된다. 왜냐하면 기도 안 해도 내가 노력만 하면 승리할 수 있고, 축복받아 잘 살 수 있다는 의식이 생겨나기 때문이다. 결국 교만하여 감사할 줄 모르는 인생이 되고 더 나아가서 하나님을 멀리 떠날 수 있다. 그렇기 때문에 기도 없는 승리와 축복은 신령한 눈으로 볼 때 승리도 축복도 아니다.

그래서 영국의 스펄젼 목사는 **"기도하지 않고 성공했다면 성공한 그것 때문에 망한다"**고 했다. 기도는 성공적인 삶을 위한 수단이 아니라 하나님의 형상과 모양을 따라 만들어진 우리 인간의 삶의 본질이다.

교만 중에 가장 무서운 교만은 기도하지 않는 교만임을 잊지 말아야 한다.

하나님은 이 땅에 하나님 백성의 왕국을 건설하되 믿음의 조상들이 여럿이 있지만 아브라함이라 짓지 않으셨다. 이삭이라 짓지 않으셨다. 야곱이라고도 짓지 않으셨다. 오직 야곱이 기도의 씨름을 통해 얻어낸 이스라엘이란 이름으로 지으셨다. 그리고 이스라엘 백성이라 하셨다. 여기에는 깊은 영적인 의미가 있다. 그 의미라는 것은 바로 하나님의 참된 백성은 기도하는 백성이라는 것이다. 예수께서 나다나엘을 향해 이는 참으로 이스라엘 사람이라 하신 것은 그가 기도하는 사람이었기 때문이다.

그것은 이어지는 예수님의 말씀에서도 알 수 있다. 나다나엘은 어떻게 나를 아시나이까? 라고 물었을 때 **"빌립이 너를 부르기 전에 네가 무화과나무 아래에 있을 때에 보았노라"** 대답하셨다. 성경에 구체적인 내용은 나오지 않았지만 전후의 문맥을 살펴볼 때 나다나엘은 무화과나무 아래에서 말씀을 묵상하며 기도하였을 것이다. 그리고 성경에서 약속한 메시야를 사모하며 기다렸을 것이다. 이러한 나다나엘의 모습을 예수님은 하나님의 눈으로 보셨고 그의 기도를 들으신 것이다. 그래서 예수님은 이렇게 은밀히 기도에 열심을 갖는 나다나엘을 보시고 **"보라 이는 참으로 이스라엘 사람이라 그 속에 간사한 것이 없도다"** 라고 말씀하셨던 것이다.

어제나 오늘이나 영원토록 동일하신 예수님은 지금도 변함없이 기도하는 자들을 향하여 참으로 이스라엘 사람이라 참으로 내 백성이라 하시리라 믿는다. 기도 없는 사람은 살았다 하는 이름은 가졌으나 실상은 죽은 자다. 기도는 영적으로 살아있고 깨어있는 영혼의 호흡이다. 하나님은 지금도 기도하는 자들에게 특별한 관심을 갖고 계시고 그들의 기도에 귀를 기울이신다.

기도는 영적으로 거듭난 성도의 증거

예수께서 나다나엘에게 하신 말씀은 참 이스라엘 사람이냐 아니냐, 참 하나님의 백성이냐 아니냐를 구분하는 중요한 잣대는 바로 '기도'라는 사실을 일깨워 주고 있다. 세상에 태어나는 아기는 울음으로 모든 것을 표현한다. 배고파서 젖 달라고 운다. 잠 온다고 재워 달라고 운다. 똥오줌 쌌다고 치워달라고 운다. 몸이 아프면 아프지 않게 해달라고 운다. 아기들이 우는 것은 엄마 아빠의 도움을 구하는 아기들의 기도다.

이와 같이 진정 하나님의 자녀로 거듭난 사람은 모든 것을 어린 아이와 같이 기도로 하나님의 도우심을 구해야 한다. 항상 깨어 기도하고 기도에 힘써야 한다. 구하고 찾고 두드려야 한다. 간구하고 부르짖어야 한다. 천국은 이런 자의 것이다.

마틴 루터는 기도가 성도의 마땅히 해야 할 일임을 이렇게 말했다. **"옷을 만드는 것은 재단사의 일이고, 구두를 수선하는 것은 구두장이의 일이고, 기도하는 것은 그리스도인의 일이다."**

하나님은 하나님의 집 성전을 가리켜 **"내 집은 기도하는 집"**이라 하셨다. 성전은 기도가 있어야 하는 집이다. 성전은 기도의 책임과 사명을 감당해야 한다. 오늘날 심히 안타깝게 생각해야 할 것은 기도 없는 교회, 기도 없는 성도들이 늘어가고 있다는 것이다. 영적으로 죽어가고 있는 것이다. 여러분과 여러분의 교회는 어떠한가?

"예수께서 성전에 들어가사 성전 안에서 매매하는 모든 사람들을 내 쫓으시며 돈 바꾸는 사람들의 상과 비둘기 파는 사람들의 의자를 둘 러엎으시고 그들에게 이르시되 기록된바 **내 집은 기도하는 집이라 일 컬음을 받으리라 하였거늘 너희는 강도의 소굴을 만드는도다** 하시니 라"(마 21:12-13)

성전을 기도하는 집이라 말씀하셨는데, 사도 바울은 성령으로 거듭난 하나님 자녀의 몸을 하나님의 성령이 거하시는 거룩한 성전이라 하였다. 기도가 있어야 하는 성전이라는 것이다.

"너희는 너희가 하나님의 성전인 것과 하나님의 성령이 너희 안에 계 시는 것을 알지 못하느냐 누구든지 하나님의 성전을 더럽히면 하나님이 그 사람을 멸하시리라 하나님의 성전은 거룩하니 너희도 그러하니라"

(고전 3:16-17)

"너희 몸은 너희가 하나님께로부터 받은 바 너희 가운데 계신 성령의 전인 줄을 알지 못하느냐 너희는 너희 자신의 것이 아니라 값으로 산 것 이 되었으니 그런즉 너희 몸으로 하나님께 영광을 돌리라"(고전 6:19-20)

뿐만 아니라 바울은 로마서에서 성도의 몸을 성전 삼고 계신 성령의 역할과 기도에 대해서 말하고 있다. 구원받은 성도의 몸, 즉 성전 안에서 는 성령으로 말미암아 항상 기도의 행위가 이루어지는 것을 증거하고 있 다. 하나님의 성령으로 거듭나고 성령을 모신 우리의 몸과 삶에는 항상 기도가 있어야 한다. 성령께서 우리를 기도하는 삶으로 이끌어 가시는 것이다.

"무릇 하나님의 영으로 인도함을 받는 사람은 하나님의 아들이라 **너희는 다시 무서워하는 종의 영을 받지 아니하고 양자의 영을 받았으므로 우리가 아빠 아버지라고 부르짖느니라 성령이 친히 우리의 영과 더불어 우리가 하나님의 자녀인 것을 증언하시나니---이와 같이 성령도 우리의 연약함을 도우시나니 우리는 마땅히 기도할 바를 알지 못하나 오직 성령이 말할 수 없는 탄식으로 우리를 위하여 친히 간구하시느니라 마음을 살피시는 이가 성령의 생각을 아시나니 이는 성령이 하나님의 뜻대로 성도를 위하여 간구하심이니라**"(롬 8:14-16,26-27)

이렇게 성령으로 거듭난 우리의 몸은 성령이 거하시는 거룩한 성전이요 기도하는 집이다. 하나님의 성전 된 우리 몸은 하나님이 기뻐하시는 거룩한 산 제물로 드려져야 하는 것이며, 또한 끊임없는 기도행위가 이루어져야 하는 곳이다. 그러므로 우리 몸을 항상 살펴 예수 그리스도와 성령 안에서 기도행위가 쉬지않고 이루어지고 있는지, 혹시라도 예수님 당시 같이 기도하는 하나님의 성전이 온갖 이익과 탐욕을 위한 강도의 소굴로 변질되어 있지는 않은지 자주 점검하며 살아야 할 것이다.

독일의 유명한 신학자인 디트리히 본회퍼는 그의 옥중서신에서 하나님 없이 살 수 있는 성숙한 시대 즉 **'성인된 세계'**를 선언했다. 그는 "**하나님은 세계와 인간을 자기 성숙성으로 성장하게 하셨으므로 이제는 인간의 한계상황 속에서 하나님은 더 이상 간섭하시지 않는다**"고 하므로 사람이 성장함에 따라 부모로부터 독립하듯이 성도는 일일이 하나님께 기도하지 말고 하나님으로부터 독립하여야 한다고 주장했다.

그러나 이러한 본회퍼의 말은 아주 위험한 의식과 신앙이라 하지 않을 수 없다. 우리는 하나님의 자녀로 거듭난 이후 영적 어린 아이에서 영적 어른으로 성장하듯이 기도에 있어서도 기도를 하지 않아도 될 독립이 아니라 더욱 기도의 무릎을 꿇어야 하는 영적 성숙이 이루어져야 한다. 그래서 하나님은 우리를 향해 쉬지 말고 기도하고, 성령 안에서 항상 깨어 기도할 것을 명령하셨다.

"쉬지 말고 기도하라 범사에 감사하라 이것이 그리스도 예수 안에서 너희를 향하신 하나님의 뜻이니라"(살전 5:17-18)

"모든 기도와 간구를 하되 항상 성령 안에서 기도하고 이를 위하여 깨어 구하기를 항상 힘쓰며 여러 성도를 위하여 구하라"(엡 6:8)

"아무 것도 염려하지 말고 다만 모든 일에 기도와 간구로, 너희 구할 것을 감사함으로 하나님께 아뢰라 그리하면 모든 지각에 뛰어난 하나님의 평강이 그리스도 예수 안에서 너희 마음과 생각을 지키시리라"**(빌 4:6-7)

만일 영적 성장에 따라 기도가 필요하지 않다면 영적으로 성숙하고 완전하신 예수님의 삶에는 기도가 전혀 없었어야 할 것이다. 그러나 예수님의 생애는 전부가 기도의 삶이었다. 이러한 증거는 신앙의 거장 바울의 삶에서도 확인할 수 있다.

데살로니가전서 3장에는 바울의 기도와 간구가 나온다. 디모데를 통해서 긍정적인 좋은 소식을 듣고 큰 기쁨과 감사 속에서도 데살로니가 교회를 방문하고자 하는 마음을 내려놓지 못했다. 그 이유는 **"너희 얼굴을 보고 너희 믿음이 부족한 것을 보충하게 하려 함이라"** 그들의 믿음이 부족한 것을 보충하기 위해서 바울은 포기하지 않고 데살로니가 교회를 방문하고자 하였다. 그래서 바울은 세 가지 기도 제목을 가지고 이렇게 간구하였다.

첫째, **"하나님 우리 아버지와 우리 주 예수는 우리 길을 너희에게로 갈 수 있게 하시오며"**(살전 3:11)

우리들의 생각에는 무얼 그런 것 까지 기도하나 아무 때나 가고 싶을 때 또는 길이 열릴 때 가면 되지 하고 말이다. 그러나 바울은 겸손히 데살로니가 교회를 방문하고자 하는 계획을 하나님이 인도하시고 이루시도록 기도하였다. 바울은 데살로니가전서 2장 18절에서 이미 말한 바와 같이 가고자 하는 그 길을 사탄이 막았기 때문에 더욱더 하나님의 도우심을 위해 기도한 것이다.

세례 요한은 이런 고백을 하였다. **"만일 하늘에서 주신 바가 아니면 사람이 아무 것도 받을 수 없느니라"** 맞다. 하나님이 주시지 않으면 사람이 아무 것도 받을 수 없고, 하나님께서 허락하지 않으시면 사람이 아무 것도 할 수 없다.

둘째, **"또 주께서 우리가 너희를 사랑함과 같이 너희도 피차간과 모든 사람에 대한 사랑이 더욱 많아 넘치게 하사"**(살전 3:12)

사도 바울은 모든 사람에 대한 사랑이 더욱 많아 넘치게 하시기를 간구했다. 교회에서 사랑하라는 말은 아무리 강조해도 부족한 것이다. 교회는 무엇보다도 사랑이 넘쳐야 한다.

우리 안의 사랑의 크기는 행복의 크기와 비례하며, 우리 삶의 사랑의 실천은 기도응답과 축복을 좌우한다.

셋째, **"너희 마음을 굳건하게 하시고 우리 주 예수께서 그의 모든 성도와 함께 강림하실 때에 하나님 우리 아버지 앞에서 거룩함에 흠이 없게 하시기를 원하노라"**(살전 3:13)

바울은 무엇보다도 데살로니가 교회가 마음을 굳건하게 하여 어떤 환난 속에서도 믿음을 지키고 거룩한 생활을 하여 다시 오시는 예수님 앞에 흠이 없이 설 수 있기를 간구하며 소원했다. 기도와 간구는 하나님의 백성들의 모든 일과 모든 삶에 필요한 것이다.

뿐만 아니라 **인간의 한계상황 속에서 하나님은 더 이상 간섭하시지 않는 것이 아니라 그 때야말로 전능하신 하나님께서 특별히 간섭하시는 시간으로 기도의 무릎을 꿇고 하나님의 긍휼과 자비하심을 구하게 하시는 놀라운 은혜와 섭리가 있는 것이다.** 하나님께서는 이렇게 한계상황 속에서 하나님만을 바라보고 의지하는 자들에게 지금도 살아계신 하나님의 크신 능력과 영광을 나타내시는 것이다.

"형제들아 우리가 아시아에서 당한 환난을 너희가 모르기를 원하지 아니하노니 **힘에 겹도록 심한 고난을 당하여 살 소망까지 끊어지고 우리는 우리 자신이 사형 선고를 받은 줄 알았으니 이는 우리로 자기를 의지하지 말고 오직 죽은 자를 다시 살리시는 하나님만 의지하게 하심이라** 그가 이같이 큰 사망에서 우리를 건지셨고 또 건지실 것이며 이 후에도 건지시기를 그에게 바라노라 너희도 우리를 위하여 간구함으로 도우라 이는 우리가 많은 사람의 기도로 얻은 은사로 말미암아 많은 사람이 우리를 위하여 감사하게 하려 함이라"(고후 1:8-11)

하나님 백성의 기도를 돕는 천사들

요한복음 1장의 마지막 부분의 말씀을 깊이 생각하고 살펴보아야 할 주제도 기도다.

"예수께서 대답하여 이르시되 내가 너를 무화과나무 아래에서 보았다 하므로 믿느냐 **이보다 더 큰 일을 보리라** 또 이르시되 진실로 진실로 너희에게 이르노니 **하늘이 열리고 하나님의 사자들이 인자 위에 오르락 내리락 하는 것을 보리라** 하시니라"

예수께서 하신 이 말씀은 창세기 28장에 나오는 야곱의 꿈을 생각하게 하는 말씀이다.

"야곱이 브엘세바에서 떠나 하란으로 향하여 가더니 한 곳에 이르러는 해가 진지라 거기서 유숙하려고 그곳의 한 돌을 가져다가 베개로 삼고 거기 누워 자더니 **꿈에 본즉 사닥다리가 땅 위에 서 있는데 그 꼭대기가 하늘에 닿았고 또 본즉 하나님의 사자들이 그 위에서 오르락내리락 하고** 또 본즉 여호와께서 그 위에 서서 이르시되 나는 여호와니 너희 조부 아브라함의 하나님이요 이삭의 하나님이라 네가 누워있는 땅을 내가 너와 네 자손에게 주리니 네 자손이 땅의 티끌같이 되어 네가 서쪽과 동쪽과 북쪽과 남쪽으로 퍼져나갈지며 땅의 모든 족속이 너와 네 자손으로 말미암아 복을 받으리라"(창 28:10-14)

이 말씀을 서로 비교하여 볼 때 야곱이 꿈에 본 땅에서부터 하늘에 닿은 사닥다리는 바로 '인자' 즉 예수님이신 것을 알 수 있다. 예수님이야말로 하늘의 문이요, 죄인 된 인간이 하나님께로 나아가는 유일한 길이다. 예수께서 우리의 죄를 대속하시기 위해 십자가에서 피를 흘리며 죽으실 때 하나님을 만나는 지성소로 향하는 휘장이 위로부터 아래까지 찢어졌다. 죄악으로 닫혔던 하나님께로 향하는 문이 활짝 열렸다. 예수 그리스도는 땅위의 죄인이 거룩하신 하늘의 하나님께로 올라가는 문이요 길이요 사닥다리가 되신 것이다.

"예수께서 이르시되 내가 곧 길이요 진리요 생명이니 나로 말미암지 않고는 아버지께로 올 자가 없느니라"(요 14:6)

그런데 세상을 사는 우리가 하나님의 보좌까지 올라가는 것은 육신을 가진 우리가 올라가지 못하고 히브리서의 말씀대로 우리 성도들을 섬기라고 보내심을 받은 천사들이 우리를 대신해서 오르락 내리락 하는 것임을 알아야 한다. 자비롭고 은혜가 풍성하신 하나님은 그리스도 예수 안에서 우리를 죄와 율법의 저주에서 속량하시고 영원한 생명과 성령을 부어주실 뿐 아니라 천국 가는 그 날까지 우리를 돕고 보호할 천사를 보내어 섬기게 하셨다.

"모든 천사들은 섬기는 영으로서 구원 받을 상속자들을 위하여 섬기라고 보내심이 아니냐"(히 1:14)

"삼가 이 작은 자 중의 하나도 업신여기지 말라 너희에게 말하노니 그들의 천사들이 하늘에서 하늘에 계신 내 아버지의 얼굴을 항상 뵈옵느니라"(마 18:10)

여기에서 기도의 비밀을 또 생각하게 한다. 왜 천사들이 예수 사닥다리를 통해서 하늘의 보좌에 오르락내리락 하는가?

"또 다른 천사가 와서 제단 곁에 서서 금향로를 가지고 많은 향을 받았으니 이는 모든 성도의 기도와 합하여 보좌 앞 금 제단에 드리고자 함이라 향연이 성도의 기도와 함께 천사의 손으로부터 하나님 앞으로 올라가는지라"(계 8:3-4)

이 말씀은 성도들이 기도할 때 천사들이 손에 든 금향로와 금대접에 성도들의 기도 향을 담아 하나님의 보좌 앞 금제단에 드리고자 하나님 앞으로 올라간다고 한다. 그러므로 우리는 천사들의 손에 들려진 금향로와 금대접에 기도의 향을 가득하게 채울 수 있도록 하나님과 문안인사 정도의 간단한 기도가 아닌 보다 충분하고 구체적인 적정량의 기도가 필요하다.

예수님은 기도의 습관을 따라 한적한 곳을 자주 찾아 하나님 아버지 앞에 긴 기도의 시간을 자주 가지셨다. 겟세마네 동산에서 십자가의 죽음을 앞둔 시점에서 제자들에게 기도에 관계된 이런 말씀을 하셨다.

"제자들에게 오사 그 자는 것을 보시고 베드로에게 말씀하시되 너희가 나와 함께 한 시간도 이렇게 깨어 있을 수 없더냐 시험에 들지 않게 깨어 기도하라 마음에는 원이로되 육신이 약하도다 하시고"(마 26:40-41)

우리는 이 말씀에서 **"너희가 나와 함께 한 시간도 이렇게 깨어 있을 수 없더냐 시험에 들지 않게 깨어 기도하라"**는 구절을 특별히 마음에 새기고 깊이 살펴볼 필요가 있다. 기도의 응답을 받기 위해서나 시험에 들지 않고 마귀를 대적하여 승리의 삶을 위해서 천사들의 손에 들려진 금

대접을 채워야 하는 기도의 분량이 있음을 깨닫게 하시는 말씀이다.

예수님은 열두 사도를 택하시기 전에 밤을 새워 특별한 기도의 시간을 보내셨다. 그 일은 예수님의 공생애 기간만 아니라 부활 승천하신 후 이 땅에 세우시는 교회와 하나님의 나라를 위해서 매우 중대한 일이기 때문이다.

"이 때에 예수께서 기도하시러 산으로 가사 밤이 새도록 하나님께 기도하시고 밝으매 그 제자들을 부르사 그 중에서 열둘을 택하여 사도라 칭하셨으니"(눅 6:12-13)

사무엘상 1장에 보면 적수 브닌나로 인하여 괴롭게 지내던 한나가 하나님의 전을 찾아 통곡하고 서원하면서 하나님 앞에 아들을 구하는 이야기가 나온다. 12절에서 **"그가 여호와 앞에 오래 기도하는 동안"**이라는 말씀과 함께 15절에서 한나는 **"여호와 앞에 내 심정을 통한 것뿐"**이라고 고백하고 있다.

이렇게 기도는 하나님께 내 심정을 통할 수 있는 충분한 시간을 갖고 기도해야 한다. 마귀는 우리가 하나님을 가까이 하여 친밀하고 충분한 기도를 드리지 못하도록 방해할 것이다. 그러므로 깨어있는 기도자는 무엇보다도 이러한 마귀를 대적하고 기도의 승리자가 되어야 한다. 그렇게 해서 기도의 양을 채워야 한다. 그리할 때 구원받은 후사들을 섬기는 하나님의 천사들은 신바람이 나서 금대접에 채워진 기도의 향을 가지고 하나님의 보좌 앞 금제단으로 올라가서 하나님의 검토와 결재를 받고, 하나님이 주시는 응답의 선물을 가지고 기도자에게로 다시 내려올 것이다.

다니엘서를 읽어보면 기도하는 자를 위해 일하며 돕는 하나님의 천사들의 활동과 반대로 기도의 응답을 방해하는 마귀의 세력이 있음을 알게 된다.

"그가(*단 9:21에 나오는 가브리엘 천사) 내게 이르되 **다니엘아 두려워하지 말라 네가 깨달으려 하여 네 하나님 앞에 스스로 겸비하게 하기로 결심하던**(*단 9:3) **첫날부터 네 말이 응답 받았으므로** 내가 네 말로 말미암아 왔느니라 **그런데 바사 왕국의 군주가**(*바사 왕국을 배후에서 지배하는 악한 영?) **이십일 일 동안 나를 막았으므로** 내가 거기 바사 왕국의 왕들과 함께 머물러 있더니 **가장 높은 군주 중 하나인 미가엘이 와서 나를 도와주므로** 이제 내가 마지막 날에 네 백성이 당할 일을 네게 깨닫게 하러 왔노라 이는 이 환상이 오랜 후의 일임이라 하더라"(단 10:12-14)

앤드류 머레이는 기도의 중요성을 이렇게 말했다. **"하나님의 자녀는 기도로 모든 것을 정복할 수 있다. 사탄이 교인들에게서 이 무기를 빼앗거나 그것의 사용을 제지하려고 최선을 다하는 것은 이상한 일이 아니다."** 맞는 말이다. 기도의 가치와 능력을 누구보다도 더 잘 아는 자가 사탄이다. 그래서 사탄은 하나님의 자녀들이 기도하지 못하도록 방해를 하는 것은 당연한 일이다. 우리는 이 사실을 알고 마귀 사탄을 대적하여 물리치는 기도의 승리자가 되어야 한다.

기도는 영적 전쟁임을 알아야 한다. 진 자는 이긴 자의 종이 되듯이 기도 생활에 승리하지 못하면 하나님의 자녀일지라도 마귀의 종처럼 살게 되어 무능한 그리스도인이 될 수밖에 없다. 그러므로 거듭난 하나님의 자녀는 마귀의 시험에서 승리하기 위해 힘을 다하여 간절한 자세로 기도해야 한다. 기도는 하나님이 우리에게 주신 특권인 동시에 의무이며 사명이다. 하나님은 우리에게 기도할 것을 명령하셨다.

"이러므로 **너희는 장차 올 이 모든 일을 능히 피하고 인자 앞에 서도록 항상 기도하며 깨어 있으라** 하시니라"(눅 21:36)

"그 곳에 이르러 그들에게 이르시되 **유혹에 빠지지 않게 기도하라** 하시고---이르시되 **어찌하여 자느냐 시험에 들지 않게 일어나 기도하라**"(눅 22:40,46)

"**쉬지 말고 기도하라**"(살전 5:17)

"**모든 기도와 간구를 하되 항상 성령 안에서 기도하고 이를 위하여 깨어 구하기를 항상 힘쓰며 여러 성도를 위하여 구하라**"(엡 6:8)

"**기도를 계속하고 기도에 감사함으로 깨어 있으라 또한 우리를 위하여 기도하되 하나님이 전도할 문을 우리에게 열어 주사 그리스도의 비밀을 말하게 하시기를 구하라**"(골 4:2-3)

사무엘 선지자는 기도하기를 쉬는 것은 죄를 범하는 것임을 이야기 하면서 자신이 이러한 죄를 하나님 앞에 결단코 범하지 않으리라는 각오를 분명히 하였다. 종교적인 지도자들은 그 책임이 더 중한 것임을 느끼게 하고 있다. 여기서 기도는 하나님이 우리에게 주신 특권이면서 엄중한 책임이요 사명임을 깨닫게 된다.

"**나는 너희를 위하여 기도하기를 쉬는 죄를 여호와 앞에 결단코 범하지 아니하고** 선하고 의로운 길을 너희에게 가르칠 것인즉 너희는 여호와께서 너희를 위하여 행하신 그 큰 일을 생각하여 오직 그를 경외하며 너희의 마음을 다하여 진실히 섬기라"(삼상 12:23-24)

누가복음에서는 십자가 대속의 죽음을 앞둔 예수님의 겟세마네 기도에 대해서 특별한 언급을 하고 있는데 천사가 나타나 예수님의 기도를 도왔다고 기록하고 있다.

"그들을 떠나 돌 던질 만큼 가서 무릎을 꿇고 기도하여 이르시되 아버지여 만일 아버지의 뜻이거든 이 잔을 내게서 옮기시옵소서 그러나 나의 원대로 마시옵고 아버지의 원대로 되기를 원하나이다 하시니 **천사가 하늘로부터 예수께 나타나 힘을 더하더라 예수께서 힘쓰고 애써 더욱 간절히 기도하시니 땀이 땅에 떨어지는 핏방울 같이 되더라**"(눅 22:44)

예수 이름으로 기도할 때 하나님은 우리를 섬기라고 붙여주신 천사들로 하여금 여러 모양으로 기도자를 도와주게 하신다. 특별히 천사들은 우리의 기도를 금향로에 담아서 하나님께로 올라가고, 반대로 내려올 때는 하나님께서 허락하시는 기도응답의 선물을 받아가지고 내려온다. 그렇게 천사들은 예수 안에서 기도하는 우리와 하나님 사이를 오르락 내리락 하는 것이다. 얼마나 놀랍고 감사한 일인가?

그만큼 성도들의 기도는 천사들이 금향로 금대접에 담아서 하나님 앞 금제단에 드려질 만큼 큰 가치가 있는 것이요, 하나님께는 보물과 같이 귀중히 여기시는 것이다. 하나님은 그렇게 기도의 귀중함을 알고 기도하는 사람들을 천사들로 섬기게 하실 뿐 아니라 기도를 응답하시고 기적과 영광을 나타내시는 과정에서도 특별히 천사들을 사용하신다는 사실을 알아야 한다.

사도행전 10장에는 이달리야 부대의 백부장 고넬료 이야기가 나온다. 그는 경건하여 온 집안과 더불어 하나님을 경외하며 백성을 많이 구제하고 하나님께 항상 기도하는 독실한 사람이었다. 이러한 고넬료에게 하나님은 천사를 보내셔서 그가 행할 일을 말씀하셨다.

"천사가 이르되 네 기도와 구제가 하나님 앞에 상달되어 기억하신 바가 되었으니 네가 지금 사람들을 욥바에 보내어 베드로라 하는 시몬을 청하라 그는 무두장이 시몬의 집에 유숙하니 그 집은 해변에 있다 하더라"(행 10:4-6)

사도행전 12장에는 교회를 향한 헤롯 왕의 무서운 박해 사건이 나온다. 요한의 형제 야고보가 이미 칼로 죽임을 당했다. 베드로도 죽이려고 옥에 가두어 군인 넷씩인 네 패에게 맡겨 지키고 유월절 후에 백성 앞에 끌어내고자 하였다. 이렇게 베드로는 옥에 갇혔는데 교회는 그를 위하여 간절히 하나님께 기도하였다. 그런데 놀라운 일이 일어났다. 여기서도 하나님께서는 기도의 응답으로 천사들을 사용하시는데 우리는 이 사건에서 천사들이 구체적이고 주도면밀하게 섬기며 활동하는 것을 볼 수 있다. 하나님은 능력 있는 천사들을 보내어 기도하는 사람을 도우시고, 합심하여 기도하는 교회를 위해 큰 일을 행하신다. 당시 상황을 성경은 다음과 같이 기록하고 있다.

"이에 베드로는 옥에 갇혔고 교회는 그를 위하여 간절히 하나님께 기도하더라 헤롯이 잡아내려고 하는 그 전날 밤에 베드로가 두 군인 틈에서 두 쇠사슬에 매여 누워 자는데 파수꾼들이 문 밖에서 옥을 지키더니 **홀연히 주의 사자가 나타나매 옥중에 광채가 빛나며 또 베드로의 옆구리를 쳐 깨워 이르되 급히 일어나라 하니 쇠사슬이 그 손에서 벗어지더라 천사가 이르되 띠를 띠고 신을 신으라 하거늘 베드로가 그대로 하니 천**

사가 또 이르되 겉옷을 입고 따라오라 한대 베드로가 나와서 따라갈 새 천사가 하는 것이 생시인 줄 알지 못하고 환상을 보는가 하니라 이에 첫째와 둘째 파수를 지나 시내로 통한 쇠문에 이르니 문이 저절로 열리는지라 나와서 한 거리를 지나매 천사가 곧 떠나더라 이에 베드로가 정신이 들어 이르되 내가 이제야 참으로 주께서 그의 천사를 보내어 나를 헤롯의 손과 유대 백성의 모든 기대에서 벗어나게 하신 줄 알겠노라 하여 깨닫고 마가라 하는 요한의 어머니 마리아의 집에 가니 여러 사람이 거기에 모여 기도하고 있더라"(행 12:5-12)

■ 이보다 더 큰 일을 보리라

이와 같은 말씀을 살펴보면 하나님의 백성들이 기도하고 교회가 기도할 때 하나님이 천사들을 종과 사역자로 사용하시므로 놀라우신 능력과 영광을 나타내신다는 것을 알 수 있다. 예수께서 나다나엘에게 말씀하신 **"내가 너를 무화과나무 아래에서 보았다 하므로 믿느냐 이보다 더 큰 일을 보리라"** 하시고 이어서 **"하늘이 열리고 하나님의 사자들이 인자 위에 오르락 내리락 하는 것을 보리라"** 하신 것은 바로 예수 그리스도 안에 있는 기도의 비밀을 알고 행하는 자에게 주께서 나타내실 영광을 말씀하신 것이다.

우리가 하늘 사닥다리가 되신 예수님과 여기에 담긴 기도의 비밀을 깨닫고 예수 이름으로 기도하기를 힘쓴다면 주님은 나다나엘만 아니라 오늘날 우리에게도 분명히 약속하신다.

"이보다 더 큰 일을 보리라"

예수님은 요한복음 14장에서 이렇게 말씀하셨다.

"내가 진실로 진실로 너희에게 이르노니 **나를 믿는 자는 내가 하는 일을 그도 할 것이요 또한 그보다 큰 일도 하리니** 이는 내가 아버지께로 감이라 **너희가 내 이름으로 무엇을 구하든지 내가 행하리니** 이는 아버지로 하여금 아들로 말미암아 영광을 받으시게 하려 함이라 내 이름으로 무엇이든지 내게 구하면 내가 행하리라"(요 14:12-14)

이렇게 기도에는 놀라운 비밀과 능력이 숨겨져 있는데 하나님의 자녀 된 많은 성도들이 기도를 잊어버리고 살고 있다. 마치 저 아프리카에 사는 독수리처럼 말이다. 아프리카에 서식하는 독수리의 일종인 뱀 잡이 수리는 하늘 높이 날아다니다 뱀이나 쥐나 도마뱀 등 먹이를 발견하면 쏜살같이 내려가 먹이를 낚아채는 민첩한 새다. 그런데 땅에 내려와 먹이를 먹고 있을 때 갑자기 맹수의 습격을 받게 되면, 그냥 뛰어서 달아나다가 안타깝게도 그만 잡혀 먹히고 만다고 한다. 이유는 맹수들이 공격을 하는 순간, 당황한 나머지 하늘로 날지 않고 혼신의 힘을 다해 뛰기 때문이다. 날 수 있다는 사실을 순간 잊은 것이다.

전능하신 하나님을 믿는다고 고백하는 성도들도 기도함으로 주님 손 붙들고 다시 일어설 수 있고, 대적을 물리칠 수 있고, 하늘을 비행할 수 있는데 그것을 잊어버리고 어둠의 세력에 붙들려 힘들게 살 때가 있지 않은가 생각해보아야 한다. 하나님이 우리에게 주신 놀라운 특권인 기도를 잊어버리고 자신의 힘으로 세상을 이기고 마귀를 이기려는 어리석음에 빠져 살지는 않는가?

마가복음 9장에는 기도만이 답이 될 수 있음을 가르쳐 주신 사건이 나온다. 기도는 영적으로 자신을 무장시켜 마귀로부터 지킬 뿐 아니라 마귀에게 사로잡힌 영혼을 건져 구원해 줄 수 있는 능력을 갖추게 한다. 예수께서는 베드로와 야고보와 요한을 데리시고 따로 높은 산에 올라가셨는데, 그들 앞에서 갑자기 변형이 되어 세상에서 빨래하는 자가 그렇게 희게 할 수 없을 만큼 매우 희어져 광채가 났다. 그리고 엘리야가 모세와 함께 나타나 예수님과 더불어 대화를 나누었다. 이런 광경을 보게 된 제자들 중 베드로가 예수께 고하기를 "랍비여 우리가 여기 있는 것이 좋사오니 우리가 초막 셋을 짓되 하나는 주를 위하여, 하나는 모세를 위하여, 하나는 엘리야를 위하여 하겠습니다." 하였다. 그 때 마침 구름이 몰려와서 그들을 덮으며 그 속에서 하나님의 음성이 들리기를 **"이는 내 사랑하는 아들이니 너희는 그의 말을 들으라"** 하셨다.

이런 신비롭고 놀라운 일을 경험한 베드로와 야고보와 요한은 예수님과 함께 산을 내려와 다른 제자들에게로 왔는데 산 아래에서는 어떤 변론이 일어나고 있었다. 예수께서는 "너희가 무엇을 그들과 변론하느냐?" 물으셨다. 이에 무리 중의 하나가 대답하기를 **"선생님 말 못하게 하는 귀신 들린 내 아들을 선생님께 데려왔나이다 귀신이 어디서든지 그를 잡으면 거꾸러져 거품을 흘리며 이를 갈며 그리고 파리해지는지라 내가 선생님의 제자들에게 내쫓아 달라 하였으나 그들이 능히 하지 못하더이다"**(막 9:17-18)

예수께서 대답하여 이르시기를 **"믿음이 없는 세대여 내가 얼마나 너희와 함께 있으며 얼마나 너희에게 참으리요 그를 내게로 데려오라"** 하셨다. 이에 그 아들을 데리고 왔더니 귀신이 예수님을 보고 곧 그 아이로 경련을 일으키게 하므로 그가 땅에 엎드러져 거품을 흘렸다. 예수께서는 그 아버지에게 언제부터 이렇게 되었느냐 물었더니 아버지는 대답하기를 **"어릴 때부터니이다 귀신이 그를 죽이려고 불과 물에 자주 던졌나이다 그러나 무엇을 하실 수 있거든 우리를 불쌍히 여기사 도와주옵소서"** 하였다.

예수께서는 **"할 수 있거든이 무슨 말이냐 믿는 자에게는 능히 하지 못할 일이 없느니라"** 말씀하셨다. 예수님의 말씀을 들은 아이의 아버지는 곧 **"내가 믿나이다 나의 믿음 없는 것을 도와주소서"** 소리를 지르며 도움을 청했다. 예수께서는 아이를 괴롭히는 그 더러운 귀신을 향하여 꾸짖어 이르시기를 **"말 못하고 못 듣는 귀신아 내가 네게 명하노니 그 아이에게서 나오고 다시 들어가지 말라"** 하셨다. 귀신은 소리 지르며 아이로 심히 경련을 일으키게 하고 나감으로 아이는 온전히 치유되었다. 예수께서 집에 들어가시매 제자들이 조용히 예수께 물었다. **"우리는 어찌하여 능히 그 귀신을 쫓아내지 못하였나이까?"** 예수께서는 이렇게 대답을 해주셨다. **"기도 외에 다른 것으로는 이런 종류가 나갈 수 없느니라"**

이 사건에서 **"우리는 어찌하여 능히 그 귀신을 쫓아내지 못하였나이까?"**라는 제자들의 질문과 **"기도 외에 다른 것으로는 이런 종류가 나갈 수 없느니라"**는 예수님의 대답을 마음에 깊이 새기고 묵상하면서 기도의 위대한 능력을 헤아려야 할 것이다. 기도는 위대한 것이며 놀라운 능력이 있다. 그래서 육신을 입고 오신 하나님의 아들 예수께서도 자주 한적한 곳을 찾아 기도의 무릎을 꿇으신 것이다. 거기에 길이 있고 지혜가 있으며, 방법이 있고 해답이 있기 때문이다.

하나님의 아들 예수님도 그렇게 하셨다면 그를 믿고 따르는 우리는 더욱 예수 그리스도의 이름을 힘입어 하나님 아버지를 가까이 하며 기도의 무릎을 꿇는 기도의 사람이 되어야 하지 않겠는가? 특히 귀신을 쫓아내고 마귀를 대적하는 영적싸움을 위해서는 영적무장이 절대적으로 필요하기 때문에 육신적 삶의 필요가 아닌 성령의 충만함과 권능을 사모하는 간구가 있어야 한다. 평소에 간절하고 뜨거운 기도를 통해서 영적무장을 갖추고 있어야 한다.

천지만물을 창조하신 전능하신 하나님은 환난 날에 만날 우리의 피난처시요 큰 도움이시다. 하나님의 백성들이 환난을 만났을 때 하나님을 향해 간구하고 부르짖으면 응답하시고 구원해 주시겠다고 약속하셨다. 부르짖음은 간절함의 외적 표시이며 오직 하나님만을 의지하고 바라보는 육체의 몸부림이다. 또한 그것은 오직 하나님께만 소망을 두는 영혼의 표출이다.

"환난 날에 나를 부르라 내가 너를 건지리니 네가 나를 영화롭게 하리로다"(시 50:15)

"하나님은 우리의 피난처시요 힘이시니 환난 중에 만날 큰 도움이시라"(시 46:1)

"너는 내게 부르짖으라 내게 네게 응답하겠고 네가 알지 못하는 크고 은밀한 일을 네게 보이리라"(렘 33:3)

우리 모두 기도에 깨어있고, 기도에 더욱 힘쓰자. 예수님은 기도하는 나다나엘을 보셨고, 그에게 특별한 관심을 가지셨다. 예수님이 여러분에게 특별한 관심을 가져주시기를 원한다면 기도에 힘쓰기 바란다. 예수님은 모든 이름 위에 뛰어난 자신의 영광된 이름으로 기도하는 자에게 더 큰 일을 보리라 하신다. 하나님은 기도의 무릎을 꿇는 자들에게 언제나 변함없이 만나 주시고 놀라운 기도의 응답 주시기를 기뻐하신다. 하나님은 우리의 기도를 항상 듣고 계신다. 드리는 기도는 결코 헛되지 않고 큰 가치가 있고 열매가 있는 것이다.

모두 기도에 항상 힘쓰는 참 이스라엘 사람이 되어 하나님이 나타내시는 더욱 큰 영광스러운 일을 경험하자. 기도의 진실과 위대함을 더욱 알아가자. 그래서 만물의 창조주 하나님께 영광을 돌리고, 그리스도 예수를 자랑하며 영광스런 그 이름을 널리 소문내는 멋지고 참된 이스라엘 사람이 되고 하나님의 백성이 되자.

예수님은 기도하는 나다나엘을 향해 "보라 이는 참으로 이스라엘 사람"이라 하셨다. 기도하는 사람만이 참 이스라엘 사람이요 참 하나님의 백성이다. 하나님은 기도하는 사람을 바라보시며 행복해 하시고 그들에게 크고 은밀한 일을 보여주신다. 할렐루야!

세계적인 엔지니어의 기도

세계적인 자동차 회사인 미국의 '제너럴 모터스'사 최고의 엔지니어 찰스 케터링은 빈틈없는 기술을 가지고 있어 업계에서는 물론 사회적으로도 널리 알려져 있었다. 어느 날 한 모임에서 사회자가 그의 **'신화의 손'**을 높이 쳐들며 물었다.

"케터링 씨, 이 손으로 한 일 중에서 가장 중요한 일은 무엇이었습니까?"

사회자는 물론 모임에 참석한 사람들은 모두 **'자동차 탄생!'**이라는 말을 예상했다. 그러나 그는 이렇게 말했다.

"이 손으로 한 일 중 가장 중요한 일은 두 손을 잡고 기도한 일이었습니다!"

당신이 지금 두 손을 모으고 하늘을 우러러 기도하고 있다면 당신은 가장 중요하고 훌륭한 일을 하고 있는 것이며, 그 손이야말로 하나님을 행복하고 기쁘시게 해드리는 가장 아름다운 손이다.

2.

기도에 대한
명언들

　세상에는 기도에 대한 훌륭한 명언과 교훈들이 많이 있다. 특별히 기도에 대한 명언은 하나님과 친밀한 사귐을 가진 기도자들의 깊은 묵상과 경험에서 깨달은 보화와 같은 것이라 할 수 있다. 이 명언들을 읽고 묵상하면서 기도가 무엇인지 더욱 깊이 알아갈 수 있고, 기도에 대해서 많은 교훈과 지혜와 유익을 얻을 수 있다.

　기도에 대한 명언들은 기도하는 사람들에게나 그동안 기도 없이 살아가던 사람에게나 많은 도전과 유익함을 준다. 기도를 더 잘 할 수 있게 하며 바르게 할 수 있도록 해 준다. 그리고 더욱 효과적이며 능력 있는 기도를 할 수 있게 해 준다. 더 나아가서 나도 더욱 기도에 힘써야겠다는 자극을 받아 평생에 기도의 끈을 놓지 않는 기도의 큰 용사로 발전할 수 있다.

　진정 하나님의 자녀로 거듭난 자가 되었다면 날마다 하나님의 말씀인 성경을 읽고 묵상함으로 영혼의 양식을 먹어야 한다. 그리고 기도로 살아있는 영혼의 숨을 쉬면서 하나님 아버지를 더욱 가까이 하며 친밀한 사랑의 교제를 해야 한다. 성경만 읽고 기도를 하지 않으면 지적으로 흐르게 되어 신앙생활이 냉랭하고 무미건조하게 되고, 기도는 많이 하지만 성경을 읽지 않으면 광적인 신비주의로 빗나가게 되어 건전한 신앙생활을 할 수 없다. 참으로 성령으로 거듭난 성도라면 날마다 성경말씀을 영혼의 양식으로 먹고, 쉬지 않는 기도로 영혼의 숨을 쉬는 생활을 함께 해 나가야 한다.

우리는 마귀가 좋아하는 허공을 울리는 기도가 아니라 하나님이 기쁘게 들으시고 열납하시는 기도를 드리며 하나님과 끊임없는 사랑의 교제를 나누어야 한다.

우리의 피난처이시며 환난 날에 만날 큰 도움이 되시는 하나님께 기도를 통해서 보호를 받으며 또한 삶에 필요한 모든 것을 공급받아야 한다.

이 세상을 살아가는 동안 쉬지 말고 기도하고, 기도함으로 영적으로 깨어있어 마귀를 대적하고 우리 주님 다시 오시는 그 날을 준비해야 한다.

예수 그리스도를 믿어 구원받은 성도들에게 있어서 아무리 강조하고 또 강조해도 부족한 것이 기도다. 그만큼 기도는 중요하고 가치가 있고 위대한 것이다. 성경과 예수님의 가르침을 통해서 기도를 배울 수 있고, 훌륭한 기도자들의 기도에 관계된 명언들을 통해서도 기도를 더욱 깊이 알아갈 수 있다. 겸손히 기도를 배워야 한다. 평생에 기도하는 기도의 사람이 되어야 한다.

"예수께서 한 곳에서 기도하시고 마치시매 제자 중 하나가 여짜오되 **주여 요한이 제자들에게 기도를 가르친 것과 같이 우리에게도 가르쳐 주옵소서** 예수께서 이르시되 **너희는 기도할 때에 이렇게 하라 아버지여 이름이 거룩히 여김을 받으시오며 나라가 임하시오며 우리에게 날마다 일용할 양식을 주시옵고 우리가 우리에게 죄 지은 모든 사람을 용서하오니 우리 죄도 사하여 주시옵고 우리를 시험에 들게 하지 마시옵소서 하라**"(눅 11:1-4)

"**여호와께서 내 음성과 내 간구를 들으시므로 내가 그를 사랑하는도다 그의 귀를 내게 기울이셨으므로 내가 평생에 기도하리로다** 사망의 줄이 나를 두르고 스올의 고통이 내게 이르므로 내가 환난과 슬픔을 만났을 때에 내가 여호와의 이름으로 기도하기를 여호와여 주께 구하오니 내 영혼을 건지소서 하였도다"(시 116:1-4)

- 기도는 인간 생애에 가장 소중한 일이다.

- 기도는 성공적인 삶을 위한 수단이 아니라 삶의 본질이다.

- 기도는 어둠 속에서 하나님을 볼 수 있는 거울이다.

- 기도는 예수님을 닮는 최상의 방편이다.

- 기도는 사랑하는 두 인격체의 대화이다.

- 기도는 하나님과의 대화 속에서 우리의 마음을 표현하는 것이다.

- 기도는 그리스도의 능력을 붙잡는 손이다.

- 기도는 전능하신 하나님의 지혜와 능력에 주파수를 맞추는 것이다.

- 기도는 천국 발전소의 스위치를 누른 것이다.

- 기도는 세상적인 욕심의 발전소가 아니라 소방서이다.

- 기도는 자신을 비우고 하나님으로 채우는 것이다.

- 기도는 천국을 향한 영혼의 가장 간절한 소망이다.

- 기도는 회개한 마음에서 피어나는 달콤한 향기이다.

- 기도는 조용히 문을 열고서 하나님이 계시는 곳으로 들어가는 것이다.

- 기도는 살아계신 하나님의 현존을 체험하는 것이다.

- 기도는 기도하는 것 이상을 행할 수 있다.

- 기도는 하나님 앞에서 가장 낮은 자세로 엎드리는 영적인 낮은 포복이다.

- 기도는 영혼이 행하는 가장 원숙한 기술이다. 이것은 불타는 열정이며 진실한 삶이고, 그리스도인 생활의 호흡이다.

- 지극히 높은 비밀한 곳에 들어가는 문은 항상 그곳을 갈망하며 기도하

는 자에게 열려 있으며 기도로서 두드리는 자에게만 열려진다.

- 기도가 없을 때 마음은 세상 것으로 무거워지고, 기도가 있을 때 마음은 성령과 하늘의 것으로 충만해진다.

- 기도는 자기의 욕심이 아니라 나를 향한 하나님의 주권적인 뜻과 인생 청사진을 이루어 가는 것이다.

- 기도는 하나님을 변하게 하는 것이 아니라 내 자신을 변하게 하는 것이다. 기도자 자신이 하나님이 원하는 모습으로 변하는 것이다.

- 매일의 기도는 영혼의 체조이다.

- 만일 단 하루라도 기도를 소홀히 한다면 신앙의 정열을 잃을 것이다.

- 기도란, 가장 무릎을 잘 꿇는 자가 가장 잘 서 있는 자이다. 그대가 무릎을 꿇고 기도한다면 비틀거릴 수 없을 것이다.

- 자녀들에게 기도하는 법을 가르치는 부모들보다 더 좋은 국민은 없다.

- 기도는 교회의 원동력이며, 교회 발전의 역사는 기도의 역사다.

- 기도 없는 곳에 사람만 일을 하고, 기도가 있는 곳에 하나님이 일하신다.

- 기도 없는 설교는 총알 없는 공포탄과 같고, 충분한 기도가 있는 설교일 때 비로소 권세와 능력 있는 말씀이 된다.

- 교만 중에 가장 무서운 교만은 기도하지 않는 교만이다.

2. 이름 있는 명언들

• 기도는 영혼의 피이다.(조지 허버트)

• 기도는 신자의 유일한 무기이다.(톰슨)

• 기도는 언어로 얻을 수 있는 최고의 성취이다.(퍼스취)

• 기도는 인간의 호소가 하나님께로 올라가는 사다리다.(헤칠)

• 기도는 하나님의 심정에 이르게 하는 것이다.(예레미 테일러)

• 기도는 아침의 열쇠요 저녁의 자물쇠이다.(빌리 그래함)

• 내가 하나님이 살아계심을 자신 있게 말할 수 있는 이유는 매일 아침마다 그와 이야기 하기 때문이다.(빌리 그래함)

• 일할 때 백 년을 살 것처럼 왕성하게 일하고, 기도할 때 내일 죽을 것처럼 진지하게 기도하라.(벤자민 프랭클린)

• 기도 속엔 마음 없는 말보다 말 없는 마음이 더 요긴하다.(존 번연)

• 기도는 말 이상의 것이다. 이는 듣는 것이요 보는 것이요 느끼는 것이다.(빈센트 필)

• 기도의 실패자는 생활의 실패자이다.(이 엠 바운즈)

• 성자를 만들어 내는 것은 기도의 힘이다.(이 엠 바운즈)

• 우리의 기도는 지칠 줄 모르는 힘과 거부될 수 없는 인내와 꺾여지지 않는 용기로 강하게 구해야 한다.(이 엠 바운즈)

• 은혜의 보좌 앞에서 담대히 구할 수 있는 사람은 오직 순종하는 사람이다.(이 엠 바운즈)

• 하나님에 대한 신뢰가 기도에 결정적인 영향을 미친다. 절정에 달한 믿음이 신뢰이다. 신뢰가 가장 잘 자랄 수 있는 곳은 기도의 골방이다.

(이 엠 바운즈)

- 끈질긴 기도가 하나님의 마음을 움직이고 기도자의 인격을 바꾸어 놓는다. 끈질긴 기도의 씨름은 성령께서 우리 영혼 안에 불러일으키시는 능력이다.(이 엠 바운즈)

- 진정한 기도는 불타는 기도이다. 그리스도인의 삶과 인격은 활활 타올라야 한다. 불충성의 원인은 믿음의 부재에 있지 않고 영적 뜨거움의 부재에 있다. 불타는 영혼은 전쟁에서 승리한다. 그는 천국을 침노해서 쟁취한다.(이 엠 바운즈)

- 하나님께서는 믿음과 기도라는 중요한 두 가지 덕목을 갖춘 사람을 소중히 여기신다. 기도는 믿음에 의존한다. 믿음이 없다면 기도도 없다. 믿음이 있어야 기도가 효력을 발휘한다. 믿음은 기도로 하여금 일하게 만든다. 믿음은 시은좌(속죄소)로 가는 길을 예비한다. 믿음은 기도를 강하게 만들어 준다.(이 엠 바운즈의 저서 《기도의 심장》에서)

- 나의 지혜로 주위의 모든 것을 감당하기에 너무 벅찰 때 나는 기도에 의지한다.(아브라함 링컨)

- 나는 매일 저녁 모든 근심 걱정을 기도로 하나님께 넘겨드린다. 어차피 하나님은 밤에도 안 주무실테니까.(메리 C 크라울리)

- 기도하라. 그리고 염려는 하나님께 맡기라.(마틴 루터)

- 기도가 얼마나 강력한 것이며 또 어떤 영향을 미칠 수 있는지를 경험해 보지 않고 기도의 능력과 그 영향력을 믿을 수 있는 사람은 아무도 없다.(마틴 루터)

- 나는 오늘 해야 할 일이 많기 때문에 기도하는 시간을 갖기 위해서 한 시간 더 일찍 일어난다.(마틴 루터)

- 잘 기도한 자는 잘 배운 자요. 많이 기도한 자는 많이 운 자이다.
(마틴 루터)

- 옷을 만드는 것은 재단사의 일이고, 구두를 수선하는 것은 구두장이의 일이고, 기도하는 것은 그리스도인의 일이다.(마틴 루터)
- 기도는 끊임없이 쏟아져 나오는 끊임없는 사랑의 응답이며, 모든 영혼을 인도하시는 하나님과 사귀는 길이다.(다글라스 스티어)
- 무릎을 꿇는 그리스도인은 발돋움을 한 천문학자보다 더 멀리 본다.

  (토플레디)
- 믿음과 기도로 늘어진 손을 올리고 떨리는 무릎을 세우라. 은혜의 보좌를 흔들며 인내로 기다리라. 자비가 주어질 것이다.(요한 웨슬리)
- 사람이 자기의 의견과 소원을 초월하여 자기의 마음을 향상 시키고, 자기의 주의를 하나님께 집중시키는 것이 기도의 제일 중요한 일이다.(티틀)
- 정신을 집중할 수 있을 때만 기도하라.(탈무드)
- 기도는 세계를 움직이는 손을 움직이게 한다.(왓슨)
- 차가운 기도에는 따뜻한 응답이 없다.(브룩스)
- 기도는 우리가 믿음으로 발견한 주님의 복음에 들어있는 보물을 파내는 것이다.(칼뱅)
- 어려운 환경에서 기도하고 싶은 마음마저 없다면 우리는 짐승만도 못한 사람들이 아닐 수 없다.(칼뱅)
- 기도하면 할수록 하나님께서는 내게 필요한 모든 것을 더욱 풍성하게 제공하신다.(칼뱅)
- 기도를 포기하는 자는 전쟁에서 승리를 포기하는 군인과 같다.

  (윌리엄 쿠퍼)
- 기도는 하나님을 붙잡는 것이 아니라 자신이 하나님께 붙잡히는 것이

다.(무위)

- 기도하는 것은 자신을 하나님의 피조물로 인정하는 것이며, 하나님의 도움을 요청하는 것이다.(무위)

- 기도는 성령으로 거듭난 영혼의 호흡이며, 하나님 아버지를 향한 자연스러운 믿음의 반응이다.(야곱)

- 기도는 전능하신 하나님의 창고에 모든 염려를 맡기는 수단이요, 모든 문제 해결의 강력한 열쇠이다.(야곱)

- 기도의 부르짖음은 간절함의 외적 표시이며 육체의 몸부림이다. 또한 오직 하나님만을 의지하고 하나님께만 소망을 두는 영혼의 표출이다.(야곱)

- 진정한 기도는 자신의 뜻을 관철시키지 않고, 기꺼이 하나님의 뜻에 항복하며 주님 앞에 겸손히 무릎을 꿇는 것이다.(안창천)

- 기도하는 것은 바꾸는 것이다. 기도는 하나님이 우리를 변화시키는 중앙 진입로에 들어가는 것이다.(휘스터)

- 기도하지 않고 성공했다면 성공한 그것 때문에 망한다.(스펄젼)

- 마른 눈 가지고는 천국에 못 들어간다.(스펄젼)

- 기도는 우리 힘만으로는 불가능한 일을 하기 위해 하나님과 함께 할 수 있는 힘과 능력을 찾는 것이다.(레우빈 아스큐)

- 아버지와 같이 있기를 바라는 것 이외의 것을 바라지 않는 것이 기도의 가장 기본적인 의식이다.(랙스데일)

- 시작이 반이다. 그러나 기도 없이 시작된 일은 결코 좋은 시작일 수 없다.(팬스하우)

- 이 세상의 운명은 우리들의 기도에 따라서 작정될 것이다.(라우바흐)

- 전쟁에 나갈 때는 한 번, 바다에 나갈 때는 두 번, 결혼할 때는 세 번 기도하라.(러시아 격언)
- 늙어갈수록 기도를 더 많이 하라. 그리해야 신령한 일에 냉랭해지지 않는다.(조지 뮐러)
- 예수 이름으로 기도한다는 것은 우리가 예수 그리스도께서 무한한 예금을 해 놓으신 천국 은행에 가는 것과 같다.(R.A, 토레이)
- 만일 우리가 너무 바빠 기도할 시간이 없게 된다면 활동은 많으나 성취는 적고, 예배는 많으나 거듭남은 적을 것이다.(R.A, 토레이)
- 위대한 것을 위하여 일하라 그러나 무엇보다도 기도를 먼저 하라.

  (R.A. 토레이)
- 기도하는 한 사람은 기도 안하는 한 민족보다 강하다.(존 낙스)
- 하나님의 자녀는 기도로 모든 것을 정복할 수 있다. 사탄이 교인들에게서 이 무기를 빼앗거나 그것의 사용을 제지하려고 최선을 다하는 것은 이상한 일이 아니다.(앤드류 머레이)
- 손쉬운 삶을 위해 기도하지 말라. 더 강한 사람이 되게 해달라고 기도하라.(존 에프 케네디)
- 짐을 가볍게 하기 위해 기도하지 말고, 더 튼튼한 등을 갖기 위해 기도하라.(로저 밥슨)
- 기도는 하나님과의 교통이다. 기도는 하나님께 자기를 바치어 하나님의 권능으로 충만되어 풍요한 생명의 흐름을 받는다는 것을 의미하는 것으로 사랑이신 하나님의 무한한 생명력이 기도자를 통하여 이웃에게 흘러들어 갈 수 있는 통로가 된다.(아그네스 샌포드)
- 기도는 녹슨 쇳덩이도 녹이며 천년 암흑 동굴의 어둠을 없애는 한 줄기

빛이다. 주먹을 불끈 쥐기보다 두 손을 모으고 기도하는 자가 더 강하다. 기도는 자성을 찾게 하며 만생을 유익하게 하는 묘약이다."(김수환)

- 기도는 하나님이 치유의 에너지를 내어 보낼 수 있도록 하는 조건을 채우는 것이다. 기도로서 하나님의 치유의 능력이 잘 통할 수 있도록 통로를 깨끗케 하기 때문이다.(존 터너)

- 슬픔과 고통 속에 쓰러져 있는가? 기도할 것 밖에 없다. 핍박을 당하고 욕을 먹고 미움을 받고 있는가? 기도할 것 밖에 없다. 근심과 걱정이 당신을 괴롭히고 있는가? 기도할 것 밖에 없다. 죽음이 당신의 집안에 찾아 왔는가? 기도할 것 밖에 없다.(발튼 버쳐)

- 설교를 많이 하는 사람일수록 기도를 많이 해야 한다. 기도의 장수가 설교의 장수를 결정한다. 가벼운 기도는 가벼운 설교를 낳을 것이다. 기도는 설교를 강하게 하고 넘치는 사랑과 흡인력을 갖게 한다.(이 엠 바운즈)

- 승리는 강단에서 총알 같은 지성이나 재담을 하는 것으로 얻어지는 것이 아니라 기도의 골방에서 얻어진다. 승리는 설교자의 발이 강단에 들어가기 전에 판가름이 난다.(레오날드 레이븐 힐)

- 우리는 설교하고 멸망할 수 있으나 기도하고 멸망할 수는 없다.

(레오날드 레이븐 힐)

- 이 엠 바운즈는 능력있는 사역을 할 수 있게 하는 기도와 기름부음의 필요성을 다음과 같이 역설했다.

"오늘날 교회에서 필요한 것은 보다 좋은 도구나 새로운 조직이나 색다른 방법이 아니라 **성령님께서 사용하는 사람, 즉 기도하는 사람 혹은 능력있는 기도를 하는 사람이다.** 성령님께서는 방법 같은 것을 통해 임하지 않고 사람을 통해 임하는 것이며, 도구 위에 임하지 않고 사람에게 임하는 것이다. **성령님께서는 어떤 사업의 계획 위에 기름 붓지 않고 기도하는 사람 위에 붓는다."**

3.

기도응답의
확신

대주교의
죽음 웰즈(H.G. Wells)는 〈대주교의 죽음〉이란 단편을 썼다. 그 내용은 이러하다. 대주교는 날마다의 습관처럼 그날 저녁에도 성당에서 기도를 했다. 늘 똑같은 기도를 반복하는 것뿐이었다. 그래서 그 날도 언제나 시작하는 기도문처럼 '**오 전능하신 하나님 아버지…**' 하고 기도를 시작했다. 그 순간 하늘에서 '**오냐, 무슨 일이냐?**' (Yes, what is it?) 하는 소리가 들렸다. 이 소리를 듣자 대주교는 심장마비를 일으켜 죽는다는 이야기이다.

이 단편은 우리가 기도를 할 때 분명히 하나님이 듣고 계신다는 믿음이 없거나 기도응답에 대한 확신도 없이 허공을 울리는 기도의 사람들에게 무서운 자극과 교훈을 주는 날카로운 풍자이다. 대주교는 평생을 기도해 왔는데 그 기도를 정말 하나님이 듣고 계시고, 또한 그 기도가 정말 응답되리라고는 한 번도 생각해보지 못했다. 그는 날마다 타성에 젖은 형식적인 기도를 해왔다. 그런데 그 날 하나님이 갑작스럽게 대답하시는 음성을 듣고 너무 큰 충격에 쓰러져 죽었다는 것이다.

　예수님은 베다니 마을의 죽은 나사로를 살리시는 사건 속에서 어떻게 기도응답의 확신을 가지고 기도해야 하는지 좋은 본보기를 보여주셨다. 예수님은 하나님 아버지께 기도할 때마다 항상 아버지께서 들으신다는 믿음을 가지고 기도하셨다.

　"예수께서 이르시되 돌을 옮겨 놓으라 하시니 그 죽은 자의 누이 마르다가 이르되 주여 죽은 지가 나흘이 되었으매 벌써 냄새가 나나이다 예수께서 이르시되 **내 말이 네가 믿으면 하나님의 영광을 보리라 하지 아니하였느냐** 하시니 돌을 옮겨 놓으니 **예수께서 눈을 들어 우러러 보시고 이르시되 아버지여 내 말을 들으신 것을 감사하나이다 항상 내 말을 들으시는 줄을 내가 알았나이다** 그러나 이 말씀 하옵는 것은 둘러선 무리를 위함이니 곧 아버지께서 나를 보내신 것을 그들로 믿게 하려 함이니이다 이 말씀을 하시고 **큰 소리로 나사로야 나오라 부르시니** 죽은 자가 수족을 베로 동인 채로 나오는데 그 얼굴은 수건에 싸였더라 예수께서 이르시되 풀어 놓아 다니게 하라 하시니라"(요11:39-44)

　마태복음 21장에는 무화과나무와 관계해서 특별한 사건의 이야기를 기록하고 있다. 예수님은 베다니 마을에서 머무시고 이른 아침에 예루살렘 성으로 들어오시다가 시장하시므로 길가에 있는 한 무화과나무를 보시고 가까이 가셔서 둘러보셨다. 그러나 잎사귀 밖에는 아무것도 찾지 못하시고 나무에게 이르시기를 **"이제부터 영원토록 네가 열매를 맺지 못하리라"** 말씀하셨다. 그랬더니 무화과나무가 곧 말라버리는 놀라운 일이 일어났다.

　제자들은 이것을 보고 이상히 여겨 예수님께 물었다.

　"무화과나무가 어찌하여 곧 말랐나이까?"

　예수께서는 이렇게 대답해 주셨다.

　"내가 진실로 너희에게 이르노니 만일 너희가 믿음이 있고 의심하지 아니하면 이 무화과나무에게 된 이런 일만 할 뿐 아니라 이 산더러 들려 바다에 던져지라 하여도 될 것이요 너희가 기도할 때에 무엇이든지 믿고 구하는 것은 다 받으리라"(마 21:21-22)

　이 무화과나무 사건과 예수님의 말씀에서 기도하는 자가 꼭 갖춰야 할 기도응답의 확신을 생각해볼 수 있다. 하나님께 기도하고 간구할 때 무엇이든지 의심하지 않고 믿고 구하면 다 받는다는 것이다. 이 얼마나 가슴 설레는 놀라운 은혜의 말씀인가?

　열왕기상 18장에는 기도응답의 확신에 대해서 좋은 교훈을 깨우쳐주는 엘리야 이야기가 나온다. 이스라엘 땅에 수년 동안 비가 오지 않으므로 기근이 심할 때에 하나님의 말씀이 엘리야에게 임했다.

　"많은 날이 지나고 제 삼년에 여호와의 말씀이 엘리야에게 임하여 이르시되 너는 가서 아합에게 보이라 내가 비를 지면에 내리리라"(왕상 18:1)

　하나님은 여기서 이렇게 분명히 말씀하셨다.

　"너는 가서 아합에게 보이라 내가 비를 지면에 내리리라"

　엘리야는 이 말씀에 의지하여 아합 왕을 만나 바알의 선지자 사백오십 명과 아세라의 선지자 사백 명을 갈멜산으로 모으고 왕과 백성들 앞에서

불로 응답하시는 하나님을 보여줌으로 그 우상의 선지자들을 모두 죽여 처단을 하였다. 그 후에 엘리야는 아합 왕에게 말했다.

"올라가서 먹고 마시소서 큰 비의 소리가 있나이다"

엘리야는 하나님의 약속의 말씀대로 하나님이 친히 내리실 큰 비의 소리를 믿음의 귀로 들으면서 아합 왕에게 말한 것이다. 그리고 엘리야는 사환과 함께 갈멜산 꼭대기로 올라가서 땅에 꿇어 엎드려 그의 얼굴을 무릎 사이에 넣고 간절히 기도하였다. 엘리야는 **"내가 비를 지면에 내리리라"**는 하나님 약속의 말씀이 있었지만 그 약속이 이루어지기를 위해서 간절히 기도했다.

"주 여호와께서 이같이 말씀하셨느니라 **그래도 이스라엘 족속이 이같이 자기들에게 이루어 주기를 내게 구하여야 할지라**"(겔 36:37)

엘리야는 하나님께 간절히 구하고 사환에게 확인하기를 일곱 번까지 했고, 하나님은 그의 간절한 기도를 들으시고 응답하시어 약속하신 말씀대로 큰 비를 내려 온 지면을 적셔주셨다. 여기서 깨달아야 할 것은 엘리야가 응답이 즉시 오지 않음에도 불구하고 포기하지 않고 그렇게 계속 끈기 있게 기도할 수 있었던 것은 **"내가 비를 지면에 내리리라"**고 말씀하신 하나님의 신실하신 약속에 대한 큰 확신이 있었기 때문이다.

누가복음 18장에 나오는 불의한 재판장을 찾는 한 과부의 이야기 속에서도 기도하는 사람은 응답의 확신을 갖고 끈기 있게 기도하라는 교훈을 배우게 된다.

"하물며 하나님께서 그 밤낮 부르짖는 택하신 자들의 원한을 풀어주

지 아니하시겠느냐 그들에게 오래 참으시겠느냐 내가 너희에게 이르노니 속히 그 원한을 풀어주시리라"(눅 18:7-8)

아내에게 있었던 일 2017년 12월 중순, 아내가 암 투병 중 가장 두려워하던 큰 고통이 머리에서부터 오기 시작했다. 참기 어려운 고통이 밀려오는 속에서 아내는 울면서 전화로 남편을 찾았다.

"여보, 나 뒷골이 너무너무 아파 죽을 것 같아 진통제를 먹어도 소용이 없어"

"나 사무실에 있으니 본당으로 내려와요."

우리는 본당 예배실 앞자리에 앉아 대화를 나누면서 나는 아내에게 말했다.

"우리가 40일 작정기도를 하고 큰 기대를 했지만 아무런 응답이 없고 도리어 더 악화되었어. 우리가 바라는 기도 응답에 실패했지. 그 원인을 성령께서 깨닫게 해 주신 것을 이미 당신에게 전해 주었지. 믿음 없는 자를 위해 기도해 주는 것은 주님도 하지 않은 방법이라는 것을. 작정기도를 시작하면서 당신이 나에게 한 말 '나는 기도해도 하나님이 내 병을 고쳐주신다는 믿음이 없어요. 그러니 당신의 믿음으로 날 고치든지 살리든지 해요' 성령님은 이것이 문제임을 깨우쳐주신 거야! 그래서 나는 당신만 아니라 믿음 없는 사람을 위해서 다시는 기도하지 않겠다고 당신에게 이미 말했어."

우리는 잠시 침묵이 흘렀고, 다시 나는 말을 꺼냈다.

"여보, 지금이라도 내가 예수 이름으로 기도하면 하나님이 당신을 고쳐 주실 것을 믿어요. 큰 믿음 아니라도 좋아. 겨자씨 한 알만한 작은 믿음이라도 하나님은 기뻐하시니까 믿어, 받아들여."

"예수님이 분명히 말씀으로 약속하셨잖아. '너희가 내 이름으로 무엇이든지 기도하면 내가 그대로 행하리라'고 하셨어. 그런데 하나님을 믿는다고 하면서, 성경을 믿는다고 하면서, 왜! 그 약속의 말씀을 못 믿어. 하나님은 결코 거짓말하지 않으셔. 지금이라도 거짓말하지 않으시는 하나님을 믿고 내가 예수 이름으로 기도하면 하나님이 지금 당신을 고쳐 주실 거야."

나는 아내에게 이렇게 기도응답의 확신을 갖고 간곡히 강권했다.

아내는 참을 수 없는 큰 고통이 계속 밀려오는 속에서 결국 고개를 끄떡이며 소리치며 입술로 믿음을 고백하였다.

"믿을게요. 받아들일게요."

우리는 큰 실수와 실패 속에서 하나님이 깨우쳐 주신 대로 아내로 하여금 새롭게 믿음을 고백하게 하고 간절히 기도를 드렸다. 나는 고통이 있는 아내의 뒷골에 손을 얹고 주님의 보혈이 흐르고 성령의 기름 부음이 있기를 간구했다. 그리고 하나님 약속의 말씀에 대한 확신을 갖고 아내에게 고통을 주는 암 귀신을 향해 예수 이름으로 강력히 대적하며 꾸짖었다.

"나사렛 예수 이름으로 명하노니 아내를 괴롭히는 더러운 저주받은 귀신아, 암 귀신아 내 사랑하는 아내에게서 지금 당장 떠나! 떠나…"

놀라운 일이 일어났다. 즉시 기적이 일어나 그토록 죽을 것같이 아프던 아내의 뒷골이 순식간에 깨끗하게 치유가 된 것이다. 뒷골의 아픔만 아니라 몸 이곳저곳 아픈 곳에 손을 얹고 기도할 때마다 즉시 놀라운 치유의 역사가 일어났다. 아내의 마음에 하나님이 치유하시고 구원하신다는 믿음을 갖고 입술로 고백하며 함께 기도하는 순간, 하나님은 심히 기뻐하심으로 즉시 치유의 은총을 베풀어 주신 것이다.

그리고, 폐암으로 아내에게 고통을 주며 죽이려 했던 더러운 암 귀신은 힘을 잃고 항복했다. 이런 응답과 기적이 있은 후 의사의 말이 3주에서 6주를 넘기지 못한다는 아내는 새해를 맞이하여 건강한 몸으로 외국 여행을 세 번이나 즐겁게 다녀올 수 있었다.

"사람이 마음으로 믿어 의에 이르고 입으로 시인하여 구원에 이르느니라"(롬 10:10)

암과 질병을 치유하는 성경적 사역은 기도라는 영적 도구와 특권을 사용해서 행하는 사역이기 때문에 우리는 기도에 대해서 많은 것을 배우고 알아야 한다. 뿐만 아니라 기도응답의 비결을 알고, 응답에 대한 확신을 갖는다면 그것은 금상첨화라 할 것이다. 항상 강조하고 싶은 것은 그 확신의 근거는 오직 하나님의 말씀인 성경이다. 그러나 얼마나 기도응답에 관계된 하나님의 말씀을 알고 믿음으로 받아들이느냐 그리고 얼마나 성령의 도우심을 통한 참된 확신을 가지고 행동하느냐는 각자의 몫이다.

비결이라 해서 너무 거창한 것을 기대하지 말라. 평범한 하나님의 말씀 속에 진리가 있고 비결이 있다는 것을 잊지 말아야 한다.

어느 목사님의 착각

어느 목사님이 한 유명한 법률가를 꼭 회개시켜야 한다는 책임감에 사로잡히게 되었다. 그래서 그의 사무실을 방문하여 다음 주일 저녁 예배에 꼭 참석해 달라고 신신 당부하였다. "그렇게 하도록 하지요." 마침내 법률가가 허락하였다. 이에 목사님은 특별히 그를 위해 말씀을 준비하였다. 약속한 당일, 설교가 끝난 후 이어 믿지 않는 사람들에게 새롭게 예수 그리스도를 고백하도록 초청하는 시간이 되었다. 그러자 그 법률가가 제일 먼저 앞으로 나오는 것이었다. 목사님은 저절로 어깨가 으쓱 올라갔다. 후에 목사님이 그 법률가에게 물었다.

"제 설교 중 어떤 부분이 당신으로 하여금 주님에 대한 믿음을 고백케 하고 용서를 구하게 하였습니까?"

그러자 그가 말했다 **"제가 믿음을 갖게 된 것은 목사님의 설교 때문이 아니라 목사님이 설교 본문으로 인용한 바로 그 성경 구절 때문이었습니다."**

존 칼뱅은 **"하나님의 말씀은 인간에게 생명과 구원을 가져다주는 그 자체로 은혜로운 것이요, 비통하거나 쓰라리거나 슬픈 것이 될 수 없다. 그러나 이것은 오직 경건하고 선한 사람들에게만 그러한 것이다. 하나님께서는 그들에게 당신의 풍성한 인자하심을 펼쳐 놓으시기 때문이다."** 라고 말했다.

구원과 영생의 확신에 대한 일화

시카고의 디엘 무디 목사님 교회에 윌버 채프만이라는 18세 젊은이가 있었다. 그는 예수를 잘 믿으려고 무척 애를 썼지만 구원과 영생에 대해서 늘 자신이 없었다. 그래서 무디 목사님을 찾아가 물었다.

"목사님, 제가 죽으면 천국 갈 수 있을지 자신이 없어서 늘 불안합니다. 어떻게 하면 좋겠습니까?"

무디 목사님은 "요한복음 5장 24절을 읽어보자"고 하셨다.

"내가 진실로 진실로 너희에게 이르노니 내 말을 듣고 또 나 보내신 이를 믿는 자는 영생을 얻었고"

예수께서는 "진실로, 진실로"라고 반복하심으로써 진리를 분명히 알아들으라고 하신다. "영생을 얻을 것이고"도 아니고 "얻었으면 좋겠는데"도 아니며 "얻을지 안 얻을지 모르겠는데"가 아니라 **"믿는 자는 영생을 얻었고 심판에 이르지 아니하나니 사망에서 생명으로 옮겼느니라"**고 확실하게 말씀하셨다.

무디 목사님은 젊은이에게 물었다. "너는 예수를 믿느냐?" "예, 믿습니다." "그러면 너는 영생을 얻었느냐?" "그걸 잘 모르겠어요." 무디 목사님은 "다시 읽어 봐!" 하셨다. 다시 읽자 무디 목사님은 "너는 믿느냐?" 다시 물었다. "제가 믿는다고 했잖아요." "그러면 영생을 얻었느냐?" "글쎄, 제가 그걸 잘 모르겠어요." "다시 읽어 봐라!" 세 번째 또 같은 성경을 읽혔다. 그래도 영생을 받았는지 잘 모르겠다는 젊은이의 대답에 무디 목사님은 **"하나님이 얻었다 하시면 얻은 것이지 네가 뭔데 감히 하나님을 의심하느냐!"** 호통을 쳤다.

그 책망에 정신을 차린 젊은이는 '**내가 믿는 것은 틀림없잖아. 내가 믿었으니까 영생이 있는 거구나!**'라고 깨닫게 되었다. 구원의 도리를 깨달은 젊은이는 너무 좋아 열심히 성경을 공부했고, 신학교를 가서 결국 무디 목사님 교회의 후임목사가 되었다. 그는 평생 **"믿는 자는 영생을 얻었고"**라는 설교로 많은 사람들에게 구원의 확신을 심어주었다.

이러한 성경말씀을 근거로 한 확신은 구원과 영생에 대한 확신만 아니라 기도 응답에 대한 확신에 있어서도 마찬가지다. **모든 확신의 근거는 우리의 어떤 감정이나 신념이 아니라 거짓이 없고 변함이 없으신 영원하신 하나님의 말씀이다.**

"그러나 **너는 배우고 확신한 일에 거하라** 너는 네가 누구에게서 배운 것을 알며 또 어려서부터 성경을 알았나니 **성경은 능히 너로 하여금 그리스도 예수 안에 있는 믿음으로 말미암아 구원에 이르는 지혜가 있게 하느니라** 모든 성경은 하나님의 감동으로 된 것으로 교훈과 책망과 바르게 함과 의로 교육하기에 유익하니 이는 하나님의 사람으로 온전하게 하며 모든 선한 일을 행할 능력을 갖추게 하려 함이라"(딤후 3:14-17)

1. 확신은 마음에 평안함과 담대함과 소망을 준다.
2. 확신은 하나님의 말씀을 그대로 순종할 의지를 불러일으킨다.
3. 확신의 근거는 거짓이 없는 신실하신 하나님과 그의 말씀이다.
4. 우리는 믿음을 갖기 위해 성경말씀을 읽고 들어야 한다.
"그러므로 믿음은 들음에서 나며 들음은 그리스도의 말씀으로 말미암았느니라"(롬 10:17)
5. 우리는 성령과 믿음의 은사를 사모하며 기도해야 한다.(고전 12:9, 14:1)
"곧 그 아이의 아버지가 소리를 질러 이르되 **내가 믿나이다 나의 믿음**

없는 것을 도와주소서 하더라"(막 9:24)

6. 우리는 믿음의 진보를 위해 믿는 말씀을 순종함으로 하나님이 행하시는 일을 체험해야 한다.

7. 확신은 각자의 몫이다.

성경 말씀이 내 안에 믿음으로 자리 잡도록 성경을 읽고 암송하고 묵상하라.

"너희가 내 안에 거하고 **내 말이 너희 안에 거하면** 무엇이든지 원하는 대로 구하라 그리하면 이루리라"(요 15:7)

여기서는 확신에 도움을 줄 수 있는 지혜와 성경을 제시할 뿐이다. 하나님께서는 말씀을 사랑하고 즐거움으로 읽고 묵상하는 자에게 성령으로 말미암아 믿음의 은사와 확신을 갖게 하실 것이고, 복되고 영광된 삶에 이르게 할 것이다.

자주 언급하지만 기도하는 사람들의 관심을 끄는 성경 말씀이 있다.

"여호와께서 내 음성과 내 기도를 들으시므로 내가 그를 사랑하는도다 그의 귀를 내게 기울이셨으므로 내가 평생에 기도하리로다 사망의 줄이 나를 두르고 스올의 고통이 내게 이르므로 내가 환난과 슬픔을 만났을 때에 내가 여호와의 이름으로 기도하기를 여호와여 주께 구하오니 내 영혼을 건지소서 하였도다"(시 116:1-4)

이 시편 기자는 여호와 하나님께서 자신의 간구를 들으시는 것을 알기에 하나님을 사랑하며 또한 평생에 기도의 사람이 되겠다고 한다. 하나님을 믿는 성도들은 이렇게 하나님이 나의 기도를 들어주신다는 기도

응답의 확신을 가지고 평생에 기도하는 사람이 되어야 한다. 기도응답의 확신은 하나님께로 나아가는 우리의 마음에 평안함과 담대함을 주기 때문에 꼭 필요하고, 우리가 그러한 확신을 가지고 하나님의 뜻과 약속의 말씀에 의지하여 진실한 믿음으로 기도한다면 거짓이 없고 신실하신 하나님은 친히 약속을 지키시고 응답을 나타내실 것이다.

"그를 향하여 우리가 가진 바 담대한 것이 이것이니 그의 뜻대로 무엇을 구하면 들으심이라 **우리가 무엇이든지 구하는 바를 들으시는 줄을 안즉 우리가 구한 그것을 얻은 줄을 또한 아느니라**"(요일 5:14-15)

기도는 구원받은 성도들의 특권이다.

전능하시고 자비로우신 하나님께서 그리스도 예수 안에서 우리를 사랑하사 만민 가운데서 택하시고 구원하여 하나님의 자녀 삼아 주신 것은 놀라우신 은혜이다. 뿐만 아니라 기도라는 특권을 주셔서 그 특권을 사용하면서 하나님과 교제할 수 있다는 것은 더욱 감사할 일이 아닐 수 없다.

하나님께서 우리에게 기도의 특권을 주신 것은 그 특권을 통해서 하나님과 영적인 교제의 기쁨을 나누며 삶의 필요를 공급받으라는 것이다. 또한 우리가 당하는 환난 가운데서 간구하고 부르짖으므로 응답받고 문제를 해결 받으므로 하나님께 영광을 돌리라는 것이다. 그러므로 하나님의 자녀 된 자는 그 특권을 사용할 줄 알아야 한다. 우리는 기도로 하나님과 참 사랑의 교제를 나누며 응답의 참 맛을 경험하므로 보다 깊은 신앙의 경지로 들어가며 성숙한 신앙인이 되어야 할 것이다.

4.

기도응답의
비결

하워드 장군의 약속된 기도시간

하나님으로부터 오는 기도응답이라는 은총과 축복을 기대하고 바라기 전에 먼저 생각해야 할 것이 있다. 그것은 **"하나님 앞에서 행하는 기도"**가 우리 자신의 인생에 얼마나 소중하고 가치가 있는 것인가를 평가해보는 것이다. 이러한 이해를 돕는 좋은 이야기가 있다. 하워드 장군의 일화다.

미국 하워드 장군은 신앙이 독실한 기독교인이었는데, 그가 서부 해안 지구 사령관을 맡게 되자 그의 친구들은 수요일 저녁에 그의 영전을 축하하는 환송 만찬회를 열기로 했다. 그들은 여러 곳에 초대장을 보냈고 대통령까지 축하 전문을 보내왔다. 그들은 장군을 깜짝 놀라게 해주려고 모든 준비를 다 끝내 놓고 맨 마지막에 그에게 알리기로 했다. 드디어 모든 준비를 끝내고 난 후 그들은 장군에게 이 소식을 알렸다. 그러나 장군은 선약이 있다고 하면서 이렇게 말했다.

"미안하게 되었네. 사실은 수요일 밤에 다른 약속을 미리 해두었네."

"하지만 이 사람아, 이 날은 미국에서 가장 저명한 인사들이 참석할 테니 다른 약속을 취소하게."

"나는 기독교인이며 교회 신도중 한 사람이네. 내가 교회와 일체가 되었을 때, 수요일 밤 기도회 시간에는 꼭 주님을 만나겠다고 약속했다네. 세상에서 이만큼 중요한 약속을 깨뜨리게 할 자는 없네."

하는 수 없이 친구들은 만찬회를 하루 연기하여 목요일 밤에 개최했다. 그런데 많은 사람들은 그의 행동을 비난하지 않고 오히려 장군을 존경하였다. 하나님 앞에서 신실한 그는 사람들에게 큰 감동을 준 것이었다. 장군은 기도의 비밀과 기도의 소중한 가치를 아는 분이었다. 이렇게 우리는 기도응답의 비결을 알기 전에 하나님 앞에 행하는 기도의 소중함과 가치를 먼저 알아야 한다.

기도 응답의 비결은 기도 응답에 대한 하나님의 약속의 말씀을 알고 우리 마음에 믿음의 뿌리를 내려야 하며, 또한 그 말씀을 따라 그대로 순종하고 실천하는 훈련을 통해 아름답게 꽃을 피워야 한다. 그리할 때 하나님께서는 응답과 축복의 열매를 맺게 하시는 것이다. 그러므로 우리가 잘 아는 말씀이라도 감사함과 믿음으로 받고, 암송과 묵상을 통해 마음에 새기며 깊이 뿌리를 내려야 한다. 진리는 평범한 것에 있다. 많은 사람들이 기도를 하면서도 응답받지 못하는 가장 큰 문제는 하나님의 말씀을 그대로 믿지 않고 그대로 행하지 않기 때문이다.

지금부터 보다 효과적으로 응답받는 기도를 위해서 우리가 어떻게 기도해야 할 것이며, 또한 신실하신 하나님은 어떤 약속의 말씀을 우리에게 주시는가를 살펴보고자 한다.

1. 예수 이름으로 구하라.

"너희가 **내 이름으로 무엇을 구하든지 내가 행하리니** 이는 아버지로 하여금 아들로 말미암아 영광을 받으시게 하려 함이라 **내 이름으로 무엇이든지 내게 구하면 내가 행하리라**"(요 14:13-14)

이 얼마나 놀라운 말씀이요 은혜의 말씀인가? 그런데 오늘날 많은 사람들이 이것을 형식에 치우쳐버리고 있다. 특별히 대표기도를 할 때 마무리를 "예수 이름으로 기도한다."라고 끝을 맺는 것이 전부인줄 생각하는 이들도 있다. 그러나 "예수 이름으로 구하라"는 말씀은 기도를 마무리하는 장식이 아니다. 개인적으로 기도할 때 먼저 "예수 이름으로 구합니다" 라고 하며 시작할 수 있다.

예수 이름으로 구하기 전에 그 이름을 알아야 한다. 예수 이름에는 그분의 생명과 명예와 권세 등 모든 것이 들어 있다. 그 이름을 모르고 기도하는 것은 하나의 형식을 갖추는 것에 불과하다. 우리가 거룩하신 그 이름에 대해서 다 알 수는 없을지라도 다만 기도자로서 도움이 될 수 있는 몇 가지만이라도 살펴보고자 한다.

1) 예수 이름은 만물을 창조하신 전능하신 창조주의 이름이다.

"**만물이 그에게서 창조되되** 하늘과 땅에서 보이는 것들과 보이지 않는 것들과 혹은 왕권들이나 주권들이나 통치자들이나 권세들이나 **만물**

이 다 그로 말미암고 그를 위하여 창조되었고"(골 1:16)

"그가 태초에 하나님과 함께 계셨고 만물이 그로 말미암아 지은 바 되었으니 지은 것이 하나도 그가 없이는 된 것이 없느니라"(요 1:2-3)

2) 예수 이름은 말씀이신 하나님이 육신을 입고 세상에 오신 독생자의 이름이다.

"말씀이 육신이 되어 우리 가운데 거하시매 우리가 그의 영광을 보니 아버지의 독생자의 영광이요 은혜와 진리가 충만하더라"(요 1:14)

예수님은 우리 인간의 죄악을 지시고 십자가에서 피를 흘려 속량하시기 위하여 영이신 하나님께서 피가 있는 육신의 몸을 입고 세상에 오신 분이시다.

"염소와 송아지의 피로 하지 아니하고 오직 자기의 피로 영원한 속죄를 이루사 단번에 성소에 들어가셨느니라…율법을 따라 거의 모든 물건이 피로써 정결하게 되나니 피 흘림이 없은즉 사함이 없느니라"

(히 9:12,22)

"육체의 생명은 피에 있음이라 내가 이 피를 너희에게 주어 제단에 뿌려 너희의 생명을 위하여 속죄하게 하였나니 생명이 피에 있으므로 피가 죄를 속하느니라"(레 17:11)

3) 예수 이름은 나시기 전에 하나님이 지어주신 구원의 이름이다.

"천사가 이르되 마리아여 무서워하지 말라 네가 하나님께 은혜를 입었느니라 보라 네가 잉태하여 아들을 낳으리니 그 이름을 예수라 하라"(눅 1:30-31)

예수 이름의 뜻은 **"하나님은 구원이시다"**라는 의미이다. 그 이름은 예수께서 나시기 전에 육신의 부모가 아닌 하나님이 지어주신 이름이다. 그 이름의 뜻을 따라 주 예수 그리스도를 믿는 자들이 예수 이름만 불러도 구원 얻을 것을 약속하셨다.

"유대인이나 헬라인이나 차별이 없음이라 한 분이신 주께서 모든 사람의 주가 되사 그를 부르는 모든 사람에게 부요하시도다 **누구든지 주의 이름을 부르는 자는 구원을 받으리라**"(롬 10:12-13)

4) 우리를 죄와 흑암의 권세에서 그리고 율법의 저주에서 속량하신 분의 이름이다.

"아들을 낳으리니 이름을 예수라 하라 이는 그가 자기 백성을 그들의 **죄에서 구원할 자이심이라** 하니라"(마 1:21)

"그가 우리를 흑암의 권세에서 건져내사 그의 사랑의 아들의 나라로 옮기셨으니 **그 아들 안에서 우리가 속량 곧 죄 사함을 얻었도다**"(골 1:13-14)

"**그리스도께서 우리를 위하여 저주를 받은 바 되사 율법의 저주에서 우리를 속량하셨으니** 기록된 바 나무에 달린 자마다 저주 아래에 있는 자라 하였음이라 **이는 그리스도 예수 안에서 아브라함의 복이 이방인에게 미치게 하고** 또 우리로 하여금 믿음으로 말미암아 성령의 약속을 받게 하려 함이라"(갈 3:13-14)

5) 예수 이름은 하늘과 땅의 모든 권세를 가지신 왕 되신 이의 이름이다.

"예수께서 나아와 말씀하여 이르시되 **하늘과 땅의 모든 권세를 내게**

주셨으니"(마 28:18)

"빌라도가 이르되 그러면 네가 왕이 아니냐 **예수께서 대답하시되 네 말과 같이 내가 왕이니라 내가 이를 위하여 태어났으며 이를 위하여 세상에 왔나니** 곧 진리에 대하여 증언하려 함이로라 무릇 진리에 속한 자는 내 음성을 듣느니라 하신대"(요 18:37)

왕 되신 예수 이름에는 큰 권세가 있어서 그 이름으로 귀신을 쫓아내고 손을 얹어 병을 낫게 하며, 많은 능력을 행하는 것이다.

6) 예수 이름은 모든 무릎을 그 이름에 꿇게 하신 모든 이름 위에 뛰어난 이름이다.

"이러므로 **하나님이 그를 지극히 높여 모든 이름 위에 뛰어난 이름을 주사** 하늘에 있는 자들과 땅에 있는 자들과 땅 아래 있는 자들로 **모든 무릎을 예수의 이름에 꿇게 하시고** 모든 입으로 예수 그리스도를 주라 시인하여 하나님 아버지께 영광을 돌리게 하셨느니라"(빌 2:9-11)

예수 이름은 지극히 존귀하고 위대한 이름이다. 하나님은 그 이름을 지극히 높여 모든 이름 위에 뛰어나게 하심으로 모든 무릎을 그 이름에 꿇게 하시고, 그를 주라 시인함으로 하나님께 영광을 돌리게 하셨다. 그러므로 예수 이름을 불러 하나님께 기도하는 자는 먼저 자신이 예수 이름에 무릎을 꿇고 경배하며 찬양과 영광을 돌려야 한다.

종의 마음이 항상 주인을 향하고, 주인의 말에 순종하고 복종하여야 하듯이 우리는 예수 그리스도를 주로 시인하고 그 분의 말씀에 순종하고자 하는 기본자세가 되어 있어야 한다. 기도자의 영혼 주파수는 항상 주 되신 예수 그리스도에게 맞추어져 있어야 한다. 사무엘의 영혼 주파수가 엘리 제사장이 아닌 하나님께로 맞추어지고 "여호와여 말씀하옵소서 주의 종이 듣겠나이다" 라고 말씀드렸을 때 비로소 사무엘과 하나님 사이의 구체적인 소통이 이루어졌다.

7) 예수 이름은 하나님 아버지께로 나아가는 유일한 구원의 길이다.

오직 예수 그리스도만이 하나님께로 나아가는 유일한 길이요 문이요 사닥다리다. 아무런 흠도 없고 죄도 없으신 하나님의 어린양 되신 예수께서 십자가에서 대속의 피를 흘리심으로 거룩하신 하나님과 죄인 사이에 가로막혀 있던 죄의 장벽을 무너뜨리셨다. 이렇게 화목제물이 되신 예수 그리스도 안에서 그를 믿어 의롭다하심을 입은 성도가 거룩하신 하나님께로 나아가는 길이 활짝 열린 것이다. 그래서 우리가 예수 이름을 의지하여 하나님께 나아갈 수 있으며, 하나님은 예수 이름으로 기도하는 자들의 기도를 들으시고 응답하시는 것이다.

"예수께서 큰 소리를 지르시고 숨지시니라 이에 성소 휘장이 위로부터 아래까지 찢어져 둘이 되니라"(막 15:37-38)

"예수께서 이르시되 내가 곧 길이요 진리요 생명이니 나로 말미암지 않고는 아버지께로 올 자가 없느니라"(요 14:6)

"다른 이로써는 구원을 받을 수 없나니 천하 사람 중에 구원을 받을 만한 다른 이름을 우리에게 주신 일이 없음이라 하였더라"(행 4:12)

"하나님은 한 분이시요 또 하나님과 사람 사이에 중보자도 한 분이시니 곧 사람이신 그리스도 예수라"(딤전 2:5)

2. 하나님 말씀에 순종하고 약속의 말씀을 의지하여 구하라.

하나님으로부터 오는 기도응답을 소원한다면 먼저 하나님의 말씀에 순종하며 계명을 지키는 자가 되어야 한다. 이 엠 바운즈는 **"은혜의 보좌 앞에서 담대히 구할 수 있는 사람은 오직 순종하는 사람이다"**라고 했다.

"사랑하는 자들아 **만일 우리 마음이 우리를 책망할 것이 없으면 하나님 앞에서 담대함을 얻고 무엇이든지 구하는 바를 그에게서 받나니 이는 우리가 그의 계명을 지키고 그 앞에서 기뻐하시는 것을 행함이라"**

(요일 3:21-22)

그리고 예수님의 말씀, 하나님의 약속의 말씀이 우리 안에 있어 그 말씀에 의지하여 구해야 한다.

"너희가 내 안에 거하고 내 말이 너희 안에 거하면 무엇이든지 원하는 대로 구하라 그리하면 이루리라"(요 15:7)

"내 말이 너희 안에 거하면" 이 말씀은 우리가 예수 안에 거할 뿐 아니라 예수님의 말씀이 우리 안에 들어있을 때 무엇이든지 원하는 대로 구하면 이루어진다는 것이다. 내 안에 내가 믿는 주의 말씀이 들어있어야 기도의 응답이 확실하게 이루어지는 것이다. 그 말씀 안에 약속이 있고 생명과 능력이 있기 때문이다. 참된 신앙인은 하나님의 말씀을 이용하는 자가 아니라 그 말씀 앞에 무릎을 꿇는 자이다.

그러므로 하나님의 말씀을 읽거나 들을 때에 사람의 말로 받지 말고 항상 하나님의 말씀으로 받아서 우리 안에 생명과 약속의 말씀을 간직하고 있어야 한다. 그리하면 신실하신 하나님은 자신이 약속하신 말씀을 지키어 우리의 문제를 해결해 주시고 우리의 병을 고쳐주시는 것이다.

"이에 그들이 그들의 고통 때문에 여호와께 부르짖으매 그가 그들의 고통에서 그들을 구원하시되 그가 그의 말씀을 보내어 그들을 고치시되 위험한 지경에서 건지시는도다"(시 107:19-20)

"주의 말씀대로 나를 붙들어 살게 하시고 내 소망이 부끄럽지 않게 하소서"(시 119:116)

우리가 믿는 하나님은 말씀으로 약속하신 것을 꼭 지키시고 이루시는 신실하신 분이시다. 그 분은 결코 거짓말을 못하시는 분이시다.

"하나님은 약속을 기업으로 받는 자들에게 그 뜻이 변하지 아니함을 충분히 나타내시려고 그 일을 맹세로 보증하셨나니 이는 하나님이 거짓말을 하실 수 없는 이 두 가지 변하지 못할 사실로 말미암아 앞에 있는 소망을 얻으려고 피난처를 찾은 우리에게 큰 안위를 받게 하려 하심이라"**(히 6:17-18)

역대하 20장에 보면 모압 자손과 암몬 자손들이 마온 사람들과 함께 와서 여호사밧을 치고자 할 때 여호사밧 왕은 백성들로 하여금 금식하게 하고 **여호와의 성전 새 뜰 앞에서** 간구하면서 그는 **과거 하나님께서 약속하신 말씀을 의지하여** 기도했고 응답받았다.

"만일 재앙이나 난리나 견책이나 전염병이나 기근이 우리에게 임하면 주의 이름이 이 성전에 있으니 우리가 이 성전 앞과 주 앞에 서서 이 환난 가운데에서 주께 부르짖은즉 들으시고 구원하시리라 하였나이다"

(대하 20:9)

3. 하나님 자녀 됨의 확신을 가지고 구하라.

우리가 진정 성령으로 말미암아 예수를 믿어 하나님의 자녀로 거듭났다면 하나님의 아들딸이 된 확신을 가지고 전능하시고 참 좋으신 하나님을 자연스럽게 **"아버지"**라고 부르면서 당당하게 구할 수 있어야 한다.

"영접하는 자 곧 그 이름을 믿는 자들에게는 하나님의 자녀가 되는 권세를 주셨으니 이는 혈통으로나 육정으로나 사람의 뜻으로 나지 아니하고 오직 하나님께로부터 난 자들이니라"(요 1:12-13)

"너희가 악한 자라도 좋은 것으로 자식에게 줄 줄 알거든 **하물며 하늘에 계신 너희 아버지께서 구하는 자에게 좋은 것으로 주시지 않겠느냐"**(마 7:11)

아버지라는 칭호는 누구에게나 부를 수 있는 칭호가 아니다. 아버지의 존재는 그를 아버지라고 부르는 자신의 생명과 특별하고 근원적인 관계성을 가진 자이다. 그래서 아버지의 칭호는 친근하고 사랑을 느끼게 하는 용어이다. 예수님은 하나님의 친 아들로서 하나님을 아버지라고 불렀다. 뿐만 아니라 예수 그리스도 안에서 구원받은 제자들에게 **"이렇게 기도하라"**고 기도를 가르쳐 주셨는데 거기서 기도의 대상을 부르는 호칭이 **"주"**나 **"하나님"**이 **아닌 "아버지"**였다.

"그러므로 너희는 이렇게 기도하라 **하늘에 계신 우리 아버지여** 이름이 거룩히 여김을 받으시오며"(마 6:9)

그 후에 예수님은 자기를 믿고 따르는 무리들을 **"내 형제"**라 칭하실 뿐 아니라 **"내 아버지 곧 너희 아버지"**라고 하시면서 자신의 아버지가 그들의 아버지가 되심을 분명히 하셨다.

"예수께서 이르시되 나를 붙들지 말라 내가 아직 아버지께로 올라가지 아니하였노라 **너는 내 형제들에게 가서 이르되 내 아버지 곧 너희 아버지, 내 하나님 곧 너희 하나님께로 올라간다 하라** 하시니"(요 20:17)

4. 하나님과 그 분의 응답하심을 믿는 믿음으로 구하라.

"예수께서 그들에게 대답하여 이르시되 **하나님을 믿으라** 내가 진실로 너희에게 이르노니 누구든지 이 산더러 들리어 바다에 던져지라 하며 **그 말하는 것이 이루어질 줄 믿고 마음에 의심하지 아니하면 그대로 되리라** 그러므로 내가 너희에게 말하노니 **무엇이든지 기도하고 구하는 것은 받은 줄로 믿으라 그리하면 너희에게 그대로 되리라**"(막 11:22-24)

예수님은 자기에게 나오는 자들의 문제를 해결해 주시면서 특별히 그들이 가진 믿음의 중요성을 나타내셨다.

"예수께서 백부장에게 이르시되 **가라 네 믿은 대로 될지어다** 하시니 그 즉시 하인이 나으니라"(마 8:13)

"예수께서 돌이켜 그를 보시며 이르시되 딸아 안심하라 **네 믿음이 너를 구원하였다 하시니** 여자가 그 즉시 구원을 받으니라"(마 9:22)

"예수께서 집에 들어가시매 맹인들이 그에게 나아오거늘 **예수께서 이르시되 내가 능히 이 일 할 줄을 믿느냐 대답하되 주여 그러하오이다 하니 이에 예수께서 그들의 눈을 만지시며 이르시되 너희 믿음대로 되라** 하시니 그 눈들이 밝아진지라"(마 9:28-30)

믿음은 무엇보다 하나님을 기쁘시게 하는 것이다. 지붕을 뚫고 들것에 누운 중풍병자를 달아 내리는 사람들처럼 주님께 믿음을 보여드리는 자들이 되어야 한다.

"믿음이 없이는 하나님을 기쁘시게 하지 못하나니 하나님께 나아가는 자는 반드시 그가 계신 것과 또한 그가 자기를 찾는 자들에게 상주시는 이심을 믿어야 할지니라"(히 11:6)

"사람들이 한 중풍병자를 네 사람에게 메워가지고 예수께로 올새 무리들 때문에 예수께 데려갈 수 없으므로 **그 계신 곳의 지붕을 뜯어 구멍을 내고 중풍병자가 누운 상을 달아내리니 예수께서 그들의 믿음을 보시고** 중풍병자에게 이르시되 작은 자야 네 죄사함을 받았느니라 하시니"(막 2:3-5)

5. 선행에 힘쓰며 사랑하는 마음을 품고 구하라.

누가복음 7장에는 병든 종을 위해 예수님께 도움을 구하는 백부장의 이야기가 나온다. 백부장의 믿음도 귀하지만 그에게는 특별히 사람을 사랑하는 아름다운 심성과 선행이 있었다. 예수님은 백부장의 믿음도 칭찬해 주시고, 그의 사랑하는 종의 병도 고쳐주셨다.

"어떤 백부장의 **사랑하는 종이 병들어 죽게 되었더니 예수의 소문을 듣고 유대인의 장로 몇 사람을 예수께 보내어 오셔서 그 종을 구해 주시기를 청한지라** 이에 그들이 예수께 나아와 간절히 구하여 이르되 이 일을 하시는 것이 **이 사람에게는 합당하니이다 그가 우리 민족을 사랑하고 또한 위하여 회당을 지었나이다** 하니"(눅 7:2-5)

사도행전 10장에도 가이사랴 지역에 주둔해 있는 이달리야 부대의 백부장 고넬료의 선행을 기록하고 있다.

"그가 경건하여 온 집안과 더불어 하나님을 경외하며 **백성을 많이 구제하고** 하나님께 항상 기도하더니 하루는 제 구 시쯤 되어 환상 중에 밝히 보매 하나님의 사자가 들어와 이르되 고넬료야 하니 고넬료가 주목하여 보고 두려워 이르되 주여 무슨 일이니이까 **천사가 이르되 네 기도와 구제가 하나님 앞에 상달되어 기억하신 바가 되었으니**"(행 10:2-4)

하나님은 사랑이시라 하였다. 사랑은 영원히 변하지 않는 하나님의 유전자이다. 그래서 하나님은 자기를 닮은 사랑의 사람들을 기뻐하시고, 그들의 기도를 들으시는 것이다. 원종수 박사의 간증에서 특별히 교훈을 얻을 수 있는 것이 감동적인 사랑과 선행이다.

"**귀를 막고 가난한 자가 부르짖는 소리를 듣지 아니하면** 자기가 부르짖을 때에도 들을 자가 없으리라"(잠언 21:13)

"**오직 선을 행함과 서로 나누어 주기를 잊지 말라 하나님은 이같은 제사를 기뻐하시느니라**"(히 13:16)

"사랑하는 자들아 **만일 우리 마음이 우리를 책망할 것이 없으면 하나님 앞에서 담대함을 얻고 무엇이든지 구하는 바를 그에게서 받나니 이는 우리가 그의 계명을 지키고 그 앞에서 기뻐하시는 것을 행함이라 그의 계명은 이것이니 곧 그 아들 예수 그리스도의 이름을 믿고 그가 우리에게 주신 계명대로 서로 사랑할 것이니라**"(요일 3:21-23)

"너희가 내 이름으로 무엇을 구하든지 내가 행하리니 이는 아버지로 하여금 아들로 말미암아 영광을 받으시게 하려함이라 **내 이름으로 무엇**

이든지 내게 구하면 내가 행하리라 너희가 나를 사랑하면 나의 계명을 지키리라"(요 14:13-15)

"내 계명은 곧 내가 너희를 사랑한 것 같이 너희도 서로 사랑하라 하는 이것이니라"(요 15:12)

"나의 계명을 가지고 지키는 자라야 나를 사랑하는 자니 나를 사랑하는 자는 내 아버지께 사랑을 받을 것이요 나도 그를 사랑하여 그에게 나를 나타내리라"(요 14:21)

6. 하나님과 사람 앞에 겸손함으로 기도하라.

"여호와여 주는 겸손한 자의 소원을 들으셨사오니 그들의 마음을 준비하시며 귀를 기울여 들으시고"(시 10:17)

"그러나 더욱 큰 은혜를 주시나니 그러므로 일렀으되 하나님이 교만한 자를 물리치시고 겸손한 자에게 은혜를 주신다 하였느니라"(약 4:6)

"젊은 자들아 이와 같이 장로들에게 순종하고 다 서로 겸손으로 허리를 동이라 하나님은 교만한 자를 대적하시고 겸손한 자들에게는 은혜를 주시느니라 그러므로 하나님의 능하신 손 아래에서 겸손하라 때가 되면 너희를 높이시리라"(벧전 5:5-6)

누가복음 18장에는 예수께서 기도에 대한 중요한 교훈을 비유들로 말씀하셨다. 첫째는 항상 기도하고 낙심하지 말아야 할 것을 불의한 재판장과 원한 맺힌 한 과부의 이야기를 비유로 들어 말씀하셨고, 둘째는 자기를 의롭다고 믿고 다른 사람을 멸시하는 바리새인과 아무 것도 자랑하거나 내 세울 것이 없는 세리가 성전에 올라가 기도하는 비유를 들어 말씀하셨다.

그런데 두 번째 비유에서 하나님으로부터 의롭다하심을 받고 집으로 돌아간 사람은 바리새인이 아닌 세리였다. 세리에게서 하나님 앞에 자신을 온전히 낮추는 겸손함을 느낄 수 있다.

"세리는 멀리 서서 감히 눈을 들어 하늘을 쳐다보지도 못하고 다만 가슴을 치며 이르되 하나님이여 불쌍히 여기소서 나는 죄인이로소이다 하였느니라 내가 너희에게 이르노니 이에 저 바리새인이 아니고 이 사람이 의롭다 하심을 받고 그의 집으로 내려갔느니라 무릇 자기를 높이는 자는 낮아지고 자기를 낮추는 자는 높아지리라 하시니라"(눅 18:13-14)

7. 모든 염려를 주께 맡기고 감사함으로 기도하라.

"아무 것도 염려하지 말고 다만 모든 일에 기도와 간구로, 너희 구할 것을 감사함으로 하나님께 아뢰라 그리하면 모든 지각에 뛰어난 하나님의 평강이 그리스도 예수 안에서 너희 마음과 생각을 지키시리라"

(빌 4:6-7)

"감사로 하나님께 제사를 드리며 지존하신 이에게 네 서원을 갚으며 환난 날에 나를 부르라 내가 너를 건지리니 네가 나를 영화롭게 하리로다"(시 50:14-15)

"감사로 제사를 드리는 자가 나를 영화롭게 하나니 그의 행위를 옳게 하는 자에게 내가 하나님의 구원을 보이리라"(시 50:23)

"다니엘이 이 조서에 왕의 도장이 찍힌 것을 알고도 자기 집에 돌아가서는 윗방에 올라가 예루살렘으로 향한 창문을 열고 전에 하던 대로 하루 세 번씩 무릎을 꿇고 기도하며 **그의 하나님께 감사하였더라**"(단 6:10)

다니엘이 처한 삶의 상황은 아무리 생각하며 살펴보아도 감사할 형편이 아니다. 그럼에도 불구하고 그는 감사하며 기도했다. 하나님은 그의 기도를 기쁘게 열납하셨고 영광을 나타내셨다. **하나님께 드리는 감사는 모든 기도 중에 최고로 훌륭한 기도다.**

| **감사기도에 대한 재미있는 이야기** | 산길을 가다 뜻밖에 호랑이를 만난 순례자가 기도를 했다. |

"하나님, 제발 저를 살려 주세요!"

그런데 호랑이도 이렇게 기도하는 것이었다.

"하나님, 일용할 양식을 주셔서 감사합니다."

과연 하나님은 누구의 기도를 들어 주셨을까?

'밥퍼 목사' 최일도 다일공동체 대표는 초등학생 시절 이 유머 퀴즈를 어머니에게 처음 들었다. 조르고 졸라도 빙긋이 미소만 짓던 어머니가 사흘 후에야 결과를 말씀해 주셨다.

"호랑이가 순례자를 맛있게 잡수셨단다."

깜짝 놀란 아들에게 어머니가 설명한 이유는 다음과 같았다.

"일도야! 하나님은 '청원기도'보다 '감사기도'를 먼저 들으신단다."

8. 주님의 뜻대로 구하고, 주님의 뜻이 이루어지기를 구하라.

"그를 향하여 우리가 가진 바 담대한 것이 이것이니 **그의 뜻대로 무엇을 구하면 들으심이라** 우리가 무엇이든지 구하는 바를 들으시는 줄을 안즉 우리가 구한 그것을 얻은 줄을 또한 아느니라"(요일 5:14-15)

하나님의 자녀로서 자신의 뜻이나 욕심을 따른 기도가 아니라 하나님 아버지의 뜻을 생각하며 기도하는 훈련을 해야 한다. 예수님은 이것을 위한 기도를 가르치셨고, 기도의 본을 보여 주셨다.

"나라가 임하시오며 **뜻이 하늘에서 이루어진 것 같이 땅에서도 이루어지이다**"(마 6:10)

"이르시되 아버지여 만일 **아버지의 뜻**이어든 이 잔을 내게서 옮기시옵소서 그러나 **내 원대로 마시옵고 아버지의 원대로 되기를 원하나이다** 하시니"(눅 22:42)

아무리 훌륭한 믿음을 가졌을지라도 주님의 뜻과 원함이 무엇인지 먼저 생각하며 기도하는 좋은 본보기로 한 나병환자의 예를 생각해 볼 수 있다. 그는 예수님이라면 능히 자신의 나병을 고치실 수 있다는 믿음이 있었다. 그러나 예수님이 원하시는 것이 이루어지기를 기도한 것이다. 만일에 주님이 원하시는 것이 나병환자의 상태 그대로 살기를 원하신다면 기꺼이 받아들이겠다는 의미도 담겨있다.

"예수께서 산에서 내려오시니 수많은 무리가 따르니라 **한 나병환자가 나아와 절하며 이르되 주여 원하시면 저를 깨끗하게 하실 수 있나이다** 하거늘 예수께서 손을 내밀어 그에게 대시며 이르시되 내가 원하노니 깨

끗함을 받으라 하시니 즉시 그의 나병이 깨끗하여 진지라"(마 8:1-3)

우리가 말과 혀로만 아니라 마음 중심에 예수님을 주인으로 모시고 주님의 뜻을 이루어드리기 위해 주님을 찾고 부를 때 전능하신 주님께서 삶의 모든 것을 풍성하게 채워주시고 책임져 주실 것이다.

"그런즉 너희는 먼저 그의 나라와 그의 의를 구하라 그리하면 이 모든 것을 너희에게 더하시리라"(마 6:33)

"나더러 주여 주여 하는 자마다 천국에 들어갈 것이 아니요 다만 하늘에 계신 내 아버지의 뜻대로 행하는 자라야 들어가리라"(마 7:21)

9. 온 마음을 다하여 인내와 끈기로 간절히 기도하라.

"여호와의 눈은 온 땅을 두루 감찰하사 전심으로 자기에게 향하는 자들을 위하여 능력을 베푸시나니"(대하 16:9)

"너희가 온 마음으로 나를 구하면 나를 찾을 것이요 나를 만나리라"

(렘 29:13)

"엘리야는 우리와 성정이 같은 사람이로되 그가 비가 오지 않기를 간절히 기도한 즉 삼년 육 개월 동안 땅에 비가 오지 아니하고"(약 5:17)

온 마음을 다하여 간절히 기도하는 간구는 오직 하나님께만 희망을 두고 오직 하나님만을 의지하며 드리는 기도이다.

"우리는 우리 자신이 사형선고를 받은 줄 알았으니 이는 우리로 자기를 의지하지 말고 오직 죽은 자를 다시 살리시는 **하나님만 의지하게 하**

심이라"(고후 1:9)

"우리 하나님이여 그들을 징벌하지 아니하시나이까 우리를 치러 오는 이 큰 무리를 우리가 대적할 능력이 없고 어떻게 할 줄도 알지 못하옵고 **오직 주만 바라보나이다**"(대하 20:12)

중국 송나라의 유학자로 주자학을 집대성한 주희의 어록에 '精神一到 何事不成(정신일도 하사불성)'이라는 말이 있다. 정신을 한 곳으로 집중하여 노력하면 어떤 어려운 일이라도 성취할 수 있다는 말이다. 우리가 하나님께 기도할 때도 세상을 향한 모든 생각을 내려놓고 오직 하나님만을 향하여 전심으로 집중해야 한다.

"사람이 자기의 의견과 소원을 초월하여 자기의 마음을 향상 시키고, 자기의 주의를 하나님께 집중시키는 것이 기도의 제일 중요한 일이다."(티틀)

"정신을 집중할 수 있을 때만 기도하라."(탈무드)

누가복음 11장 5절 이하에는 밤중에 찾아와 떡을 꾸어달라는 벗의 비유로 기도를 가르치신 예수님의 이야기가 나온다. 이 비유에서 예수님은 말씀하시기를 **"내가 너희에게 말하노니 비록 벗됨으로 인하여서는 일어나서 주지 아니할지라도 그 간청함을 인하여 일어나 그 요구대로 주리라"** 하셨다. 때로는 하나님 아버지께 기도함에 있어서 뻔뻔하다 할 만큼 물러설 수 없는 간절함과 담대함이 깃든 간청의 기도가 필요하다.

예수께서는 누가복음 18장에서 항상 기도하고 낙심하지 말아야 할 것을 불의한 재판장과 한 과부의 이야기의 비유로 말씀하셨다.

"이르시되 어떤 도시에 하나님을 두려워하지 않고 사람을 무시하는 한 재판장이 있는데 **그 도시에 한 과부가 있어 자주 그에게 가서 내 원수에 대한 나의 원한을 풀어주소서** 하되 그가 얼마동안 듣지 아니하다가 후에 속으로 생각하되 내가 하나님을 두려워하지 않고 사람을 무시하나 이 과부가 나를 번거롭게 하니 내가 그 원한을 풀어주리라 그렇지 않으면 늘 와서 나를 괴롭게 하리라 하였느니라"(눅 18:2-5)

이 비유에서 배울 기도의 교훈은 기도하면서 낙심하지 말아야 하는 것과 더불어 기도자의 포기하지 않는 인내와 끈기이다.

10. 삶이 힘들고 답답할 때 큰 소리로 부르짖어 기도하라.

삶에 풀지 못하는 문제가 있어 마음이 답답하고 기도가 잘 안될 때는 큰 소리로 기도해도 듣는 사람 없고, 아무에게도 방해가 되지 않는 좋은 장소를 찾아 마음껏 부르짖어 기도하는 것이 유익하다. 산 속의 기도원도 좋다. 큰 소리로 부르짖어 기도하면 답답하고 막혀있는 우리의 마음과 영을 시원하게 할 수 있어서 좋고, 무엇보다도 하나님은 부르짖는 기도에 응답하시겠다고 특별한 약속을 하셨기 때문이다.

기도할 때마다 소리쳐서 부르짖어 기도할 수는 없다. 평상시 아무도 없는 골방에서 은밀히 하나님과 사랑의 교제를 나누기도 하고, 낮은 목소리로 말씀을 읊조리고 묵상하는 기도를 드릴 줄 알아야 한다. 또한 침묵 속에서 자신의 내면으로 들어가 성령의 충만한 임재와 진정한 삶의 변화를 추구하는 기도를 할 수 있어야 한다. 그러나 특별한 도우심을 청해야 하는 절박한 상황에서 성령의 인도하심을 따라 큰 소리로 부르짖어 기도하면 하나님이 기뻐하시고 응답하신다.

　"하물며 하나님께서 그 밤낮 부르짖는 택하신 자들의 원한을 풀어주지 아니하시겠느냐 그들에게 오래 참으시겠느냐 내가 너희에게 이르노니 속히 그 원한을 풀어주시리라"(눅 18:7-8)
　"너희가 내게 부르짖으며 내게 와서 기도하면 내가 너희들의 기도를 들을 것이요"(렘 29:12)
　"너는 내게 부르짖으라 내가 네게 응답하겠고 네가 알지 못하는 크고 은밀한 일을 네게 보이리라"(렘 33:3)
　"여러 해 후에 애굽 왕은 죽었고 이스라엘 자손은 고된 노동으로 말미암아 탄식하며 부르짖으니 그 고된 노동으로 말미암아 부르짖는 소리가 하나님께 상달된지라"(출 2:23)

　구약성경 사사기 15장 14절 이후에 사사 삼손의 특별한 이야기가 나온다. 여호와의 영이 삼손에게 임하시므로 그를 결박했던 것들을 끊고 나귀의 턱뼈로 불레셋 사람 천 명을 죽이는 승리를 거둔다. 그러나 삼손이 심히 목이 말라 여호와 하나님께 이르기를 **"주께서 주의 손을 통하여 이 큰 구원을 베푸셨사오나 내가 이제 목이 말라 죽어서 할례 받지 못한 자들의 손에 떨어지겠나이다"** 하며 부르짖어 간구했다.
　하나님은 삼손의 그 부르짖음을 들으시고 레히에서 한 우묵한 곳을 터뜨리사 거기서 물이 솟아나오므로 삼손은 그 물을 마시고 정신이 회복되어 소생할 수 있었다. 그 샘을 '엔학고레'라 불렀는데 그 이름은 **"부르짖**

는 자의 샘"이라는 의미이다.

11. 통곡과 눈물로 기도가 되어 진다면 억제하지 말고 하라.

감정을 가진 인간은 눈물을 흘리는 자 앞에서 약하다. 인간만 아니라 하나님께서도 눈물을 흘리며 간구하는 자의 소원을 잘 들어주신다.

"히스기야가 얼굴을 벽으로 향하고 여호와께 기도하여 이르되 여호와 여 구하오니 내가 주 앞에서 진실과 전심으로 행하며 주의 목전에서 선하게 행한 것을 기억하옵소서 하고 **히스기야가 심히 통곡하니 이에 여호와의 말씀이 이사야에게 임하여 이르시되 너는 가서 히스기야에게 이르기를 네 조상 다윗의 하나님 여호와께서 이같이 말씀하시기를 내가 네 기도를 들었고 네 눈물을 보았노라** 내가 네 수한에 십오 년을 더하고"(사 38:2-5)

"한나가 마음이 괴로워서 여호와께 기도하고 통곡하며··· 그들이 아침에 일찍이 일어나 여호와 앞에 경배하고 돌아가 라마의 자기 집에 이르니라 **엘가나가 그의 아내 한나와 동침하매 여호와께서 그를 생각하신지라 한나가 임신하고 때가 이르매 아들을 낳아 사무엘이라 이름하였으니 이는 내가 여호와께 그를 구하였다 함이더라"**(삼상 1:10,19-20)

예수님도 생전에 통곡과 눈물로 아버지 하나님께 간구와 소원을 올렸다.

"그는 육체에 계실 때에 자기를 죽음에서 능히 구원하실 이에게 심한 통곡과 눈물로 간구와 소원을 올렸고 그의 경건하심으로 말미암아 들으

심을 얻었느니라"(히 5:7)

12. 성령께서 금식하라는 마음을 주시고 이끄시면 금식하며 기도하라.

친교의 떡을 떼는 것은 인간 사이를 가까이 하는 데에 도움을 주지만, 하나님 앞에서 행하는 금식은 하나님과의 사이를 가까이 하는 데에 큰 도움을 준다. 그러므로 성도들은 식탁을 통한 이웃 간의 교제도 힘써야 하지만, 금식을 통해 하나님과의 교제도 관심을 갖고 행해야 한다. 금식 기도는 하나님의 뜻을 따르고 능력을 구하는 기도이다. 또한 사람이 할 수 있는 일이 아무 것도 없을 때 하나님의 도우심을 기대하며 모든 것을 하나님께 맡기는 기도다.

● 모세의 금식기도

"모세는 구름 속으로 들어가서 산 위에 올랐으며 **모세가 사십 일 사십 야를 산에 있으니라**"(출 24:18)

"**모세가 여호와와 함께 사십 일 사십 야를 거기 있으면서 떡도 먹지 아니하였고 물도 마시지 아니하였으며** 여호와께서는 언약의 말씀 곧 십계명을 그 판들에 기록하셨더라"(출 34:28)

● 예수님의 금식기도

"그 때에 예수께서 성령에게 이끌리어 마귀에게 시험을 받으러 광야로 가사 **사십 일을 밤낮으로 금식하신 후에 주리신지라**"(마 4:1-2)

● 여호사밧왕과 그 백성들

유다 나라에 위기가 찾아왔다. 모압과 암몬 그리고 마온 사람들이 동맹하여 전쟁을 일으켜 공격해 왔다. 당시 유다왕이었던 여호사밧은 금식을 선포한다. 하나님께서는 그들의 금식과 기도를 기쁘게 열납하시고 구원하여 주셨다.

"여호사밧이 두려워하여 **여호와께로 낯을 향하여 간구하고 온 유다 백성에게 금식하라 공포하매** 유다 사람이 여호와께 도우심을 구하려 하여 유다 모든 성읍에서 모여와서 여호와께 간구하더라"(대하 20:3-4)

● 에스더와 유대 백성들

에스더는 모르드개의 말을 듣고 자신의 민족이 하만의 흉악한 계략으로 멸망당할 심각한 위기의식을 느꼈다. 그래서 백성과 함께 금식을 하고 죽으면 죽으리라는 비장한 각오와 결심을 하고 왕 앞에 나아감으로 민족을 구원하는 결실을 맺었다.

"에스더가 모르드개에게 회답하여 이르되 **당신은 가서 수산에 있는 유다인을 다 모으고 나를 위하여 금식하되 밤낮 삼 일을 먹지도 말고 마시지도 마소서 나도 나의 시녀와 더불어 이렇게 금식한 후에 규례를 어기고 왕에게 나아가리니 죽으면 죽으리이다** 하니라 모르드개가 가서 에스더가 명령한 대로 다 행하니라"(에 4:15-17)

● 금식하는 자가 기억해야 할 말씀

"**금식할 때에** 너희는 외식하는 자들과 같이 슬픈 기색을 보이지 말라 그들은 금식하는 것을 사람에게 보이려고 얼굴을 흉하게 하느니라 내가 진실로 너희에게 이르노니 그들은 자기 상을 이미 받았느니라 **너는 금식할 때** 머리에 기름을 바르고 얼굴을 씻으라 **이는 금식하는 자로 사람에게 보이지 않고 오직 은밀한 중에 계신 네 아버지께 보이게 하려 함이라 은밀한 중에 보시는 네 아버지께서 갚으시리라**"(마 6:16-18)

"**내가 기뻐하는 금식은** 흉악의 결박을 풀어 주며 멍에의 줄을 끌러 주며 압제 당하는 자를 자유하게 하며 모든 멍에를 꺾는 것이 아니겠느냐 또 주린 자에게 네 양식을 나누어 주며 유리하는 빈민을 집에 들이며 헐벗은 자를 보면 입히며 또 네 골육을 피하여 스스로 숨지 아니하는 것이 아니겠느냐 그리하면 네 빛이 새벽 같이 비칠 것이며 네 치유가 급속할 것이며 네 공의가 네 앞에 행하고 여호와의 영광이 네 뒤에 호위하리니 네가 부를 때에는 나 여호와가 응답하겠고 네가 부르짖을 때에는 내가 여기 있다 하리라"(사 58:6-9)

13. 합심기도의 필요성이 있을 때는 활용하라.

"진실로 다시 너희에게 이르노니 **너희 중의 두 사람이 땅에서 합심하여 무엇이든지 구하면 하늘에 계신 내 아버지께서 그들을 위하여 이루게 하시리라 두세 사람이 내 이름으로 모인 곳에는 나도 그들 중에 있느니라**"(마 18:19-20)

다니엘이 그 친구들과 함께 죽음의 위기 상황에 처했을 때 다니엘은 그 친구들에게 마음을 같이하여 합심기도 할 것을 부탁하였다.

"이에 다니엘이 자기 집으로 돌아가서 **그 친구 하나냐와 미사엘과 아사랴에게** 그 일을 알리고 하늘에 계신 하나님이 이 은밀한 일에 대하여 **불쌍히 여기사 다니엘과 친구들이 바벨론의 다른 지혜자들과 함께 죽임을 당하지 않게 하시기를 그들로 하여금 구하게 하니라** 이에 이 은밀한 것이 밤에 환상으로 다니엘에게 나타나 보이매 다니엘이 하늘에 계신 하나님을 찬송하니라"(단 2:17-19)

교회가 핍박받고 교회의 지도자들이 순교당하는 가운데 요한의 형제 야고보는 이미 칼로 죽임을 당했고, 옥에 갇혀있는 베드로도 곧 죽임을 당할 위기에 처했다. 이러한 상황에서 교회는 모여 마음을 같이 하여 합심기도를 하였다.

"이에 베드로는 옥에 갇혔고 **교회는 그를 위하여 간절히 하나님께 기도하더라**"(행 12:1-19)

하나님께서는 그들의 기도를 들으시고 천사를 보내어 베드로를 옥에서 구출하여 주셨다.

14. 기도응답을 위해 죄악을 회개하며 삶을 거룩하게 하라.

기도는 거룩하신 하나님을 가까이 하는 것이기에 더러운 죄악을 회개하고 마음을 성결하게 해야 한다. 그리하므로 우리 마음이 우리를 책망할 것이 없도록 해야 한다. 하나님은 이러한 자들을 만나주시고 소원을 들어주시는 것이다.

"**하나님을 가까이 하라 그리하면 너희를 가까이 하시리라 죄인들아**

손을 깨끗이 하라 두 마음을 품은 자들아 마음을 성결하게 하라"(약 4:8)

"사랑하는 자들아 만일 우리 마음이 우리를 책망할 것이 없으면 하나님 앞에서 담대함을 얻고 무엇이든지 구하는 바를 그에게서 받나니 이는 우리가 그의 계명을 지키고 그 앞에서 기뻐하시는 것을 행함이라"

(요일 3:21-22)

회개하지 않는 죄는 하나님과의 사이를 가로막고 기도 응답을 방해한다.

"내가 나의 마음에 죄악을 품었더라면 주께서 듣지 아니하시리라 그러나 하나님이 실로 들으셨음이여 내 기도 소리에 귀를 기울이셨도다"(시 66:18)

"너희가 손을 펼 때에 내가 내 눈을 너희에게서 가리고 너희가 많이 기도할지라도 내가 듣지 아니하리니 이는 너희의 손에 피가 가득함이라 너희는 스스로 씻으며 스스로 깨끗하게 하여 내 목전에서 너희 악한 행실을 버리며 행악을 그치고 선행을 배우며 정의를 구하며 학대받는 자를 도와주며 고아를 위하여 신원하며 과부를 위하여 변호하라 하셨느니라"(사 1:15-17)

"여호와의 손이 짧아 구원하지 못하심도 아니요 귀가 둔하여 듣지 못하심도 아니라 오직 너희 죄악이 너희와 너희 하나님 사이를 갈라놓았고 너희 죄가 그의 얼굴을 가리어서 너희에게서 듣지 않으시게 함이니라"(사 59:1-2)

회개는 죄에 대한 고백만 아니라 새로운 삶에 대한 결단과 실행이 있어 합당한 열매를 맺어야 한다.

"그러므로 **회개에 합당한 열매를 맺고**"(마 3:8)

"**만일 우리가 하나님과 사귐이 있다 하고 어둠에 행하면 거짓말을 하고 진리를 행하지 아니함이거니와 그가 빛 가운데 계신 것 같이 우리도 빛 가운데 행하면 우리가 서로 사귐이 있고 그 아들 예수의 피가 우리를 모든 죄에서 깨끗게 하실 것이요** 만일 우리가 죄가 없다고 말하면 스스로 속이고 또 진리가 우리 속에 있지 아니할 것이요 **만일 우리가 우리 죄를 자백하면 그는 미쁘시고 의로우사 우리 죄를 사하시며 우리를 모든 불의에서 깨끗하게 하실 것이요** 만일 우리가 범죄하지 아니하였다 하면 하나님을 거짓말 하는 이로 만드는 것이니 또한 그의 말씀이 우리 속에 있지 아니하리라"(요일 1:6-10)

사람이 하나님으로부터 오는 어떤 응답이나 문제 해결을 위해 기도할 때 먼저 생각해야 할 중요한 것이 믿음과 죄사함이다. 기도하면서 하나님이 기뻐하실 행동하는 산 믿음을 보여드려야 하며 또한 자신을 돌아보아 죄를 회개하고 고백함으로 사함을 받아야 한다. 이것을 예수께서 중풍병자를 고쳐주신 사건에서 살펴볼 수 있다.

"사람들이 한 중풍병자를 네 사람에게 메워 가지고 예수께로 올새 무리들 때문에 예수께 데려갈 수 없으므로 **그 계신 곳의 지붕을 뜯어 구멍을 내고 중풍병자가 누운 상을 달아내리니 예수께서 그들의 믿음을 보시고 중풍병자에게 이르시되 작은 자야 네 죄 사함을 받았느니라** 하시니"(막 2:3-5)

기도로 거룩하신 하나님을 가까이 하는 자들이 마음에 새기고 묵상해야 할 말씀이 있다.

"마음이 청결한 자는 복이 있나니 그들이 하나님을 볼 것임이요"(마5:8)

"나의 계명을 지키는 자라야 나를 사랑하는 자니 나를 사랑하는 자는 내 아버지께 사랑을 받을 것이요 나도 그를 사랑하여 그에게 나를 나타내리라"(요 14:21)

"그러므로 형제들아 내가 하나님의 모든 자비하심으로 너희를 권하노니 **너희 몸을 하나님이 기뻐하시는 거룩한 산 제물로 드리라** 이는 너희가 드릴 영적 예배니라"(롬 12:1)

15. 문제 해결이나 어떤 목적을 위해 기도한다면 충분한 기도 양을 채우라.

성도들이 기도할 때 그들을 섬기는 천사들은 손에 든 금향로와 금대접에 성도들의 기도 향을 담아 하나님의 보좌 앞 금제단에 드리고자 하나님 앞으로 올라간다. 그래서 우리는 천사들이 금향로와 금대접에 기도의 향을 가득하게 채울 수 있도록 하나님과의 문안인사 정도의 간단한 기도가 아닌 보다 구체적인 적정량의 충분한 기도가 필요하다. 그러나 항상 그런 것만은 아니다. 때로는 급하게 하나님의 도우심이 필요할 때도 있기 때문이다. 어려서 어머님이 들려주신 간증이 있다.

어머니가 젊어서 교회를 다니면서 신앙을 갖게 되고, 열심히 교회 생활을 하던 어느 날 해가 저문 어두운 산길로 이웃 동네를 다녀와야 하는 일이 있었다. 산속의 길로 깊이 들어갔을 때 어떤 젊고 건장한 남자가 어머니에게 시비를 걸며 덮치고자 하였다. 인가에서 멀리 떨어졌고, 소리를 질러 누군가의 도움도 청할 수 없는 곳에서 어머니는 순간적으로 자신이 믿는 예수 그리스도의 하나님을 생각하며 크게 소리쳐 불렀다.

"주여!!…"

그렇게 큰 소리로 한번 주님을 불렀는데 이 남자 눈에 무엇이 보였는지 어머니 앞에 무릎을 꿇고 두 손을 합장하고 싹싹 비비면서 정말로 잘못했으니 용서해달라고, 살려달라고 간절히 애원을 하여 용서해서 보냈다고 한다.

이러한 다급한 경우 충분한 기도의 분량을 계산할 수는 없을 것이다. "주여" 한마디에 하나님이 기뻐하실 충분한 기도의 분량이 포함되고 함축되었으리라 할 것이다. 그러나 특별한 경우를 제외하고는 보편적으로 천사들의 손에 들려진 금대접에 채울 기도의 양이 필요하다고 생각한다.

예수님은 기도의 습관을 따라 한적한 곳을 자주 찾아 하나님 아버지 앞에 긴 기도의 시간을 자주 가지셨다. 겟세마네 동산에서 십자가의 죽음을 앞둔 시점에서 제자들에게 기도에 관계된 이런 말씀을 하셨다.

"제자들에게 오사 그 자는 것을 보시고 베드로에게 말씀하시되 **너희가 나와 함께 한 시간도 이렇게 깨어 있을 수 없더냐 시험에 들지 않게 깨어 기도하라** 마음에는 원이로되 육신이 약하도다 하시고"(마 26:40-41)

이 말씀은 우리가 기도의 응답을 받기 위해서나, 시험에 들지 않고 승리하는 삶을 위해서 천사들의 손에 들려진 금대접을 채워야 하는 기도의 분량이 있음을 깨닫게 한다. 우는 사자처럼 먹이를 삼키려고 두루 찾아다니는 마귀를 대적하고, 하나님의 영광을 드러낼 성령의 충만한 삶을 위해서 우리는 충분한 시간을 기도에 투자해야 한다.

사무엘상 1장에 보면 적수 브닌나로 인하여 괴롭게 지내던 한나가 하나님의 전을 찾아 통곡하고 서원하면서 하나님 앞에 아들을 구하는 이야기가 나오는데 12절에 **"그가 여호와 앞에 오래 기도하는 동안"**이라고 기록되었다. 이렇게 기도는 하나님이 인정하실 충분한 양의 시간을 드려 기도해야 한다. 마귀는 하나님을 가까이 하며 친밀한 기도를 못하도록 방해할 것이다. 그러므로 깨어있는 기도자는 무엇보다도 이러한 마귀를 대적하고 승리자가 되어 기도의 양을 채워야 한다. 그리할 때 구원받은 후사들을 섬기는 하나님의 천사들은 신바람이 나서 금대접에 채워진 기도의 향을 가지고 하나님의 보좌 앞 금제단으로 올라가서 하나님이 주시는 응답의 선물을 가지고 기도자에게로 다시 내려 올 것이다.

이 외에도 하나님의 자녀들은 하나님이 우리에게 주신 기도의 특권과 응답의 비밀에 대해서 더 많이 생각하고 연구해야 할 것이다. 그리고 주의할 것은, 모든 기도는 하나님의 말씀과 뜻 안에서 성령의 인도를 받도록 힘써야 한다.

시편 기자는 하나님이 자신의 영혼을 위하여 행하신 일을 선포하고 있다. 하나님이 행하신 일이란 곧 하나님이 자신의 기도 소리에 귀를 기울이시고 응답하셨다는 것이다. 이러한 기도응답의 간증과 찬송이 오늘을 사는 우리들의 삶 가운데에도 넘쳐나야 할 것이다.

"하나님을 두려워하는 너희들아 다 와서 들으라 하나님이 나의 영혼을 위하여 행하신 일을 내가 선포하리로다 **내가 나의 입으로 그에게 부르짖으며 나의 혀로 높이 찬송하였도다** 내가 나의 마음에 죄악을 품었더라면 주께서 듣지 아니하시리라 그러나 하나님이 실로 들으셨음이여 내 기도 소리에 귀를 기울이셨도다 하나님을 찬송하리로다 그가 내 기도를 물리치지 아니하시고 그의 인자하심을 내게서 거두지도 아니하셨도다"(시 66:16-20)

"내가 여호와를 기다리고 기다렸더니 **귀를 기울이사 나의 부르짖음을 들으셨도다** 나를 기가 막힐 웅덩이와 수렁에서 끌어올리시고 내 발을 반석위에 두사 내 걸음을 견고하게 하셨도다 새 노래 곧 우리 하나님께 올릴 찬송을 내 입에 두셨으니 많은 사람이 보고 두려워하여 여호와를 의지하리로다"(시 40:1-3)

기도 응답을 받지 못하게 하는 문제들

기도 응답을 방해하는 것들을 살펴보면 이런 것들이 있다.

1. 불순종과 회개하지 않은 죄는 기도응답을 가로막는다.

"사람이 귀를 돌려 율법을 듣지 아니하면 그의 기도도 가증하니라"

(잠 28:9)

"내가 나의 마음에 죄악을 품었더라면 주께서 듣지 아니하시리라"

(시 66:18)

"여호와의 손이 짧아 구원하지 못하심도 아니요 귀가 둔하여 듣지 못하심도 아니라 **오직 너희 죄악이 너희와 너희 하나님 사이를 갈라놓았고 너희 죄가 그의 얼굴을 가리어서 너희에게서 듣지 않으시게 함이니라**"(사59:1-2)

2. 정욕으로 쓰려고 구하는 기도는 응답받지 못한다.

선행이나 하나님의 영광을 위한 목적이 아닌 자신의 세상적 욕망을 이루려고 구하는 기도는 응답을 받을 수 없다.

"구하여도 받지 못함은 정욕으로 쓰려고 잘못 구하기 때문이라"(약 4:3)

3. 의심을 갖고 하는 기도는 응답받지 못한다.

"오직 믿음으로 구하고 조금도 의심하지 말라 의심하는 자는 마치 바람에 밀려 요동하는 바다물결 같으니 이런 사람은 무엇이든지 주께 얻기를 생각하지 말라 두 마음을 품어 모든 일에 정함이 없는 자로다"

(약 1:6-8)

"내가 진실로 너희에게 이르노니 **만일 너희가 믿음이 있고 의심하지 아니하면** 이 무화과나무에게 된 이런 일만 할 뿐 아니라 이 산더러 들려 바다에 던져지라 하여도 될 것이요 **너희가 기도할 때에 무엇이든지 믿고 구하는 것은 다 받으리라**"(마 21:21-22)

4. 이웃의 잘못을 용서하지 못하는 것이 있을 때 응답받지 못한다.

우리는 사랑으로 이웃의 잘못을 용서할 수 있어야 한다. 특별히 자신의 죄와 허물에 대해 하나님의 용서를 구하고 기도의 응답을 바란다면 먼저 관용을 베푸는 삶을 스스로 훈련해야 한다. 용서하고 용서를 받는 것은 하나님의 은총을 구하는 기독교인들의 삶에 기본이기 때문이다. 예수께서 제자들에게 기도를 가르쳐 주실 때에 우리 죄를 용서해 주시기를 기도하면서 우리에게 잘못한 사람을 용서해 주었는지 자신의 삶을 돌아볼 수 있도록 하셨다.

"우리가 우리에게 죄 지은 자를 사하여 준 것 같이 우리 죄를 사하여 주시옵고"(마 6:12)

"서서 기도할 때에 아무에게나 혐의가 있거든 **용서하라 그리하여야 하늘에 계신 너희 아버지도 너희 허물을 사하여 주시리라** 하시니라"

(막 11:25)

"너희가 사람의 잘못을 용서하면 너희 하늘 아버지께서도 너희 잘못을 용서하시려니와 **너희가 사람의 잘못을 용서하지 아니하면 너희 아버지께서도 너희 잘못을 용서하지 아니하시리라**"(마 6:14-15)

5. 인색한 삶이 기도응답을 받지 못하게 한다.

"귀를 막고 가난한 자가 부르짖는 소리를 듣지 아니하면 자기가 부르짖을 때에도 들을 자가 없으리라"(잠 21:13)

"오직 선을 행함과 서로 나누어 주기를 잊지 말라 하나님은 이같은 제사를 기뻐하시느니라"(히 13:16)

6. 불화와 불목은 기도응답을 받지 못하게 한다.

"(*부부 사이) 귀히 여기라 이는 너희 기도가 막히지 아니하게 하려 함이라"(벧전3:7)

가정 안에서만 아니라 하나님은 모든 형제 모든 이웃과 화목하기를 원하신다.

"그러므로 예물을 제단에 드리려다가 거기서 네 형제에게 원망들을 만한 일이 있는 것이 생각나거든 예물을 제단 앞에 두고 먼저 가서 형제와 화목하고 그 후에 와서 예물을 드리라"(마 5:23-24)

"모든 사람과 더불어 화평함과 거룩함을 따르라 이것이 없이는 아무도 주를 보지 못하리라"(히 12:14)

7. 남을 억울하게 하는 것이 있을 때 기도응답에 방해가 된다.

"다윗의 시대에 해를 거듭하여 삼 년 기근이 있으므로 다윗이 여호와 앞에 간구하매 여호와께서 이르시되 이는 사울과 피를 흘린 그의 집으로 말미암음이니 그가 기브온 사람을 죽였음이니라 하시니라, ---그(원한을 풀어준) 후에야 하나님이 그 땅을 위한 기도를 들으시니라"(삼하 21:1,14)

8. 사람에게 보이기 위한 기도는 응답받지 못한다.

하늘로부터 오는 응답을 위해 기도하는 사람이라면 자신이 기도하는 것을 다른 사람에게 보이려고 하는 유혹을 피해야 한다. 특별히 대표기도를 하는 사람들은 회중을 지나치게 의식하여 성령과 말씀을 벗어난 세상적이고 문학적이고 철학적인 단어로 유창하게 기도하려는 함정에 빠지지 않도록 주의해야 한다.

"또 너희는 기도할 때에 외식하는 자와 같이 하지 말라 그들은 사람에게 보이려고 회당과 큰 거리 어귀에 서서 기도하기를 좋아하느니라 내가 진실로 너희에게 이르노니 그들은 자기 상을 이미 받았느니라 너는 기도할 때에 네 골방에 들어가 문을 닫고 은밀한 중에 계신 네 아버지께 기도하라 은밀한 중에 보시는 네 아버지께서 갚으시리라"(마 6:5-6)

9. 중언부언하는 기도는 응답받지 못한다.

"또 기도할 때에 이방인과 같이 중언부언하지 말라 그들은 말을 많이 하여야 들으실 줄을 생각하느니라 그러므로 그들을 본받지 말라 구하기 전에 너희에게 있어야 할 것을 하나님 너희 아버지께서 아시느니라"

(마 6:7-8)

예수께서 하신 이 말씀은 한 가지 동일한 제목을 가지고 반복해서 기도하는 것을 부정적으로 말씀하신 것이 아니라 중언부언 하는 기도, 즉 내용을 깊이 생각하지 않고 함부로 주절거리고 되풀이 하는 기도를 지적하신 것이다. 예수님은 겟세마네 동산에서 동일한 기도제목을 가지고 반복해서 기도하셨으며, 초대교회 성도들은 성령세례와 충만을 위한 한 가지 제목을 가지고 전심으로 기도하고 또 기도했다.

10. 교만하여 자기를 자랑하며 남을 비판하는 자의 기도는 응답받지 못한다.

"그러나 더욱 큰 은혜를 주시나니 그러므로 **일렀으되 하나님이 교만한 자를 물리치시고 겸손한 자에게 은혜를 주신다 하였느니라**"(약 4:6)

"**교만은 패망의 선봉이요** 거만한 마음은 넘어짐의 앞잡이니라"(잠 16:18)

"또 자기를 의롭다고 믿고 다른 사람을 멸시하는 자들에게 이 비유로 말씀하시되… **바리새인은 서서 따로 기도하여 이르되 하나님이여 나는 다른 사람들 곧 토색, 불의, 간음을 하는 자들과 같지 아니하고 이 세리와도 같지 아니함을 감사하나이다** 나는 이레에 두 번씩 금식하고 또 소득의 십일조를 드리나이다 하고"(눅 18:9-12)

하나님은 이렇게 자기를 자랑하며 남을 비판하는 바리새인의 기도를 듣지 않으셨다.

마귀는 우는 사자처럼 삼킬 자를 두루 찾아다니면서 무엇보다도 사람이 하나님을 가까이 하여 기도하는 일을 못하게 하고 또한 기도하는 것을 방해한다. 항상 깨어 기도하며 간구하기 보다는 염려와 근심 속에 빠지게 한다. 전능하신 하나님을 바라보며 소망 중에 즐거워하기보다는 절망 중에 낙심하고 좌절하게 한다.

다니엘서 10장을 보면 다니엘의 기도가 응답되지 못하게 하는 어둠의 세력이 있다는 것을 깨닫게 한다. 우리는 기도를 못하게 방해하고, 또한 기도하더라도 응답받지 못하도록 여러 모양으로 방해하는 마귀의 세력이 있다는 것을 의식하고 이것을 분별하며 대적해야 한다.

"너희 염려를 다 주께 맡기라 이는 그가 너희를 돌보심이라 **근신하라 깨어라 너희 대적 마귀가 우는 사자같이 두루 다니며 삼킬 자를 찾나니 너희는 믿음을 굳건하게 하여 그를 대적하라** 이는 세상에 있는 너희 형제들도 동일한 고난을 당하는 줄을 앎이라 모든 은혜의 하나님 곧 그리스도 안에서 너희를 부르사 자기의 영원한 영광에 들어가게 하신 이가 잠깐 고난을 당한 너희를 친히 온전하게 하시며 굳건하게 하시며 강하게 하시며 터를 견고하게 하시리라 권능이 세세무궁하도록 그에게 있을지어다 아멘"(벧전 5:7-11)

5.

고난과 기도응답의
교훈

〈마 7:1-12〉

"비판을 받지 아니하려거든 비판하지 말라 너희가 비판하는 그 비판으로 너희가 비판을 받을 것이요 너희가 헤아리는 그 헤아림으로 너희가 헤아림을 받을 것이니라 어찌하여 형제의 눈 속에 있는 티는 보고 네 눈 속에 있는 들보는 깨닫지 못하느냐 보라 네 눈 속에 들보가 있는데 어찌하여 형제에게 말하기를 나로 네 눈 속에 있는 티를 빼게 하라 하겠느냐 외식하는 자여 먼저 네 눈 속에서 들보를 빼어라 그 후에야 밝히 보고 형제의 눈 속에서 티를 빼리라 거룩한 것을 개에게 주지 말며 너희 진주를 돼지 앞에 던지지 말라 그들이 그것을 발로 밟고 돌이켜 너희를 찢어 상하게 할까 염려하라 구하라 그리하면 너희에게 주실 것이요 찾으라 그리하면 찾아낼 것이요 문을 두드리라 그리하면 너희에게 열릴 것이니 구하는 이마다 받을 것이요 찾는 이는 찾아낼 것이요 두드리는 이에게는 열릴 것이니라 너희 중에 누가 아들이 떡을 달라 하는데 돌을 주며 생선을 달라 하는데 뱀을 줄 사람이 있겠느냐 너희가 악한 자라도 좋은 것으로 자식에게 줄줄 알거든 하물며 하늘에 계신 너희 아버지께서 구하는 자에게 좋은 것으로 주시지 않겠느냐 그러므로 무엇이든지 남에게 대접을 받고자 하는 대로 너희도 남을 대접하라 이 것이 율법이요 선지자니라"

본문은 예수께서 친히 하신 말씀으로서 기도에 대한 중요한 교훈을 주고 있다. 본문 말씀을 풀어가기 전에 인간의 삶에 주어지는 고통과 환난에 대해서 먼저 생각해보고자 한다.

너무나 힘들고 어려운 일이 많아서 인생을 살아갈 모든 힘을 다 잃어버리고 차라리 죽었으면 좋겠다 생각하는 절망에 빠진 한 성도님이 계셨다. 그가 목사님을 찾아가 상담을 하였다. 그 목사님은 긍정적 사고방식으로 유명한 노만 빈센트 필 목사님이신데, 뉴욕에서 52년 동안 목회하시면서 긍정적 사고의 힘으로 많은 사람에게 큰 감동을 끼친 목사님이다.

"목사님, 너무나 힘들어서 차라리 죽었으면 좋겠다는 마음이 간절합니다. 이 세상 어디 염려, 근심, 걱정 없고 스트레스 받지 않고 평안히 쉴 곳이 없습니까? 제 인생의 짐이 너무나 무겁습니다."

필 목사님은 그 말을 듣고 가만히 그 여성도님을 물끄러미 쳐다보고 계시다가 잠시 생각을 하시더니 이렇게 말씀하셨다고 한다.

"여기 뉴욕에서 나가면 뉴저지 턴파이크를 만나는데 그것을 타고 내려가다가 11번 출구에서 빠지면 뉴저지에서 가장 큰 공동묘지가 있습니다. **그곳에 가면 정말 고요하고 염려도, 근심도, 걱정도 없고 스트레스도 받지 않고 평안히 쉴 수 있습니다. 그곳에 있는 모든 사람들은 정말 편안**

히 쉬고 있습니다. 그래서 그곳에 가면 'Rest in peace' 평안히 쉬라고
하는 사인이 그곳에 붙어있습니다." 라는 말씀을 하셨다고 한다.

그렇다. 공동묘지에 있는 사람만이 고난도 역경도 시련도 어떤 풍파도
없이 편히 쉬고 있다. 그렇게 죽어 편히 잠든 영혼이 아니라면 우리가 살
고 있는 세상은 고난이 삶의 한 부분인 것처럼 우리 곁을 떠나지 않고 공
존하고 있다. 고난은 바다의 풍랑처럼 예고도 없이 시시때때로 찾아와서
우리를 괴롭힌다. 그래서 우리 인생을 苦海(고해)라 한다. 현세의 괴로움
이 깊고 끝없음을 바다에 비유하여 이르는 말이다.

고난은 우리 인생의 한 부분과도 같다. 그러나 우리 인간에게 주어지
는 고난은 특별한 의미를 가지고 찾아올 때가 많다. 고난이 고난으로 끝
나는 것이 아니다. 소망을 갖고 고난을 잘 견디고 극복하면 반드시 우리
에게 좋은 날이 다가오기도 한다. 러시아 시인 알렉산드르 푸시킨의 시
로서 보편적으로 사람들이 가장 좋아하고 사랑하는 시가 있다.

〈삶이 그대를 속일지라도〉
삶이 그대를 속일지라도 슬퍼하거나 노여워하지 말라!
슬픈 날을 참고 견디면 기쁜 날이 오고야 말리니
마음은 미래에 살고 현재는 우울한 것
모든 것은 순간에 지나가고 지나간 것은 다시 그리워지나니

고난은 때로 우리에게 많은 유익을 가져다 준다. 그래서 시편기자는
고난의 유익을 이렇게 고백하였다.

"고난당하기 전에는 내가 그릇 행하였더니 이제는 주의 말씀을 지키나이다"(시 119:67)

"고난당한 것이 내게 유익이라 이로 말미암아 내가 주의 율례들을 배우게 되었나이다 주의 입의 법이 내게는 천천 금은보다 좋으니이다"

(시 119:71-72)

창세기 35장에 보면 하나님께서 야곱에게 나타나 이런 말씀을 하셨다. **"일어나 벧엘로 올라가서 거기 거주하며 네가 네 형 에서의 낯을 피하여 도망하던 때에 네게 나타났던 하나님께 거기서 제단을 쌓으라"**

하나님께서 이러한 말씀을 들려주시기까지 야곱은 자신의 삶에서 마땅히 알아야 할 것을 알지 못했고 깨달아야 할 것을 깨닫지 못하고 있었다. 왜? 딸 디나가 히위 족속 중 하몰의 아들 그 땅의 추장 세겜에 의해 강간을 당해야 했는지, 그리고 왜? 아들들이 그 땅 족속과의 거짓 언약을 통해 그들의 남자들이 할례를 받게 하고 고통 속에 있을 때에 디나의 친 오라버니 시므온과 레위가 칼을 가지고 가서 몰래 그 성읍의 모든 남자를 죽이는 끔찍한 일이 벌어지게 되었는지, 왜? 자신의 삶에 이런 아픔이 찾아왔는지 야곱은 몰랐다.

그래서 야곱은 지금 보이는 현상만 보고 시므온과 레위를 불러 그들을 탓하며 책망했다. "너희가 내게 화를 끼쳐 나로 하여금 이 땅의 주민 곧 가나안 족속과 브리스 족속에게 악취를 내게 하였도다 나는 수가 적은즉 그들이 모여 나를 치고 나를 죽이리니 그러면 나와 내 집이 멸망하리라"

여기에 대한 자녀들의 대답은 이것이다. "그가 우리 누이를 창녀같이 대우함이 옳으니이까?"

아버지 야곱으로서는 이러한 난관을 어떻게 풀어가야 할지 몰라 답답했고, 그의 마음은 두려웠고 몹시도 심란했다. 그의 가정은 평안도 즐거움도 희망도 모두 잃어버린 채 어두운 그늘에 덮여 앞날이 막막했다. 바로 그러한 때에 하나님이 야곱에게 나타나셔서 일어나 벧엘로 올라가 거기서 제단을 쌓으라고 말씀해 주신 것이다. 하나님의 말씀을 듣고서 비로소 야곱은 그 모든 환난이 하나님 앞에서 약속한 서원을 지키지 않은 자신의 허물에서 비롯된 것임을 깊이 깨닫게 되었다.

과거 야곱이 형의 낯을 피하여 밧단 아람 외삼촌 라반의 집으로 피하여 가던 때에 루스라는 곳에서 돌을 베개하고 잠을 자다가 꿈속에서 놀라운 환상을 보게 되고, 하나님으로부터 축복과 희망의 말씀을 듣게 되었다. 그래서 야곱은 일어나 베개로 삼았던 돌을 기둥으로 세우고 그 위에 기름을 붓고 그곳 이름을 벧엘이라 하였다. 그리고 하나님 앞에 서원을 하였다.

"하나님이 나와 함께 계셔서 내가 가는 이 길에서 나를 지키시고 먹을 떡과 입을 옷을 주시어 내가 평안히 아버지 집으로 돌아가게 하시오면 여호와께서 나의 하나님이 되실 것이요 내가 기둥으로 세운 이 돌이 하나님의 집이 될 것이요 하나님께서 내게 주신 모든 것에서 십분의 일을 내가 반드시 하나님께 드리겠나이다"(창 28:20-22)

야곱은 이렇게 하나님께 서원한 것을 까맣게 잊어버리고 있었다. 야곱은 형과의 극적인 화해 후 숙곳에 이르러 자기를 위하여 집을 짓고 가축들을 위하여 우릿간을 지었다. 그리고 평안히 가나안 땅 세겜 성읍에 이르러 그 성읍 앞에 장막을 치고 장막을 친 밭을 세겜의 아버지 하몰의 아들들의 손에서 백 크시타의 금액을 주고 샀다. 야곱은 거기에 제단을 쌓고 하나님을 예배하기도 했다.

야곱은 이러한 삶의 여정에 자신의 큰 실수와 허물이 있음을 깨닫지 못하고 있었다. 야곱은 하나님께 서원한 것을 지키기 위해 부지런히 벧엘로 올라가야 했다. 그러나 야곱은 숙곳이라는 곳에서 자기를 위하여 집을 짓고 가축을 위하여 우릿간을 지어 오래 머물며 지체를 했다. 그 뿐만 아니라 세겜 성읍에 이르러서는 그곳에 마치 정착하여 오래 오래 그곳에 살 것처럼 자기들이 장막을 친 밭을 돈을 주고 사기까지 했다. 야곱은 벧엘로 올라가서 하나님께 서원을 갚아야 한다는 것을 까맣게 잊고 있었던 것이다.

야곱이 이렇게 벧엘이라는 목표를 잃고 지켜야 할 서원을 잊어버리고 세겜 성읍에 머물고 있을 때에 큰 환난을 당한 것이었다. 이러한 환난 중에 야곱은 하나님으로부터 "일어나 벧엘로 올라가서 거기서 제단을 쌓으라"는 음성을 듣고서야 비로소 환난을 만난 이유가 자신의 허물에 있었음을 깊이 깨닫고, 모든 것을 청산하고 하나님의 말씀을 따라 처자식과 종들과 모든 가축들을 거느리고 벧엘로 올라가서 서원을 지키게 되었다. 야곱에게 주어진 환난은 잠시 큰 고통과 근심을 주었지만 반면에 야곱과 그 자손들의 신앙의 삶을 한층 새롭게 업그레이드하는 계기가 되었다. 하나님을 멀리하고 멀어졌던 관계를 회개하며 새롭게 할 수 있는 큰 능력의 각성제가 되었다.

"그들이 그 죄를 뉘우치고 내 얼굴을 구하기까지 내가 내 곳으로 돌아가리라 **그들이 고난 받을 때에 나를 간절히 구하리라 오라 우리가 여호와께로 돌아가자 여호와께서 우리를 찢으셨으나 도로 낫게 하실 것이요**

우리를 치셨으나 싸매어 주실 것임이라 여호와께서 이틀 후에 우리를 살리시며 셋째 날에 우리를 일으키시리니 우리가 그의 앞에서 살리라"(호 5:15-6:2)

박종신 목사님의 저서 《**야곱의 눈물**》에서 그는 고난의 유익에 대해서 이렇게 의미 있는 말을 하고 있다.

"야곱이 열두 지파로 구성된 언약의 후손 이스라엘 민족의 조상이 된 것은 결코 우연이 아니다. **비록 모태로부터 정하신 뜻을 타고났다고 하더라도 그가 하나님이 쓰시기에 합당한 깨진 일꾼으로 성화되기까지는 적지 않은 고통과 연단의 세월이 있었다. 우리가 험난했던 야곱의 인생 여정에서 얻는 교훈은 하나님은 깨진 사람을 통해 역사를 이루신다는 것이다.** 깨지기 전에는 하나님께 영광을 돌리는 사역의 열매를 맺지 못한다. 그러나 깨진 체험이 있는 사람은 무슨 일을 하더라도 열매를 맺어 하나님께 영광 돌리는 것을 보게 된다. 또한 깨짐은 다른 사람을 위해서도 꼭 필요하다. 깨지는 고통을 받은 사람만이 고통 받는 세상 모든 사람들을 더욱 깊이 이해할 수 있기 때문이다. 다윗이 받은 고통도, 예수님이 당하신 고난도 결국 구원사역을 위한 고난이었다. **오늘도 하나님이 우리에게 깨지는 고통을 주시는 이유는, 평탄한 삶을 주실 수 있음에도 불구하고 고통을 당하고 실패해 넘어질 수밖에 없는 수많은 세상 사람들을 이해하고 그들을 구원하기 위함이다. 죄의 형벌과 가련함과 불쌍함을 몸소 겪음으로써 그들에 대해 가슴속 깊은 곳에서부터 우러나오는 깊은 동정심과 사랑을 갖게 하기 위함이다.**"

오스월드 샌더스는 그의 책 《하나님과 친밀함 누리기》에서 다윗 인생의 고난과 역경에서 우리가 얻을 수 있는 교훈을 이야기 하고 있다.

"다윗은 하나님의 위대한 아들이신 예수 그리스도와 마찬가지로 거절의 쓴 잔을 마시며 그 길을 걸어야 했다. 그는 형제들로부터 거절당했다. 사울은 그를 악인처럼 대했고 메추라기처럼 사냥했다. 그는 총애하는 아들 압살롬으로부터 거절당했다. 그는 그의 나라로부터 거절당하여 피난을 가야했는데, 그의 백성을 그렇게 열정적으로 사랑했던 그에게 그것은 매우 우울한 경험이었다. 그러나 그 모든 와중에도 그는 하나님께 진실히 순복하며 하나님의 징계를 받아들이는 자세를 보여주었다. 그는 영적으로 성숙했다.

사실 성경의 다른 어떤 인물도 그렇게 장시간에 걸친 급격한 운명의 변화를 경험하지 못했다. **그는 인간사의 기복을 너무나 여러 번 경험했기 때문에 후대인들의 갈망과 열망, 한숨과 슬픔을 대변할 시편을 짓기에 적격이었다. 그는 고난을 당함으로써 인간의 속성에 대한 연민과 이해를 갖게 되었으며, 그로 말미암아 모든 시대의 성도들에게 다방면에서 호소력을 갖게 되었다. 성령께서는 그의 비상한 타고난 재능과 다양한 경험을 사용하셔서 깊은 통찰력과 대중적인 호소력을 갖는 시와 찬송을 만드셨다.**

다윗의 글에서는 예배, 찬양, 감사의 장조가 회개와 자백의 단조와 어우러져 천상의 하모니를 이룬다. 여기서 우리가 얻는 교훈은 우리의 위대한 하나님께서는 우리 인생의 실패와 역경조차도 사용하셔서 곤궁한 사람들에게 위로를 주며 아름다운 심포니를 창조하신다는 것이다. 그런 경험은 사역을 위해 치러야만 하는 대가이다."

오스월드 샌더스는 그렇게 말하면서 **존 밀턴**의 의미심장한 말을 인용하고 있다.

"하늘에 계신 그리스도시여, 이것이 사실인가요?

가장 높은 자가 가장 많은 고난을 받는가요?

가장 강한 자가 가장 먼 곳까지 유랑하며 가장 절망적인 길을 걷는가요?

자연의 위계 서열은 고통을 감내할 수 있는 용량에 따른 것인가요?

노래하는 자의 번민이 달콤한 곡조를 만들어내는가요?"

욥은 자신에게 주어진 고난에 특별한 신앙과 철학적 의미를 부여하고 있다. 지금 당하고 있는 환난은 다름이 아닌 하나님의 절대주권 하에서 일어나는 것이며, 또한 자신을 더 큰 영광에 오르게 하시려고 하나님이 단련하시는 과정으로 보았다.

"그러나 내가 가는 길을 그가 아시나니 그가 나를 단련하신 후에는 내가 순금 같이 나오리라"(욥 23:10)

"눈물과 더불어 빵을 먹어보지 않은 자는 인생의 참다운 맛을 모른다. 고통이 남기고 간 뒤를 보라! 고난이 지나면 반드시 기쁨이 스며든다."(괴테)

"인생이란 학교에는 '불행'이라는 훌륭한 스승이 있다. 그 스승 때문에 우리는 더욱 단련되는 것이다."(프리체)

그러므로 하나님을 믿고 사랑하는 사람들은 환난과 역경을 만났을 때 그러한 삶의 상황을 역전과 축복에 이르는 과정으로 여기며 인내로써 극복해 나아가야 한다. 또한 모든 것을 합력하여 선을 이루시는 하나님을 의지하여 간구하는 일을 잊지 말아야 한다.

"우리가 알거니와 하나님을 사랑하는 자 곧 그의 뜻대로 부르심을 입은 자들에게는 모든 것이 합력하여 선을 이루느니라"(롬 8:28)

"하나님이 이르시되 그가 나를 사랑한즉 내가 그를 건지리라 그가 내 이름을 안즉 내가 그를 높이리라 그가 내게 간구하리니 내가 그에게 응답하리라 그들이 환난 당할 때에 내가 그와 함께 하여 그를 건지고 영화롭게 하리라"(시 91:14-15)

"환난 날에 나를 부르라 내가 너를 건지리니 네가 나를 영화롭게 하리로다"(시 50:15)

야곱의 열두 아들 중 열한 번째 아들인 요셉은 형제들의 시기와 질투로 인하여 애굽으로 팔려가 애굽 왕 바로의 신하 친위대장 보디발 집안에서 노예생활을 하게 된다. 설상가상으로 보디발 아내의 모함으로 억울하게 감옥에 갇히기도 한다. 그러나 이러한 요셉의 고난은 하나님이 그를 존귀하게 쓰시려는 특별한 섭리요 연단의 과정이었다. 하나님은 마침내 요셉을 애굽의 총리가 되게 하심으로 영광을 받으셨다. 그는 세상의 많은 사람들과 자신의 가족들을 굶주림으로부터 구원하는 하나님이 쓰시는 인물이 되었다.

성서원에서 출판된 힐링 성경 안에 '힐링으로 이끄는 30일 묵상'이 있는데 그 속에 **"재활용의 원리"**에 대해서 이렇게 말하고 있다. **"내가 드리기만 하면 하나님이 그 분의 불과 빛을 쪼여 내 것을 재활용하신다. 이전**

의 상처와 장애와 앙금과 습관을 녹여 긍정적인 방식으로 다시 활용하신 다. 지금까지 내가 어떻게 예수님의 치유로 8대 단계를 실행하여 해답을 얻었고, 또 어떻게 상처와 고통의 암흑을 지나 그리스도의 영광스런 자유와 빛에 들어오게 되었는지를 다른 이들에게 보여주는 일에 내 상처와 장애와 앙금과 습관이 충분히 재활용될 수 있다. **우리 사회는 상처와 고통이 무익하다고 말한다.** 사실, 상처받고 고통당하는 그 사람까지도 무익하게 여기는 사람들이 많다. 그러나 힐링 축제에 몸담은 우리는 잘 안다. **상처와 고통은 가치 있으며 상처받고 고통을 경험한 그 사람들도 가치가 있다.** 그러므로 세상이 "아니다"라고 말할 때, 단계 8은 다른 이들을 섬기는 일에 "예"라고 말하도록 강력하게 촉구한다.

재활용의 원리 **"내가 드리기만 하면 하나님이 그 분의 불과 빛을 쪼여 내 것을 재활용하신다."** 너무나도 귀한 진리와 가르침이다. **"상처와 고통은 가치 있으며 상처받고 고통을 경험한 그 사람들도 가치가 있다."** 이유는 능히 치유와 회복을 통해 재활용하시는 전능하신 하나님께 자신을 드리기만 하면 하나님은 더욱 가치 있고 유익하게 쓰실 수 있기 때문이라는 것이다.

세상의 온갖 상처와 실패 속에 자신을 비관하고 절망하는 이들이여! 희망을 갖고 하나님께로 더욱 가까이 나아가 자신을 드리라. 전능하시고 자비하신 하나님께서 당신도 재활용하셔서 이전의 당신과 같이 힘들고 괴로워하는 이들에게 위로와 희망을 주는 유익하고 가치 있는 존재로 만들어 주시리라.

바울은 환난 중에도 즐거워해야 할 이유를 로마서에서 이렇게 증언하고 있다.

"다만 이뿐 아니라 **우리가 환난 중에도 즐거워하나니 이는 환난은 인내를, 인내는 연단을, 연단은 소망을 이루는 줄 앎이로다**"(롬 5:3-4)

에드워드 저드슨 박사는 뉴욕시의 저드슨 기념 교회의 봉헌식에서 아버지 저드슨의 생애를 소개하면서 이렇게 말했다.

"**고난과 성공은 언제나 함께 다닙니다. 만일 여러분 중에 고난 없이 성공한 분이 있다면 그것은 그 이전에 어떤 사람이 고난을 당했기 때문에 성공할 수 있었던 것입니다. 또한 성공하지 못한 채 고난만 받더라도 낙심하지 마십시오. 아마도 당신이 고난당한 이유 때문에 다른 사람이 행복을 맛볼 수 있기 때문입니다.**"

너무나도 감동이 되고 고난에 대해 많은 것을 헤아리고 깊이 깨닫게 하는 글들이다. 무엇보다도 삶의 고난이 주는 유익 가운데 하나는 탕자가 고난 속에서 아버지 집을 찾아 회개의 발걸음을 옮기는 것과 같이 잃어버리고 멀어졌던 하나님 아버지와의 관계를 가깝도록 인도해 준다는 것이다. 또한 환난의 큰 고통과 아픔은 구원의 하나님을 바라보게 하며, 간절한 기도의 사람으로 만들어 준다. 그 결과 환난의 고통은 지금도 살아계신 하나님의 전능하신 능력과 축복을 체험할 수 있는 경지로 이끌어 주는 것이다.

"형제들아 우리가 아시아에서 당한 환난을 너희가 모르기를 원하지 아니하노니 **힘에 겹도록 심한 고난을 당하여 살 소망까지 끊어지고 우리는 우리 자신이 사형 선고를 받은 줄 알았으니 이는 우리로 자신을 의지하지 말고 오직 죽은 자를 다시 살리시는 하나님만 의지하게 하심이라**

그가 이같이 큰 사망에서 우리를 건지셨고 또 건지실 것이며 이 후에도 건지시기를 그에게 바라노라"(고후 1:8-10)

우리가 잘 아는 야베스의 기도도 그에게 주어진 환난이 그로 하여금 기도의 사람이 되게 하였고 하나님은 그의 기도에 응답하셨다.

"야베스는 그의 형제보다 귀중한 자라 그의 어머니가 이름하여 이르되 야베스라 하였으니 이는 내가 수고로이 낳았다 함이었더라 야베스가 이스라엘 하나님께 아뢰어 이르되 **'주께서 내게 복을 주시려거든 나의 지역을 넓히시고 주의 손으로 나를 도우사 나로 환난을 벗어나 내게 근심이 없게 하옵소서'** 하였더니 하나님이 그가 구하는 것을 허락하셨더라"(대상 4:9-10)

코로나-19 팬데믹 이후 지금 우리가 살고 있는 지구촌의 사람들은 한 번도 경험해 보지 못한 너무나 힘들고 어려운 삶의 상황을 겪고 있다. 우리 주님이 종말에 나타날 징조를 이야기 하면서 **"난리와 난리 소문을 듣겠으나 너희는 삼가 두려워하지 말라"**(마 24:6) 말씀하셨는데 국제 뉴스를 듣다보면 우리가 살고 있는 지구촌의 현실은 그것을 지금 경험하고 있다는 느낌을 강하게 받는다.

엄청난 규모의 산불, 재앙적인 폭우, 지진과 화산, 전쟁과 전염병…

현재 우리는 각종 환난과 재앙이 개인과 가정 그리고 국가적으로 밀려오는 시대에 살고 있다. 그 어느 때보다도 기도할 수밖에 없고 기도하지 않을 수 없는 환경이다. 기도로 깨어있을 때이다. 기도로 하나님을 가까이하며 친밀히 해야 할 때이다. 기도로 우리에게 주어지는 고난과 역경을 풀어가야 한다. 기도로 하나님의 뜻을 찾으며 그 뜻을 이루어가야 한다. 기도로 고난의 유익을 발견함으로 범사에 감사해야 한다. 기도로 놀라운 응답을 경험하며 하나님께 큰 영광을 돌려야 한다.

예수께서는 말세에 일어날 모든 징조들을 말씀하시고 마지막으로 부탁하신 것이 바로 기도이다.

"너희는 스스로 조심하라 그렇지 않으면 방탕함과 술취함과 생활의 염려로 마음이 둔하여지고 뜻밖에 그 날이 덫과 같이 너희에게 임하리라 이 날은 온 지구상에 거하는 모든 사람에게 임하리라 **이러므로 너희는 장차 올 이 모든 일을 능히 피하고 인자 앞에 서도록 항상 기도하며 깨어 있으라** 하시니라"(눅 21:34-36)

모든 기도가 응답을 목적으로 하는 것이 아닐지라도 특별히 어떤 응답을 목적으로 하는 기도자라면 누구나 자신의 기도가 응답받기를 소원할 것이다. 그러나 어떤 이는 응답을 경험하지만 어떤 이는 응답을 경험하지 못한다. 그 이유는 여러 면에서 생각할 것이 많이 있다.

마태복음 7장의 성경말씀은 이러한 기도응답의 유무에 있어서 많은 것을 생각하고 돌아보게 하는 말씀이다. 무엇보다도 기도하는 사람이 갖추어야 할 것에 대해 몇 가지 중요한 교훈을 주고 있다.

첫째. 기도하는 사람은 항상 겸손한 사람, 사랑의 사람이 되라고 말씀하신다.

1-5절 **"비판을 받지 아니하려거든 비판하지 말라** 너희가 비판하는 그

비판으로 너희가 비판을 받을 것이요 너희가 헤아리는 그 헤아림으로 너희가 헤아림을 받을 것이니라 **어찌하여 형제의 눈 속에 있는 티는 보고 네 눈 속에 있는 들보는 깨닫지 못하느냐** 보라 네 눈 속에 들보가 있는데 어찌하여 형제에게 말하기를 나로 네 눈 속에 있는 티를 빼게 하라 하겠느냐 **외식하는 자여 먼저 네 눈 속에서 들보를 빼어라** 그 후에야 밝히 보고 형제의 눈 속에서 티를 빼리라"

"**형제들아 서로 비방하지 말라 형제를 비방하는 자나 형제를 판단하는 자는 곧 율법을 비방하고 율법을 판단하는 것이라 네가 만일 율법을 판단하면 율법의 준행자가 아니요 재판관이로다 입법자와 재판관은 오직 한 분이시니 능히 구원하기도 하시며 멸하기도 하시느니라 너는 누구이기에 이웃을 판단하느냐**"(약 4:11-12)

비판과 정죄는 교만에서 오는 것이요, 자신을 알지 못하는 무지의 결과다. 또한 자신 안에 참된 사랑이 없음을 나타내는 증거다. 남을 비방하고 정죄하는 것은 자신은 그 사람보다 의롭다고 자랑하거나 죄가 없기 때문이라고 생각할지 몰라도 실상은 자신이 하나님 앞에서 죄인임을 모르는 것이다. 하나님은 이것을 분명히 일깨워주고 있다.

"**사랑은 오래 참고 사랑은 온유하며 시기하지 아니하며 사랑은 자랑하지 아니하며 교만하지 아니하며**"(고전 13:4)

"그러면 어떠하냐 우리는 나으냐 결코 아니라 유대인이나 헬라인이나 다 죄 아래에 있다고 우리가 이미 선언하였느니라 기록된바 **의인은 없나니 하나도 없으며 깨닫는 자도 없고 하나님을 찾는 자도 없고 다 치우쳐 함께 무익하게 되고 선을 행하는 자는 없나니 하나도 없도다**"(롬 3:9-12)

"그러므로 **율법의 행위로 그의 앞에 의롭다 하심을 얻을 육체가 없나니 율법으로는 죄를 깨달음이라**… 모든 사람이 죄를 범하였으매 하나님의 영광에 이르지 못하더니 그리스도 예수 안에 있는 속량으로 말미암아 하나님의 은혜로 값없이 의롭다 하심을 얻은 자 되었느니라"(롬 3:20-24)

그러므로 우리 인간은 자신이 하나님 앞에 더럽고 악한 죄인임을 알고 남을 비판하고 정죄하는 일을 멀리해야 한다. 항상 하나님과 사람 앞에 겸손해야 한다. 요한복음 8장에는 서기관과 바리새인들이 현장에서 간음하다 잡힌 여인을 예수께로 끌고 와서 말한다. **"모세의 율법에 이러한 여자를 돌로 치라 명하였거니와 선생은 어떻게 말하겠나이까?"**

그들이 이렇게 말하는 것은 고발할 조건을 얻고자 예수님을 시험하는 것이었다. 예수께서는 몸을 굽혀 땅에 무엇인가를 쓰시며 그들에게 생각하며 자신을 돌아볼 수 있는 시간을 주셨다. 그래도 깨닫지 못하고 묻기를 마지아니하는 그들을 향하여 하신 말씀은 이것이었다.

"너희 중에 죄 없는 자가 먼저 돌로 치라"

그리고 다시 몸을 굽혀 손가락으로 땅에 쓰시니 그들은 이 말씀을 듣고 비로소 양심의 가책을 느끼며 어른으로 시작하여 젊은이까지 하나씩 하나씩 떠나가고 그 자리에는 오직 예수님과 그 여자만 남았다. 이 여인을 비판하며 정죄하던 모든 무리들은 멀리 사라져 버렸다. 그들은 자신들도 부인할 수 없는 죄인이란 실상을 그동안 알지 못했던 것이다.

이 여인을 정죄하던 무리들이 모두 떠난 후 예수님이 하신 말씀에 우리는 더욱 놀라지 않을 수 없다. 죄가 하나도 없으시고 온전히 의로우신 예수님은 능히 이 여인을 정죄할 수 있는 자격이 있음에도 그는 이렇게 말씀하셨다.

"나도 너를 정죄하지 아니하노니 가서 다시는 죄를 범하지 말라"

비판과 정죄는 자신이 죄인 됨을 알지 못하는 무지와 마귀로부터 오는 교만에서 비롯되는 것이다. 우리는 예수님처럼 비판과 정죄가 아니라 사랑으로 연약하여 넘어질 수밖에 없는 인간을 동정하며 붙들어주고, 죄를 범하지 않도록 권면하고 도와주는 일을 해야 한다. 하나님은 교만한 자를 대적하시고 겸손한 자에게 은혜를 베푸시는 분이시기 때문에 무엇보다도 하나님께 은혜 입기를 원하여 기도하는 사람들은 교만을 물리치고 비판과 정죄하는 일을 멀리해야 한다. 더 나아가서 우리는 주께서 주신 계명을 따라 이웃 사랑을 실천하는 사람이 되어야 한다.

"젊은 자들아 이와 같이 장로들에게 순종하고 **다 서로 겸손으로 허리를 동이라 하나님은 교만한 자를 대적하시고 겸손한 자들에게는 은혜를 주시느니라 그러므로 하나님의 능하신 손 아래에서 겸손하라 때가 되면 너희를 높이시리라**"(벧전 5:5-6)

"새 계명을 너희에게 주노니 서로 사랑하라 내가 너희를 사랑한 것 같이 너희도 서로 사랑하라 너희가 서로 사랑하면 이로써 모든 사람이 너희가 내 제자인 줄 알리라"(요 13:34-35)

예수님은 자기를 의롭다고 믿고 다른 사람을 멸시하는 바리새인과 아무 것도 자랑하거나 내 세울 것이 없는 세리가 성전에 올라가 기도하는 비유를 들어 말씀하셨다. 이 비유에서 바리새인은 기도에서조차 자신은 의로운 자임을 자랑하는 모습을 보이고 남을 비판하는 교만을 나타내고 있다. 그러나 세리는 **"멀리 서서 감히 눈을 들어 하늘을 쳐다보지도 못하고 다만 가슴을 치며 이르되 하나님이여 불쌍히 여기소서 나는 죄인이로소이다"**라고 기도한다.

그런데 이 비유에서 하나님으로부터 의롭다하심을 받고 집으로 돌아간 사람은 바리새인이 아닌 세리였다. 우리는 세리에게서 겸손함을 느낄 수 있다.

기도하는 사람은 겸손히 자신을 돌아보고 성찰하면서 멀어졌던 하나님과의 관계를 회복하고, 자신의 잘못된 것을 회개하며 새롭게 해야 한다. 기도의 응답을 원하는 사람은 남을 비판하거나 정죄하는 사람이 아니라 자신에게 빼어버려야 할 들보는 없는지 늘 성찰하면서 잘못된 것을 찾아 회개하며 새롭게 하는 사람이다.

"어찌하여 형제의 눈 속에 있는 티는 보고 네 눈 속에 있는 들보는 깨닫지 못하느냐 보라 네 눈 속에 들보가 있는데 어찌하여 형제에게 말하기를 나로 네 눈 속에 있는 티를 빼게 하라 하겠느냐 **외식하는 자여 먼저 네 눈 속에서 들보를 빼어라** 그 후에야 밝히 보고 형제의 눈 속에서 티를 빼리라"(마 7:3-5)

회개는 하나님을 만나러 가는 출발점이요. 천국을 들어가기 위해 통과해야 할 첫 관문이다. 그래서 세례요한도 예수님도 이렇게 외쳤다.

"그 때에 세례 요한이 이르러 유대 광야에서 전파하여 말하되 **회개하라 천국이 가까이 왔느니라** 하였으니"(마 3:1-2)

"이 때부터 예수께서 비로소 전파하여 이르시되 **회개하라 천국이 가까이 왔느니라** 하시더라"(마 4:17)

둘째, 기도하는 사람은 응답받을 거룩한 삶의 그릇을 준비하라고 하신다.

6절 "**거룩한 것을 개에게 주지 말며 너희 진주를 돼지 앞에 던지지 말라** 그들이 그것을 발로 밟고 돌이켜 너희를 찢어 상하게 할까 염려하라"

이 말씀은 거룩하신 하나님으로부터 기도 응답을 받기 원한다면 하나님 앞에 개나 돼지가 되지 말라고 하신다. 개는 무엇을 말하는가? 개는 방탕하고 세속화 되는 것을 말한다. 회개를 한다고 하지만 토한 것을 다시 자기가 먹는 헛된 회개의 사람을 말한다.

"**개가 그 토한 것을 도로 먹는 것 같이 미련한 자는 그 미련한 것을 거듭 행하느니라**"(잠 26:11)

우리가 하나님과 신령한 것 보다 세상을 더 사랑하여 세속화 되고 방탕한 삶을 산다면 하나님은 하나님의 거룩하고 신령한 응답의 축복을 그러한 개들에게 주실 수 없다는 말씀이다. 그래서 하나님은 비유적으로 거룩한 것을 개에게 주지 말라고 하신 것이다. 하나님보다 세상을 더 사랑하고 가까이 하게 되면 하나님과는 자연적으로 멀어질 뿐 아니라 원수가 될 수도 있다.

"**그런즉 누구든지 세상과 벗이 되고자 하는 자는 스스로 하나님과 원수 되는 것이니라**"(약 4:4)

돼지는 무엇을 말하는가? 돼지는 더러운 것이 특징이요 욕심을 상징

하는 동물이다. 이러한 돼지에게 너희 값진 진주를 던지지 말라고 하신 것처럼 하나님은 더럽고 욕심을 내는 인간들에게 하늘의 거룩하고 값진 응답을 내리지 않으신다.

거룩한 것을 모르는 개나 돼지 같은 사람들에게는 응답을 내리고 축복을 준다 할지라도 **"그들이 그것을 발로 밟고 돌이켜 너희를 찢어 상하게 할까 염려하라"**는 말씀처럼 그들은 은혜도 모르고, 감사할 줄도 모르고 도리어 원망과 불평만이 돌아올 수 있다. 또한 하나님이 주신 복을 하나님의 영광을 위하여 사용하지 않고 자신의 정욕과 영광을 위하여 사용할 것이다.

"너희는 욕심을 내어도 얻지 못하여 살인하며 시기하여도 능히 취하지 못하므로 다투고 싸우는도다 너희가 얻지 못하는 것은 구하지 아니하기 때문이요 **구하여도 받지 못함은 정욕으로 쓰려고 잘못 구하기 때문이라"**(약 4:2-3)

"만일 그들이 우리 주 되신 구주 예수 그리스도를 앎으로 세상의 더러움을 피한 후에 다시 그 중에 얽매이고 지면 그 나중 형편이 처음보다 더 심하리니 의의 도를 안 후에 받은 거룩한 명령을 저버리는 것보다 알지 못하는 것이 도리어 그들에게 나으니라 **참된 속담에 이르기를 개가 그 토하였던 것에 돌아가고 돼지가 씻었다가 더러운 구덩이에 도로 누웠다 하는 말이 그들에게 응하였도다"**(벧후 2:20-22)

그러므로 하나님으로부터 기도응답을 받고자 하는 자는 응답을 받을 만한 거룩한 삶의 그릇을 준비해야 한다. 세상적인 정욕과 죄를 멀리해야 한다. 만일 그런 것이 있다면 회개하고 자복함으로 자신을 깨끗이 해야 한다. 많은 기도의 응답을 받고 하나님의 은혜 가운데 살았던 기도의 사람 다니엘이 어떻게 세속에 물들지 않고 거룩한 삶을 살았는지를 잘 말해주는 성경이 있다.

"**다니엘이 뜻을 정하여 왕의 음식과 그가 마시는 포도주로 자기를 더럽히지 아니하도록 환관장에게 구하니** 하나님이 다니엘로 하여금 환관장에게 은혜와 긍휼을 얻게 하신지라"(단 1:8-9)

셋째. 기도하는 사람은 응답의 확신을 갖고 끈기 있게 기도를 실천하라고 하신다.

7-8절 "**구하라** 그리하면 너희에게 주실 것이요 **찾으라** 그리하면 찾아낼 것이요 **문을 두드리라** 그리하면 너희에게 열릴 것이니 구하는 이마다 받을 것이요 찾는 이는 찾아낼 것이요 두드리는 이에게는 열릴 것이니라"

이 성경 구절에서 전반부는 명령형의 말씀으로 되어있다. "**구하라** 그리하면 너희에게 주실 것이요 **찾으라** 그리하면 찾아낼 것이요 **문을 두드리라** 그리하면 너희에게 열릴 것이니" 구하라, 찾으라, 문을 두드리라 명령하시고, 그리하면 주실 것이고, 찾아낼 것이고, 열릴 것이라고 약속하신다. 그런데 후반부는 "**구하는 이마다 받을 것이요 찾는 이는 찾아낼 것이요 두드리는 이에게는 열릴 것이니라**"고 말씀하셨다. 이것은 누가 받고, 찾아내고 누구에게 열릴 것인가? 그 성취의 열매를 따 먹는 주인공은 다름 아닌 약속의 말씀을 믿고 실천하는 사람임을 강조하며 바로 거기에 특별히 초점을 맞추고 있다.

구하는 이마다 받을 것이요

찾는 이는 찾아낼 것이요

두드리는 이에게는 열릴 것이니라

하나님과 성경을 믿는 사람들이 구하고, 찾고, 두드리면 주실 것이고, 찾아낼 것이고, 열릴 것이라는 약속의 말씀을 알고 있다. 그러나 그것을 그대로 믿고 순종하고 실천하는 사람은 많지 않다. 알고 있는 약속의 말씀을 그대로 순종하고 실천하는 것이 중요하다.

기도하는 사람은 응답의 확신을 갖고 간절히 구하고 찾고 두드리는 기도의 인내와 끈기가 있어야 한다. 기도에 있어서 간절함은 생명과 같다. 엘리야에게서 그러한 간절함과 기도의 끈기를 볼 수 있다.

"엘리야는 우리와 성정이 같은 사람이로되 **그가 비가 오지 않기를 간절히 기도한 즉 삼 년 육 개월 동안 땅에 비가 오지 아니하고** 다시 기도하니(*일곱 번) 하늘이 비를 주고 땅이 열매를 맺었느니라"(약 5:17-18)

"너희가 내게 부르짖으며 내게 와서 기도하면 내가 너희들의 기도를 들을 것이요 너희가 온 마음으로 나를 구하면 나를 찾을 것이요 나를 만나리라"(렘 29:12-13)

기우제를 지내면 언제나 비가 내리기로 소문난 한 인디언 추장이 있었다. 주변 부족의 추장들이 부러운 듯 몰려와서 **"어떻게 기우제를 지내기에 당신이 제사를 드리기만 하면 비가 옵니까?"** 물었다.

그는 겸손히 이렇게 대답을 하였다.

"때가 되면 하늘이 비를 주실 것을 확신하고 비가 올 때까지 기우제를 드린 것뿐입니다. 그것이 그렇게 소문이 났나봅니다."

우리는 누가복음 18장에 나오는 불의한 재판장을 찾는 한 과부의 이야기 속에서 기도하는 사람은 응답의 확신을 갖고 끈기 있게 기도하라는 교훈을 배우게 된다.

"예수께서 그들에게 항상 기도하고 낙심하지 말아야 할 것을 비유로 말씀하여 이르시되 어떤 도시에 하나님을 두려워하지 않고 사람을 무시하는 한 재판장이 있는데 그 도시에 한 과부가 있어 자주 그에게 가서 내 원수에 대한 나의 원한을 풀어 주소서 하되 그가 얼마 동안 듣지 아니하다가 후에 속으로 생각하되 내가 하나님을 두려워하지 않고 사람을 무시하나 이 과부가 나를 번거롭게 하니 내가 그 원한을 풀어 주리라 그렇지 않으면 늘 와서 나를 괴롭게 하리라 하였느니라 주께서 또 이르시되 불의한 재판장이 말한 것을 들으라 **하물며 하나님께서 그 밤낮 부르짖는 택하신 자들의 원한을 풀어주지 아니하시겠느냐 그들에게 오래 참으시겠느냐 내가 너희에게 이르노니 속히 그 원한을 풀어주시리라** 그러나 인자가 올 때에 세상에서 믿음을 보겠느냐 하시니라"(눅 18:1-8)

우리도 기왕에 하나님의 응답을 소원하며 기도한다면 응답을 확신하고 응답이 임할 때까지 간절히 구하고 찾고 두드리며 기도해야 할 것이다.

"내가 너희에게 말하노니 비록 벗됨으로 인하여서는 일어나 주지 아

니할지라도 그 간청함을 인하여 일어나 그 요구대로 주리라"(눅 11:8)

넷째. 기도하는 사람은 항상 하나님의 자녀 된 확신과 좋으신 아버지 하나님에 대한 인식을 가지라고 하신다.

9-11절 "너희 중에 누가 아들이 떡을 달라 하는데 돌을 주며 생선을 달라 하는데 뱀을 줄 사람이 있겠느냐 **너희가 악한 자라도 좋은 것으로 자식에게 줄줄 알거든 하물며 하늘에 계신 너희 아버지께서 구하는 자에게 좋은 것으로 주시지 않겠느냐**"

우리가 믿는 하나님은 어떤 분이신가?

"하나님이 세상을 이처럼 사랑하사 독생자를 주셨으니 이는 그를 믿는 자마다 멸망하지 않고 영생을 얻게 하려 하심이라"(요 3:16)

하나님은 죄악과 멸망에서 우리를 구원하시기 위해 자신의 독생자를 주시기까지 세상을 사랑하신 참 좋으신 분이시다. 세상에 아무리 착하고 좋은 사람이 있을지라도 하나님은 그보다 비교할 수 없이 좋으신 분이시다. 복음성가 중에 이런 찬양이 있다.

"좋으신 하나님 좋으신 하나님 참 좋으신 나의 하나님"

우리가 믿고 섬기는 하나님은 좋으신 하나님이시기에 좋은 것을 준비하시고, 구하는 자에게 좋은 것으로 응답하시는 분이시다. 자기 아들이신 독생자 예수 그리스도를 십자가에 내어주시기까지 우리를 사랑하신 하나님은 그 어떤 것이라도 아끼지 않으신다고 하신다.

"자기 아들을 아끼지 아니하시고 우리 모든 사람을 위하여 내주신 이가

어찌 그 아들과 함께 모든 것을 우리에게 주시지 아니하겠느냐"(롬 8:32)

무엇보다도 구하는 자에게 가장 좋은 성령을 주시는 분이시다.

"너희가 악할지라도 좋은 것을 자식에게 줄 줄 알거든 **하물며 너희 하늘 아버지께서 구하는 자에게 성령을 주시지 않겠느냐** 하시니라"(눅 11:13)

우리에게 성령이 오시면 각양 은사가 나타나고, 또한 능히 마귀를 대적하며 귀신을 내어 쫓을 수 있는 권능이 따라온다. 또한 성령의 아름다운 열매를 맺어 세상에 빛을 발할 수 있으며, 더 나아가서 스데반처럼 어떤 핍박과 환난 속에서도 굴하지 않고 주와 복음을 위해 순교의 제물이 될 수 있다.

사도 바울은 에베소 교회에 보내는 편지에서 **"우리가 구하거나 생각하는 모든 것에 더 넘치도록 능히 하실 이"**라는 표현을 씀으로 하나님을 이렇게 좋은 분으로 증거하고 있다.

"우리 가운데서 역사하시는 능력대**로 우리가 구하거나 생각하는 모든 것에 더 넘치도록 능히 하실 이**에게 교회 안에서와 그리스도 예수 안에서 영광이 대대로 영원무궁하기를 원하노라 아멘"(엡 3:20-21)

누가복음 15장에는 세 가지 비유가 나온다. 첫째는 잃은 양을 찾은 목자 비유요. 둘째는 잃은 드라크마를 찾은 여인의 비유요. 셋째는 잃은 아들을 되찾은 아버지 비유이다. 비유마다 특색이 있지만 탕자의 비유로 많이 알려진 세 번째 비유에서 우리가 특별히 생각하고 깨달아야 할 것 중의 하나가 하나님 아버지의 한량없는 은혜와 사랑이다.

이 비유에서 허랑방탕하여 아버지의 재산을 모두 탕진하고 거지꼴로 돌아온 둘째 아들을 맞아들이는 아버지의 모습은 너무나도 놀랍고 감동적이다. 이 아버지가 바로 우리가 섬기는 좋으신 하나님이시다. 그 분은 그리스도 예수 안에서 온갖 허물과 죄악으로 얼룩진 우리를 구원하시고 자녀로 삼아주셨다. 하나님은 그를 믿고 섬기는 자의 참 좋으신 아버지이시다.

"이에 일어나서 아버지께로 돌아가니라 **아직도 거리가 먼데 아버지가 그를 보고 측은히 여겨 달려가 목을 안고 입을 맞추니** 아들이 이르되 아버지 내가 하늘과 아버지께 죄를 지었사오니 지금부터는 아버지의 아들이라 일컬음을 감당하지 못하겠나이다 하나 **아버지는 종들에게 이르되 제일 좋은 옷을 내어다가 입히고 손에 가락지를 끼우고 발에 신을 신기라 그리고 살진 송아지를 끌어다가 잡으라 우리가 먹고 즐기자 이 내 아들은 죽었다가 다시 살아났으며 내가 잃었다가 다시 얻었노라** 하니 그들이 즐거워하더라"(눅 15:20-24)

우리는 성경에서 이렇게 좋으신 하나님 아버지를 전혀 깨닫지 못했던 사람을 찾을 수 있다. 그 사람은 다름 아닌 마태복음 25장에서 예수께서 친히 말씀하신 달란트 비유에 나오는 한 달란트를 받은 사람이다.

"한 달란트 받았던 자는 와서 이르되 **주인이여 당신은 굳은 사람이라 심지 않은 데서 거두고 헤치지 않은 데서 모으는 줄을 내가 알았으므로** 두려워하여 나가서 당신의 달란트를 땅에 감추어 두었었나이다 보소서 당신의 것을 가지셨나이다"(마 25:24-25)

하나님이 이 세상에서 어느 누구와도 비교할 수 없는 참 좋으신 분이지만 이것을 모르고 살던 그 사람의 최후는 어떻게 되었는가? 결국은 더욱 슬프고 비참한 상황에 빠지게 된다.

"그 주인이 대답하여 이르되 악하고 게으른 종아 나는 심지 않은 데서 거두고 헤치지 않은 데서 모으는 줄로 네가 알았느냐 그러면 네가 마땅히 내 돈을 취리하는 자들에게나 맡겼다가 내가 돌아와서 내 원금과 이자를 받게 하였을 것이니라 하고 **그에게서 그 한 달란트를 빼앗아 열 달란트 가진 자에게 주라 무릇 있는 자는 받아 풍족하게 되고 없는 자는 그 있는 것까지 빼앗기리라 이 무익한 종을 바깥 어두운 대로 내쫓으라 거기서 슬피 울며 이를 갈리라**" 하니라"(마 25:26-30)

구하는 자에게 항상 좋은 것으로 응답하시는 좋으신 하나님을 하늘 아버지로 믿는 자에게는 언제나 기대가 있고 희망이 있다. 그래서 기도가 있는 것이다.

다섯째. 하나님의 응답을 바라고 기도하는 사람은 먼저 하나님을 대접하라고 하신다.

12절 "**그러므로 무엇이든지 남에게 대접을 받고자 하는 대로 너희도 남을 대접하라 이것이 율법이요 선지자니라**"

세상을 살아가면서 남을 대접할 줄 모르고 타인으로부터 대접만 받으려 하는 이기적인 사람을 좋아 할 사람은 아무도 없을 것이다. 우리가 남에게 대접 받기를 바라는 것처럼 남을 대접하라고 주님은 말씀하신다.

주님께서 기도를 가르치시면서 말씀하신 대접의 교훈에는 특별한 의미가 있다. 하나님을 믿는 사람들이 하나님께 기도하며 응답을 구하는 것은 나름대로 하나님께 대접을 받고자 하는 것이다. 그렇기 때문에 기도에 대한 교훈을 마무리 하면서 주시는 말씀이 이것이다.

"그러므로 무엇이든지 남(하나님)에게 대접을 받고자 하는 대로 너희도 남(하나님)을 대접하라 이것이 율법이요 선지자니라"

사랑하는 여러분,

사람들의 대접을 받기 원하십니까? 먼저 사람을 대접하십시오. 하나님으로부터 오는 응답과 대접을 받기 원하십니까? 먼저 하나님을 대접하십시오. 하나님을 경외하고 사랑하며 섬기세요. 하나님의 말씀에 순종함으로 그 분을 기쁘게 해 드리세요. 평소에 하나님 앞에서 우리가 할 도리에 최선을 다하세요.

앞에서 살펴본 몇 가지 교훈도 사실은 하나님을 대접하는 삶의 메시지를 나타내고 있다. **"비판을 받지 아니하려거든 비판하지 말라"**는 주님의 명령 속에는 네 이웃을 네 몸같이 사랑하라는 계명을 지켜 행함으로 사랑이신 하나님을 대접하라는 것이고, **"거룩한 것을 개에게 주지 말며 너희 진주를 돼지 앞에 던지지 말라"**는 주님의 말씀 속에는 거룩한 삶을 통해 거룩하신 하나님을 대접하라는 메시지가 담겨있는 것이다.

더 나아가서 **"구하라 그리하면 너희에게 주실 것이요 찾으라 그리하면 찾아낼 것이요 문을 두드리라 그리하면 너희에게 열릴 것이니"**라는 기도의 명령 속에는 피조물 된 인간이 삶의 필요를 공급받고 문제를 해결받기 위하여 모든 만물을 창조하시고 다스리시는 전능하신 하나님을 찾아 기도함으로 하나님을 대접해 드리는 메시지가 담겨있다. 기도의 무릎을 꿇는 행위는 지존하신 하나님을 영광스럽게 대접하는 고귀하고 아름다운 행위이다.

이것이 율법이요 선지자라는 말씀에서 그 율법과 선지자는 곧 하나님의 말씀인 성경을 가리키는 것으로, 성경이 가르치는 것이 곧 이웃을 사랑하며 대접하는 것이요, 하나님을 사랑하며 대접하는 것이다. 우리는 세상을 살면서 많은 사람들과 관계를 맺고 살아간다. 인간관계에 있어서 아주 중요한 것이 상대방의 말에 귀 기울여 들어주고 또한 그 말을 존중해 주는 것이다. 대인관계에 있어서 상대방의 말을 무시하는 것처럼 기분이 상하고 모욕감을 느끼는 것이 없다. 사람을 향해서도 그러한데 하물며 우리 인간이 하나님을 대하는 관계에 있어서는 얼마나 더욱 그러하겠는가? 그래서 우리가 하나님을 성심껏 잘 대접하기를 원한다면 무엇보다도 하나님의 말씀을 따라 순종하며 사는 것이다. 이것이 복을 받는 길이요 지혜로운 삶이다. 또한 기도 응답을 위한 지름길이다.

"**여호와를 경외함이 지혜의 근본이라 그의 계명을 지키는 자는 다 훌륭한 지각을 가진 자이니 여호와를 찬양함이 영원히 계속되리로다 할렐루야, 여호와를 경외하며 그의 계명을 크게 즐거워하는 자는 복이 있도다 그의 후손이 땅에서 강성함이요 정직한 자들의 후손에게 복이 있으리로다 부와 재물이 그의 집에 있음이여 그의 공의가 영구히 서 있으리로다**"(시 111:10-112:3)

"그러므로 **누구든지 나의 이 말을 듣고 행하는 자는 그 집을 반석 위**

에 지은 지혜로운 사람 같으리니 비가 내리고 창수가 나고 바람이 불어 그 집에 부딪치되 무너지지 아니하나니 이는 주추를 반석위에 놓은 까닭이요 나의 이 말을 듣고 행하지 아니하는 자는 그 집을 모래 위에 지은 어리석을 사람 같으리니 비가 내리고 창수가 나고 바람이 불어 그 집에 부딪치매 무너져 그 무너짐이 심하니라"(마 7:24-27)

"아들들아 이제 내게 들으라 내 도를 지키는 자가 복이 있느니라"(잠 8:32)

이렇게 사람이 하나님을 경외하며 그의 말씀을 존중하고 지킴으로 하나님을 대접하는 것이 결국은 자신에게 큰 축복이요 행복임을 알아야 한다. 우리가 성경을 읽어보면 '**그리하면**'이라는 구절을 많이 접하게 된다. 그 말을 달리 표현하면 "**그렇게 하나님을 대접하면**" "**그렇게 하나님께 순종하면**"이라는 말로 바꾸어 표현할 수 있다. 인간이 하나님의 말씀을 따라 순종함으로 하나님을 대접한다면 하나님께서는 우리에게 약속하신 축복을 허락하시고, 좋은 것으로 대접해 주신다는 말씀이다.

"네 부모를 공경하라 **그리하면** 네 하나님 여호와가 네게 준 땅에서 네 생명이 길리라"(출 20:12)

"그러므로 너희는 내가 오늘 너희에게 명하는 모든 명령을 지키라 **그리하면** 너희가 강성할 것이요 너희가 건너가서 차지할 땅에 들어가서 그것을 차지할 것이며"(신 11:8)

"구하라 **그리하면** 너희에게 주실 것이요 찾으라 **그리하면** 찾아낼 것이요 문을 두드리라 **그리하면** 너희에게 열릴 것이니"(마 7:7)

"그런즉 너희는 먼저 그의 나라와 그의 의를 구하라 **그리하면** 이 모든

것을 너희에게 더하시리라"(마 6:33)

"비판하지 말라 **그리하면** 너희가 비판을 받지 않을 것이요 정죄하지 말라 **그리하면** 너희가 정죄를 받지 않을 것이요 용서하라 **그리하면** 너희가 용서를 받을 것이요 주라 **그리하면** 너희에게 줄 것이니 곧 후히 되어 누르고 흔들어 넘치도록 하여 너희에게 안겨 주리라 너희가 헤아리는 그 헤아림으로 너희도 헤아림을 도로 받을 것이니라"(눅 6:37-38)

"주 예수를 믿으라 **그리하면** 너와 네 집이 구원을 받으리라"(행 16:31)

"네가 죽도록 충성하라 **그리하면** 내가 생명의 관을 네게 주리라"

(계 2:10)

하나님을 기쁘시게 하는 삶을 힘쓰라

우리는 평소에 하나님을 기쁘시게 하는 삶으로 하나님을 영화롭고 행복하게 대접해 드리는 것이 필요하다. 이러한 대접 행위는 우리의 기도 응답에 더 좋은 결과를 가져올 것이다. 하나님의 독생자 예수님은 항상 하나님 아버지를 기쁘시게 하는 삶을 사셨음을 친히 증언하셨다.

"이에 예수께서 이르시되 너희가 인자를 든 후에 내가 그인 줄 알고 또 내가 스스로 아무 것도 하지 아니하고 **오직 아버지께서 가르치신 대로 이런 것을 말하는 줄도 알리라 나를 보내신 이가 나와 함께 하시도다 나는 항상 그가 기뻐하시는 일을 행하므로 나를 혼자 두지 아니하셨느니라**"(요 8:28-29)

성경은 우리를 향해 하나님을 기쁘시게 하는 자가 되라고 말씀하고 있다.

"빛의 열매는 모든 착함과 의로움과 진실함에 있느니라 **주를 기쁘시게 할 것이 무엇인가 시험하여 보라**"(엡 5:9-10)

"그런즉 우리는 거하든지 떠나든지 **주를 기쁘시게 하는 자 되기를 힘쓰노라**"(고후 5:9)

"오직 하나님께 옳게 여기심을 입어 복음을 위탁받았으니 **우리가 이와 같이 말함은 사람을 기쁘게 하려 함이 아니요 오직 우리 마음을 감찰하시는 하나님을 기쁘시게 하려함이라**"(살전 2:4)

"그러므로 형제들아 우리가 끝으로 주 예수 안에서 너희에게 구하고 권면하노니 **너희가 마땅히 어떻게 행하며 하나님을 기쁘시게 할 수 있는지를 우리에게 배웠으니 곧 너희가 행하는 바라 더욱 많이 힘쓰라**"

(살전 4:1)

우리가 무엇으로 하나님을 기쁘시게 해드릴 수 있을까?
1. 믿음으로 하나님을 기쁘시게 할 수 있다.

믿음이 없이는 하나님을 기쁘시게 할 수 없다. 인간관계 속에서도 서로가 믿어줄 때 소통이 되고 또한 기쁨이 있고 행복이 있다. 믿음은 하나님을 기쁘시게 할 뿐 아니라 그 분으로 하여금 일하시고 구원하시게 하는 출발점이 된다.

"**믿음이 없이는 하나님을 기쁘시게 하지 못하나니 하나님께 나아가는 자는 반드시 그가 계신 것과 또한 그가 자기를 찾는 자들에게 상주시는 이심을 믿어야 할지니라**"(히 11:6)

우리가 하나님께 나아갈 때는 비록 우리 눈에 보이지 않지만 마땅히 경배하고 찬양해야 할 만물의 창조주가 확실하게 계신 것을 반드시 믿어야 한다. 또한 자기를 찾는 자 곧 예배와 기도로 하나님을 가까이 하는 자에게 만나주시는 상, 응답하시는 상, 인간으로서는 해결할 수 없는 어떤 문제라도 해결해 주시는 상으로 화답하시는 분이심을 믿는 것이다.

우리가 아무런 의심 없이 오직 믿음으로 나아갈 때 그것이 하나님을 기쁘시게 하며 영화롭게 하는 것이다. 하나님은 이러한 자들에게 아낌없이 좋은 것으로 응답하시고 큰 상을 내려 주시는 것이다.

"오직 믿음으로 구하고 조금도 의심하지 말라 의심하는 자는 마치 바람에 밀려 요동하는 바다 물결 같으니 이런 사람은 무엇이든지 주께 얻기를 생각하지 말라"(약 1:6-7)

"내가 진실로 너희에게 이르노니 **만일 너희가 믿음이 있고 의심하지 아니하면 이 무화과나무에게 된 이런 일만 할 뿐 아니라 이 산더러 들려 바다에 던져지라 하여도 될 것이요 너희가 기도할 때에 무엇이든지 믿고 구하는 것은 다 받으리라**"(마 21:21-22)

2. 거룩함으로 하나님을 기쁘시게 할 수 있다.

거룩함은 하나님에게 있어서 가장 근본적이고 중요한 속성이다. 그래서 하나님은 자기 백성들에게 거룩하기를 명령하셨다. 백성들의 거룩한 삶은 하나님의 기쁨이다.

"나는 여호와 너희의 하나님이라 내가 거룩하니 너희도 몸을 구별하여 거룩하게 하고 땅에 기는 길짐승으로 말미암아 스스로 더럽히지 말라 나는 너희의 하나님이 되려고 너희를 애굽 땅에서 인도하여 낸 여호와라 내가 거룩하니 너희도 거룩할지어다"(레 11:44-45)

"그러므로 형제들아 내가 하나님의 모든 자비하심으로 너희를 권하노니 너희 몸을 하나님이 기뻐하시는 거룩한 산 제물로 드리라 이는 너희가 드릴 영적 예배니라 너희는 이 세대를 본받지 말고 오직 마음을 새롭게 함으로 변화를 받아 하나님의 선하시고 기뻐하시고 온전하신 뜻이 무엇인지 분별하도록 하라"(롬 12:1-2)

"모든 사람과 더불어 화평함과 거룩함을 따르라 이것이 없이는 아무도 주를 보지 못하리라"(히 12:14)

창세기 39장에는 형들에게 팔려 애굽으로 끌려온 요셉의 이야기가 나온다. 애굽 왕 바로의 신하 친위대장 보디발은 그를 사서 말단 종으로 부리게 되는데 하나님께서 요셉과 함께 하시고 형통케 하시는 것을 보고 요셉을 가정 총무로 세워 자기의 모든 소유를 다 위탁한다. 이렇게 집과 모든 소유를 주관하게 한 때부터 하나님은 요셉을 위하여 그 애굽 사람의 집과 밭에 있는 모든 소유에 더욱 풍족하게 복을 내려주셨다.

그런데 요셉을 쓰러뜨리려는 마귀의 유혹이 보디발의 아내를 통해서 찾아왔다. 젊고 용모가 빼어나고 아름다운 요셉에 접근하여 눈짓하며 동침하기를 청해왔다. 이러한 보디발 아내의 요청을 단호히 거절하며 요셉은 이렇게 말했다.

"내 주인이 집 안의 모든 소유를 간섭하지 아니하고 다 내 손에 위탁

하였으니 이 집에는 나보다 큰 이가 없으며 주인이 아무것도 내게 금하지 아니하였어도 금한 것은 당신뿐이니 당신은 그의 아내임이라 **그런즉 내가 어찌 이 큰 악을 행하여 하나님께 죄를 지으리이까**"(창 39:8-9)

이러한 거절에도 불구하고 보디발의 아내는 날마다 요셉에게 청했다. 그러나 요셉은 듣지 않고 동침하지 아니할 뿐 아니라 함께 있지도 아니했다. 계속되는 여인의 유혹을 거절하다가 결국 여인의 악한 계략의 함정에 빠져 그만 감옥에 갇히는 불쌍한 신세가 되었다. 요셉은 낙망하지 않고 감옥에서도 성실하게 주어진 책임을 감당하므로 인정을 받았다. 하나님은 항상 요셉과 함께 하셨고, 그에게 은혜를 베푸심으로 범사에 형통하게 하셨다. 하나님은 죄를 멀리하며 거룩하고 성실한 삶을 사는 요셉을 마침내 애굽의 총리 자리로 높여주셔서 큰 영광을 누리게 하셨다. 요셉은 세상의 많은 사람을 굶주림으로부터 구원하였을 뿐 아니라 아버지 야곱의 노년을 행복하게 해 드렸고, 형제들과 그 자손들을 풍족하게 살게 하였다.

우리가 기도의 응답이나 축복을 바란다면 하나님의 말씀과 뜻을 따르는 거룩한 삶을 통해 하나님을 기쁘시게 하며 영화롭게 해야 한다. 요셉이 만일 보디발 아내의 유혹에 넘어가 하나님 백성으로서의 거룩함을 상실했다면 하나님이 베푸시는 은혜와 큰 영광에 참여하지 못하였을 것이다. 요셉은 거룩한 삶으로 하나님을 대접해드린 것이다. 그러므로 우리는 기도하는 하나님의 백성들로서 하나님의 말씀과 그 뜻을 따라 거룩한 삶을 힘써야 한다.

"하나님께서 지으신 모든 것이 선하매 감사함으로 받으면 버릴 것이 없나니 **하나님의 말씀과 기도로 거룩하여짐이라**"(딤전 4:4-5)

3. 선행과 나눔의 삶으로 하나님을 기쁘시게 할 수 있다.

"**오직 선을 행함과 서로 나누어 주기를 잊지 말라 하나님은 이같은 제사를 기뻐하시느니라**"(히 13:16)

"이같이 너희 빛이 사람 앞에 비치게 하여 **그들로 너희 착한 행실을 보고 하늘에 계신 너희 아버지께 영광을 돌리게 하라**"(마 5:16)

하나님은 사랑이시라 하였다. 하나님은 자기를 닮은 사랑의 사람들을 기뻐하시고, 그들의 기도에 귀를 기울이신다. 그 사랑은 우리 그리스도 인의 삶에서 선행과 구제로 나타나야 한다.

"사랑하는 자들아 **만일 우리 마음이 우리를 책망할 것이 없으면 하나님 앞에서 담대함을 얻고 무엇이든지 구하는 바를 그에게서 받나니 이는 우리가 그의 계명을 지키고 그 앞에서 기뻐하시는 것을 행함이라 그의 계명은 이것이니 곧 그 아들 예수 그리스도의 이름을 믿고 그가 우리에게 주신 계명대로 서로 사랑할 것이니라**"(요일 3:21-23)

"**귀를 막고 가난한 자가 부르짖는 소리를 듣지 아니하면** 자기가 부르짖을 때에도 들을 자가 없으리라"(잠언 21:13)

사도행전 10장에는 가이사랴 지역에 주둔해 있는 이달리야 부대의 백부장 고넬료의 아름다운 신앙을 기록하였는데 특별히 구제라는 그의 선행이 기도와 함께 하나님께 상달되어 기억하신 바가 되었다고 하였다.

"그가 경건하여 온 집안과 더불어 하나님을 경외하며 **백성을 많이 구제하고 하나님께 항상 기도하더니** 하루는 제 구 시쯤 되어 환상 중에 밝히 보매 하나님의 사자가 들어와 이르되 고넬료야 하니 고넬료가 주목하여 보고 두려워 이르되 주여 무슨 일이니이까 **천사가 이르되 네 기도와 구제가 하나님 앞에 상달되어 기억하신 바가 되었으니**"(행 10:2-4)

"**흩어 구제하여도 더욱 부하게 되는 일이 있나니 과도히 아껴도 가난하게 될 뿐이니라 구제를 좋아하는 자는 풍족하여 질 것이요 남을 윤택하게 하는 자는 자기도 윤택하여 지리라**"(잠 11:24-25)

이렇게 구제와 나눔은 우리 서로의 삶을 풍족하고 행복하게 하는 것이요, 또한 그것은 하나님을 기쁘시게 함으로 기도응답에 있어서 긍정적인 큰 효과를 가져오게 하는 것이다.

4. 진실함과 정직함으로 하나님을 기쁘시게 할 수 있다.

하나님은 조금도 거짓이나 위선이 없고 진실하고 정직하신 분이시기 때문에 그와 같이 자기를 닮은 자들을 기뻐하신다.

"악인의 제사는 여호와께서 미워하셔도 **정직한 자의 기도는 그가 기뻐하시느니라**"(잠 15:8)

"속이는 저울은 여호와께서 미워하시나 **공평한 추는 그가 기뻐하시느니라**"(잠 11:1)

"**거짓 입술은 여호와께 미움을 받아도 진실하게 행하는 자는 그의 기뻐하심을 받느니라**"(잠 12:22)

"여호와 하나님은 해요 방패이시라 여호와께서 은혜와 영화를 주시며 **정직하게 행하는 자에게 좋은 것을 아끼지 아니하실 것임이니이다**"(시 84:11)

"**나의 하나님이여 주께서 마음을 감찰하시고 정직을 기뻐하시는 줄 내가 아나이다** 내가 정직한 마음으로 이 모든 것을 즐거이 드렸사오며"(대상 29:17)

5. 감사함으로 하나님을 기쁘시게 할 수 있다.

"**감사로 제사를 드리는 자가 나를 영화롭게 하나니** 그의 행위를 옳게 하는 자에게 내가 하나님의 구원을 보이리라"(시 50:23)

"**범사에 감사하라 이것이 그리스도 예수 안에서 너희를 향한 하나님의 뜻이니라**"(살전 5:18)

"**감사하는 마음으로 하나님을 찬양하고 또 무엇을 하든지 말에나 일에나 다 주 예수의 이름으로 하고 그를 힘입어 하나님 아버지께 감사하라**"(골 3:16-17)

"그러므로 너희가 그리스도 예수를 주로 받았으니 그 안에서 행하되 그 안에 뿌리를 박으며 세움을 받아 교훈을 받은 대로 **믿음에 굳게 서서 감사함을 넘치게 하라**"(골 2:6-7)

감사하는 삶은 우리를 향하신 하나님의 뜻이다. 또한 하나님을 기쁘시게 하며 영화롭게 하는 것이다. 그러므로 하나님은 감사하는 사람의 기도에 응답하시기를 기뻐하시고 복을 주신다. 축복도 행복도 감사하는 자의 삶에 찾아온다. 감사하는 삶은 주어진 삶에 만족하는 삶이요 행복의 통로이다. 소크라테스는 만족하는 삶에 대해서 이러한 명언을 남겼다.

"자신이 지금 가지고 있는 것으로 만족할 수 없는 사람은 그 사람이 가지고 싶어 하는 것을 다 가진다고 하더라도 만족하지 못할 것이다."

6. 말씀을 묵상하고 순종함으로 하나님을 기쁘시게 할 수 있다.

하나님의 말씀에 귀를 기울이고 순종하는 것은 하나님을 믿는 성도들의 그 어떤 제사나 예배행위보다 하나님이 좋아하시는 것이며, 기쁘고 행복하게 해드리는 것이다.

"사무엘이 이르되 **여호와께서 번제와 다른 제사를 그의 목소리를 청종하는 것을 좋아하심 같이 좋아하시겠나이까 순종이 제사보다 낫고 듣는 것이 숫양의 기름보다 나으니 이는 거역하는 것은 점치는 죄와 같고 완고한 것은 사신 우상에게 절하는 죄와 같음이라** 왕이 여호와의 말씀을 버렸으므로 여호와께서도 왕을 버려 왕이 되지 못하게 하셨나이다 하니"(삼상 15:22-23)

칼뱅은 말하기를 철저하게 하나님을 믿는 자들에게는 말씀에 순종하는 신앙이 나타난다고 하면서 이 때 성도가 하나님의 말씀에 순종하는 것이 곧 신앙의 경험이라고 하였다. 그러므로 모든 그리스도인들은 자신들의 삶속에서 날마다 하나님의 말씀을 경험하고 체험하는 것이다.

믿음의 조상 아브라함은 그의 훌륭한 믿음과 함께 말씀을 따라가는 순종의 아름다움이 있었다. 우리는 이것을 본받아야 한다.

"이에 아브람이 여호와의 말씀을 따라갔고 롯도 그와 함께 갔으며 아브람이 하란을 떠날 때에 칠십오 세였더라"(창 12:4)

야고보서 2장에서는 행함이 있는 믿음을 강조하면서 특별히 이삭을 번제로 드리라는 하나님 말씀에 순종하는 아브라함을 모델로 교훈하고 있다.

"아아 허탄한 사람아 행함이 없는 믿음이 헛것인 줄을 알고자 하느냐 **우리 조상 아브라함이 그 아들 이삭을 제단에 바칠 때에 행함으로 의롭 다 하심을 받은 것이 아니냐** 네가 보거니와 믿음이 그의 행함과 함께 일하고 행함으로 믿음이 온전하게 되었느니라"(약 2:20-22)

창세기 26장에는 하나님께서 아브라함의 아들 이삭에게 나타나 축복의 말씀을 하셨는데 그 이유와 근거를 특별히 아브라함의 순종하는 삶에 두고 있다.

"여호와께서 이삭에게 나타나 이르시되 애굽으로 내려가지 말고 내가 네게 지시하는 땅에 거주하라 이 땅에 거류하면 내가 너와 함께 있어 네게 복을 주고 내가 이 모든 땅을 너와 네 자손에게 주리라 **내가 네 아버지 아브라함에게 맹세한 것을 이루어 네 자손을 하늘의 별과 같이 번성하게 하며 이 모든 땅을 네 자손에게 주리니 네 자손으로 말미암아 천하 만민이 복을 받으리라 이는 아브라함이 내 말을 순종하고 내 명령과 내 계명과 내 율례와 내 법도를 지켰음이라** 하시니라"(창 26:2-5)

이렇게 아브라함은 행함이 있는 믿음과 순종의 사람으로 하나님을 기쓰시게 해 드리는 하나님의 좋은 친구요 벗이 될 수 있었다. 우리는 아브라함의 삶을 깊이 연구하며 살펴볼수록 그는 진정으로 하나님을 사랑하고 경외하는 마음에서 나오는 참된 예의와 순종으로 최선을 다하여 하나님을 대접하며 영화롭게 해드린 아름답고 위대한 인물임을 더욱 느낄 수 있다. 우리는 평소에 하나님의 말씀을 즐거워하므로 묵상하고 지켜 행하는 것이 하나님을 기쁘시게 하여 기도응답으로 나아가는 길이며 형통하고 복을 받는 길임을 알아야 한다.

"복 있는 사람은 악인들의 꾀를 따르지 아니하며 죄인들의 길에 서지 아니하며 오만한 자들의 자리에 앉지 아니하고 오직 여호와의 율법을 즐거워하여 그의 율법을 주야로 묵상하는도다 그는 시냇가에 심은 나무가 철을 따라 열매를 맺으며 그 잎사귀가 마르지 아니함 같으니 그가 하는 모든 일이 다 형통하리로다"(시 1:1-3)

"이 율법책을 네 입에서 떠나지 말게 하며 주야로 그것을 묵상하여 그 안에 기록된 대로 다 지켜 행하라 그리하면 네 길이 평탄하게 될 것이며 네가 형통하리라"(수 1:8)

7. 좋은 열매를 많이 맺음으로 하나님을 기쁘시게 할 수 있다.

예수께서 친히 이렇게 말씀 하셨다.

"너희가 내 안에 거하고 내 말이 너희 안에 거하면 무엇이든지 원하는 대로 구하라 그리하면 이루리라 너희가 열매를 많이 맺으면 내 아버지께서 영광을 받으실 것이요 너희는 내 제자가 되리라"(요 15:7-8)

"너희가 나를 택한 것이 아니요 내가 너희를 택하여 세웠나니 이는 너희로 가서 열매를 맺게 하고 또 **너희 열매가 항상 있게 하여 내 이름으로 아버지께 무엇을 구하든지 다 받게 하려 함이라**"(요 15:16)

하나님께서 그리스도 예수 안에서 우리를 택하시고, 우리를 구속하셔서 거룩하신 하나님 아버지의 자녀로 삼아 주신 것은 목적이 있다. 그 목적은 우리가 열매를 많이 맺어서 하나님을 기쁘시게 하며 영광을 돌리는 것이다. 더 나아가서 하나님은 그렇게 열매 맺는 자들의 기도를 응답해 주신다. 그 열매는 무엇보다도 사랑의 열매이다. 서로 사랑하라는 계명을 지키는 것은 기도응답과 직결되는 우리의 책임임을 성경의 많은 곳에서 말씀하고 있다.

"사랑하는 자들아 만일 우리 마음이 우리를 책망할 것이 없으면 하나님 앞에서 담대함을 얻고 무엇이든지 구하는 바를 그에게서 받나니 이는 우리가 그의 계명을 지키고 그 앞에서 기뻐하시는 것을 행함이라 그의 계명은 이것이니 곧 그 아들 예수 그리스도의 이름을 믿고 그가 우리에게 주신 계명대로 서로 사랑할 것이니라"(요일 3:21-23)

"아버지께서 나를 사랑하신 것 같이 나도 너희를 사랑하였으니 나의 사랑 안에 거하라 내가 아버지의 계명을 지켜 그의 사랑 안에 거하는 것 같이 너희도 내 계명을 지키면 내 사랑 안에 거하리라 내가 이것을 너희에게 이름은 내 기쁨이 너희 안에 있어 너희 기쁨이 충만하게 하려 함이라 **내 계명은 곧 내가 너희를 사랑한 것 같이 너희도 서로 사랑하라 하는 이것이니라**"(요 15:9-12)

하나님이 기뻐하시는 사랑의 열매는 성령으로 말미암아 맺어지는 것으로, 성령은 사랑의 열매만 아니라 우리 그리스도인들이 이 세상에서 맺어야 할 하나님이 기뻐하시는 아름다운 열매들을 맺게 하시는 분이시다. 그러므로 우리는 성령의 열매와 빛의 열매가 풍성히 맺어지기를 위해 기도해야 한다.

"오직 성령의 열매는 사랑과 희락과 화평과 오래 참음과 자비와 양선과 충성과 온유와 절제니 이같은 것을 금지할 법이 없느니라 그리스도 예수의 사람들은 육체와 함께 그 정욕과 탐심을 십자가에 못박았느니라"(갈 5:22-24)

"너희가 전에는 어둠이더니 이제는 주 안에서 빛이라 빛의 자녀들처럼 행하라 빛의 열매는 모든 착함과 의로움과 진실함에 있느니라 주를 기쁘시게 할 것이 무엇인가 시험하여 보라 너희는 열매 없는 어둠의 일에 참여하지 말고 도리어 책망하라"(엡 5:8-11)

우리 하나님은 그리스도 예수 안에서 사랑하는 자녀들의 기도에 기쁨으로 응답하시기를 원하시며 또한 좋은 것으로 풍성하게 채워주시기를 즐거워하시는 분이시다. 그러므로 우리가 하나님께 기쁨과 영광을 올려드리는 삶으로 대접해 드린다면 하나님도 결코 우리가 실망하지 않도록 놀라운 기도의 응답과 축복으로 대접해 주실 것이다.

그리고 예수 그리스도 안에서 하나님의 은혜로 구원받은 성도들은 이 세상의 어떤 영광과 축복보다도 천국의 영생복락과 상급과 영광의 소망을 갖고, 복음 전파를 통해 영혼 구원의 열매를 풍성히 맺어 우리 주님을 더욱 기쁘시고 영화롭게 해드리는 성도들이 되어야 한다. 하나님께서 우리를 구원하시는 목적 가운데 하나는 영혼 추수를 위해 복음을 전파하는 예수 그리스도의 증인이 되게 하는 것이다.

"또 이르시되 너희는 온 천하에 다니며 만민에게 복음을 전파하라 믿고 세례를 받는 사람은 구원을 얻을 것이요 믿지 않는 사람은 정죄를 받으리라 믿는 자들에게는 이런 표적이 따르리니 곧 그들이 내 이름으로 귀신을 쫓아내며 새 방언을 말하며 뱀을 집어올리며 무슨 독을 마실지라도 해를 받지 아니하며 병든 사람에게 손을 얹은즉 나으리라 하시더라"(막 16:15-18)

"오직 성령이 너희에게 임하시면 너희가 권능을 받고 예루살렘과 온 유대와 사마리아와 땅 끝까지 이르러 내 증인이 되리라 하시니라"(행 1:8)

기도의 사람
아브라함 링컨

　10세 어머니의 죽음, 20세 사랑하는 누나의 죽음, 23세 사업 실패, 24세 주의원 낙선, 25세 사업 실패, 27세 약혼자 죽음, 30세 의회 의장직 낙선, 32세 대통령 선거위원 낙선, 36세 하원의원 공천 탈락, 42세 사랑하는 다섯 살 난 아들 죽음, 47세 상원의원 낙선, 48세 부통령 낙선, 50세 상원의원 낙선, 53세 열두 살 아들의 죽음.

　인생의 모든 시간들에 불행이 따라다닌 사람, 그의 이름은 아브라함 링컨이다. 링컨의 전기 작가는 그에 대해 이렇게 기록했다.

　"하나님께서는 링컨에게 위대한 사람이 될 만한 조건은 한 가지도 주시지 않으셨다. 다만 가난과 훌륭한 신앙의 어머니만을 주셨을 뿐이다."

　링컨은 말했다. **"사단은 내가 실패할 때마다 '이제 너는 끝장이다'라고 속삭였어요. 그러나 하나님은 내가 실패할 때 마다 '이번 실패를 거울삼아 더 큰일에 도전하라'고 하셨다. '포기하고 좌절하기를 바라는 사단의 속삭임보다 뒤를 보지 말고 전진하라'는 하나님의 음**

성에 귀를 기울였지요. 그리고 넘어진 자리에서 실패의 원인을 분석하는 지혜를 하나님께 구했다."

아브라함 링컨, 그는 거듭되는 실의와 불행을 통하여 겸손과 인내와 강한 믿음을 소유하게 되었다. 그는 성경의 사람이었을 뿐만 아니라 기도의 사람이었다. 어려서부터 어머니의 기도소리에 친근해 있었던 링컨은 대통령이 되어서도 기도하는 일을 매우 소중하게 생각했다. 아침이면 기도로 영혼의 호흡을 시작했으며, 저녁이면 커튼을 닫듯이 기도로 하루의 일과를 마감했다.

그는 하나님께 기도하는 일이야말로 다른 어떤 일보다 우선되는 일이며 많은 것을 이룰 수 있는 도구라고 믿었고, 그의 믿음대로 기도의 많은 열매를 맺게 되었다. 그 중 노예 해방을 위한 남북 전쟁 때의 이야기이다. 막강한 지휘관들이 모두 남부 연합을 이끌었다. 유능한 지휘관의 부족으로 북군은 남군에게 계속적으로 패하고 있었다. 그로 인하여 민심은 분열되었으며 일부의 주에서는 탈퇴의 기미가 보였고, 극단주의자들의 견해 속에서 링컨은 현명하게 균형을 유지해야만 했다.

거듭되는 패전의 소식 속에서 링컨은 전적으로 하나님의 도우심과 지혜를 간구 했다. 오직 북군에게는 하나님의 도우심을 바라는 기도

밖에 없었다. 링컨 대통령은 쉬지 않고 기도했으며 그의 간절한 기도는 자신과 전 국민의 금식 기도로 이어졌다. 전쟁의 승패가 사람의 지혜나 군사의 수나 무기에 있는 것이 아니라 하나님의 도움의 손길에 달려 있다는 것을 믿었기 때문이다. 드디어 북군의 승리의 소식이 전해졌다.

"대통령 각하, 이제 아무 염려하지 마십시오. 하나님은 우리 북군의 편이십니다."

그 말을 들은 링컨이 대답했다.

"오직 나의 염려는, 내가 하나님 편에 서 있는가 하는 것일세. 우리가 하나님을 향해 서 있기만 하면, 언제나 하나님은 우리 편이 되어주신다네. 하나님께서는 성경의 다윗을 통해서 내게 그 사실을 깨우쳐 주셨네."

이처럼 링컨은 아무리 어려운 상황일지라도 하나님 편이 되길 소원했고, 하나님의 기쁨이 되길 바랐다. 그렇게 하면 하나님께서 그의 삶을 책임져 주실 것이라고 굳게 믿었기 때문이다. 링컨은 날마다 겸손히 하나님의 말씀을 묵상하고 기도하며 자신을 하나님께 굴복시켰다. 하나님은 그런 링컨의 마음을 아셨고 그의 마음을 받아 주셨으며 그의 편이 되어 주셨다.

링컨의 생애는 수많은 슬픔과 실패의 연속이었다. 우리는 링컨의 생애를 통하여 하나님을 의지하며 순종하는 한 사람을 볼 수 있다. 사람들이 볼 때 어쩌면 링컨, 그는 고통과 슬픔의 세월로 생애의 많은 시간을 허무하게 보냈다고 생각할 수 있다. 그러나 처음과 끝을 보시는 하나님 앞에서 링컨은 하나님의 큰일을 맡길 수 있는 귀하고 큰 그릇이었다. 그가 하나님께 끝까지 순종하는 모습을 보였기 때문이다.

밤늦은 야경에도 백악관에서는 하나님께 향한, 겸손하고 간절한 기도의 흐느낌이 있었다고 전해지고 있다. 그런 링컨의 모습을 보았던 그의 부하들은 대통령에게 더욱 충성하며 사랑을 다짐했다. 백악관을 기도실로 만든 아브라함 링컨, 그의 삶은 하나님 앞에서 아름답고 빛나는 보석이었기에 우리의 영혼을 감동시키고 있는 것이다.

"나의 가는 길을 오직 그가 아시나니 그가 나를 단련하신 후에는 내가 순금같이 나오리라"(욥 23 : 10)

제3부

응답과
기적의 실례(實例)

1.

누가 생명의
시작과 끝을?

하나님은 나에게 인간의 생명이 어디로부터 시작되고, 어떤 힘에 의해 끝나는지 특별한 경험을 하게 하셨다. 광명시 외곽에서 개척을 하여 삼 년을 보내고 목사 안수를 받은 나는 청년시절 교육전도사로 사역을 하면서 알게 된 목사님의 특별한 사랑과 인도로 인천으로 가서 새로운 목회를 시작하게 되었다.

여러 가지 어려운 환경이었지만 하나님의 크신 은혜 가운데 교회가 부흥하고 예배당도 아름답게 잘 건축하게 되었다. 교인들의 분포는 학생 청년들이 많았고, 나이가 많은 노인들도 적지 않았지만 젊은 부부들이 많았다. 그래서 인근에 초등학교 운동장을 빌려 전 교인 체육대회를 매년 개최하게 되었다. 오전 10시에 모여 예배를 드리고, 청군, 백군 두 팀으로 나누어 대회를 열었다.

그 시기에 우리 교회에 출석하던 작은 매형이 인천의 한 중학교의 체육교사로 재직하였으므로 학교의 도움을 입어 운동경기에 필요한 여러

기구들을 빌려 사용할 수 있어서 체육대회는 더욱 빛을 내게 되었다. 짧게 달리기, 선수들의 오래달리기, 공굴리기, 줄다리기, 장애물 경기, 오자미를 던져 맞물린 바구니를 터뜨려 비둘기 날리기 등 너무도 재미가 있고 신나는 대회였다. 이렇게 발전해 가던 교회는 뜻하지 않은 시험에 들어 많은 어려움을 겪게 되었다.

당시 우리 교회는 해마다 부활절을 앞두고 40일 특별새벽기도회를 가졌다. 교회가 시험과 시련이 있는 중에도 마음을 같이하는 교우들이 특별새벽기도회에 많이 참석하여 기도에 열심을 내었다. 그러던 어느 날 새벽, 언제나 그랬듯이 교우들보다 미리 일찍 나가 새벽기도회를 준비하며 기도를 드리고 있는데 갑자기 하나님의 음성이 내 귀에 들렸다.

"너는 내가 하는 말을 회중에게 선포하라."

"무엇이라고 선포합니까?"

"S 집사 가정에 하나님께서 생명의 씨앗을 주신다고 선포하라."

S 집사 부부도 열심을 갖고 새벽기도회에 참석하고 있었다. 그 가정은 결혼한 지 여러 해가 지났어도 자녀가 생기지 않아 많은 고민과 슬픔이 있던 가정이다. 그 가정의 여집사님은 전에 손수 요리한 삼계탕을 가져와 대접하면서 특별히 자녀 잉태를 위해서 기도를 부탁했던 일이 있었다. 그렇지만 이렇게 하나님께서 친히 성령으로 임하셔서 음성으로 들려주시니 놀라지 않을 수 없었다.

그렇지만 내게는 순간적으로 큰 두려움이 생겼다. 이유는 앞으로 일어날 예언의 말씀을 S 집사 부부만 있을 때 선포하는 것도 아니고, 많은 교우들 앞에서 선포했을 때 그 예언이 이루어지면 다행이지만, 만에 하나

이루어지지 않으면 나는 어떻게 된단 말인가? 하는 생각에 나는 몹시 두려운 마음에서 다시 하나님께 질문을 드렸다.

"하나님, 지금의 제 입장과 어려운 사정 아시잖아요. 그런데 만일 그 말씀을 선포했다가 안 이루어지면 저는 더 큰 어려움을 당하고, 거짓말쟁이 사기꾼이 되지 않겠습니까?"

그랬더니 하나님께서는 **"너는 아무것도 염려하지 말고 선포만 하라. 책임은 내가 지겠다."** 하시는 것이었다.

이와 같은 하나님의 말씀을 듣는 순간 제 온몸과 마음에 갑자기 전류가 흐르는 것 같은 느낌을 강하게 받았다. 또한 세상이 줄 수 없는 참 평안함이 내 안에 가득하게 임했다. 나는 **"주님께서 말씀하신 대로 순종하겠습니다."**라고 하면서 눈을 떠 시계를 보니 정확하게 새벽 5시였다. 예배를 시작할 시간이었다. 나는 곧바로 일어나 새벽예배를 인도하면서 먼저 하나님이 주시는 평안함과 담대함으로 주님께서 말씀하신 그대로 예언의 말씀을 선포하였다. 그리고 예배가 끝난 후 하나님이 지시하신 그 가정의 부부를 불러 특별히 안수하며 축복기도를 해 주었다.

이때 이후로 두 달이 좀 못 되어 기도를 받은 여집사님으로부터 전화가 왔다.

"목사님, 오늘 병원에 갔는데 임신이래요. 하나님과 목사님께 진심으로 감사드려요."

감사와 감격이 깃든 울먹이는 음성이었다. 이 일은 내가 **'처음으로 하나님의 음성을 들었던'** 잊을 수 없는 일생일대의 중요한 사건이다. 이 사건 속에서 무엇보다도 나 스스로 놀라는 것이 있다. 그것은 내가 살아 계신 하나님께서 친히 들려주시는 음성을 들었다는 것과 또한 내가 하나님의 음성을 일방적으로 듣기만 한 것이 아니라 나 또한 하나님께 친히 입을 열어 말씀을 드리며 대화를 나누었다는 것이다. 이러한 하나님과의 대화는 거룩하신 하나님의 영과 내 영과의 만남이요 대화였다. 그러나 그렇게 분명하고 위엄 있는 소리로 말씀하시는 하나님의 음성이지만, 새벽기도회에 참석하여 자리를 같이한 많은 교우들은 아무도 그 음성을 듣지 못하였다.

나는 지금 이렇게 고백하고 싶을 뿐이다.

"하나님, 하나님은 육안으로 보여지는 모든 만물보다 더 분명하게 실재하시는 분이십니다. 주님은 지금도 살아 계신 분이시요 또한 말씀하시는 분이십니다. 하나님, 감사합니다. 하나님 사랑합니다. 할렐루야!"

하나님은 이 사건을 통해서 인간의 생명이 하나님께로부터 시작된다는 큰 확신을 주셨다. 땅위의 모든 생명의 씨는 하나님이 뿌리신 것이다. 하나님은 모든 생명의 주인으로 우리의 생명은 하나님의 것이다.

이렇게 우리 인간의 생명이 하나님께로부터 시작된다는 사실을 경험하게 하신 하나님께서는 그 생명을 거두어 가시는 분도 하나님이심을 특별히 경험하게 하셨다. 인천에서 섬기던 교회 근처에는 큰 양로원이 있었다. 그곳을 들어가는 입구에는 커다란 돌비가 있었는데 거기에는 이런 글귀가 쓰여 있었다.

"나 늙어 노인 되고 노인 젊어 나였으니 나와 노인 따로 없다."

맞는 말이다. 우리가 젊었다고 노인들을 우습게 여기거나 업신여겨서는 안 된다. 자랑하던 젊음의 꽃의 영광도 곧 시들어버리고 머지않아 그들의 늙음이 자신에게도 찾아 올테니까 말이다. 사람이 태어나서 부모를 공경하고 순종하는 것과 노인들을 불쌍히 여기며 보살펴 드리는 것보다 더 아름다운 것은 없다. 그래서 하나님은 부모를 공경하고 순종하는 것을 약속 있는 첫 계명으로 말씀하셨고, 이 계명을 지키는 자에게 땅에서 잘되고 장수하는 복을 받게 하셨다. 부모를 공경하고 효도하는 것도 때가 있다.

조선시대 선조 임금 때 우의정을 거쳐 좌의정 벼슬까지 지낸 송강 정철은 이러한 면에서 훌륭한 교훈을 주는 아름다운 시조를 남겼다. 고어가 섞여서 어색한 데가 있다.

아버님 날 낳으시고 어머님 날 기르시니
두 분 곳 아니시면 이 몸이 살았을까
하늘같은 가없는 은덕을 어디 대어 갚사오리.

어버이 살았을 제 섬길 일란 다 하여라
지나간 후면 애닯다 어찌하리
평생에 고쳐 못 할 일이 이뿐인가 하노라.

이고 진 저 늙은이 짐 풀어 나를 주오
나는 젊었거니 돌이라 무거울까
늙기도 설워라커든 짐을 조차 지실까.

어느 수요일 오후 양로원에서 한 분이 찾아오셨다. 어머님을 양로원에 모시는 아드님인데 근처 교회의 목사인 저를 찾아와 하는 말이 우리 어머님이 옆에 양로원에 계신데 임종이 가까워 여러 자손들이 바쁜 일손을 놓고 찾아와 지켜보고 있다는 것이다. 그런데 문제는 곧 떠나실 줄 알고 모였는데 사흘이 지나도 돌아가시지 않아서 답답하여 목사님께 기도 부탁을 드리려고 왔다는 것이다. 사람이 살고 죽는 일에 나라고 어떻게 할 특별한 방법이 있는가? 그렇지만 그 분의 부탁을 거절할 수 없어서 오늘 수요일이니까 저녁예배를 마치고 찾아뵙겠다고 하며 보냈다.

나는 저녁 예배를 마치고 남자 집사님 한 분과 둘이서 양로원을 찾아 그 말하던 할머니를 찾아갔다. 임종이 가까운 할머니라 자손들과 친지들만 아니라 양로원에 계시는 동안 함께 정을 나눈 많은 할머니 할아버지들이 모여 조용히 대화를 나누고 있었다. 주인공 할머니는 사시는 동안 예수를 믿고 섬기던 분으로 그 시간 침상에 아무런 의식도 없이 누워있었는데 눈을 뜨고 있었다.

나는 가까이 다가가서 예의를 차리고 간단하게 예배의식을 가졌다. 찬송을 부르고 성경 요한복음 14장을 찾아 이렇게 쓰여 있는 부분을 읽어 드렸다.

"너희는 마음에 근심하지 말라 하나님을 믿으니 또 나를 믿으라 내 아버지 집에 거할 곳이 많도다 그렇지 않으면 너희에게 일렀으리라 내가 너희를 위하여 거처를 예비하러 가노니 가서 너희를 위하여 거처를 예비하면 내가 다시 와서 너희를 내게로 영접하여 나 있는 곳에 너희도 있게 하리라 내가 어디로 가는지 그 길을 너희가 아느니라 도마가 이르되 주여 주께서 어디로 가시는지 우리가 알지 못하거늘 그 길을 어찌 알겠사옵나이까 **예수께서 이르시되 내가 곧 길이요 진리요 생명이니 나로 말미**

암지 않고는 아버지께로 올 자가 없느니라"(요 14:1-6)

나는 이 성경 말씀을 두 번을 반복해서 읽어 드리고, 설교 없이 말씀에 의지해서 간절히 기도하기 시작했다. 귀신을 쫓아내는 축사기도나 특별한 경우에는 눈을 뜨고 상대방을 주시하며 기도하는데 이때도 할머니를 바라보며 기도했다. 할머니가 두 눈을 뜨고 계시기 때문에 얼굴에서 20센티 정도 떨어뜨려 안수기도를 하였다.

"천지만물을 창조하시고 인간의 생사화복을 주관하시는 전능하신 하나님 아버지, 여기 예수 그리스도를 믿고 하늘나라 소망을 갖고 섬기는 사랑하는 딸이 있습니다. 주께서 이 영혼을 불쌍히 여기시고 친히 예비하신 하늘나라, 눈물 없고 슬픔 없고, 애통하는 것이나 곡하는 것이 없고, 어떤 질병이나 죽음도 없는 영광스런 곳으로 인도하여 주옵소서. 이 종이 무엇을 할 수 있나이까? 오직 주님만이 하실 수 있습니다. 예수 이름으로 간구하오니 이 여종을 사랑하시는 주께서 주의 천사들을 보내시어 지금 이 영혼을 거두시어 약속하신 천국으로 들어가게 하옵소서"

신기하고 놀라운 일이 일어났다. 기도가 마쳐갈 즈음, 몇 날이 지나도 감겨지지 않던 두 눈의 눈꺼풀은 살며시 내려와 감기는 것이었다. 기도하는 목사만 눈을 뜨고 기도하는 것이 아니라 가까이서 어머니의 얼굴을 지켜보던 자녀들도 눈을 뜨고 있었기에 감겨지는 어머니의 눈을 바라보면서 눈물을 흘리며 흐느껴 울기 시작했다. 하나님은 그렇게 이 할머니의 영혼을 참된 안식과 평안이 있는 하늘나라로 거두어 가셨다. 한 영혼을 사랑하시는 자비하신 하나님께서는 심히 부족한 이 종을 사용하셔서 천국으로 떠나는 할머니의 마지막 길을 찬송과 말씀과 기도로 아름답게 장식하여 보내드리게 하셨다.

이렇게 한 영혼을 떠나보내면서 나는 인간 생사에 있어 또 하나의 진리를 깊이 깨닫게 되었다. 우리 인간 생명의 씨를 이 세상에 뿌려 살게 하시는 분도 하나님이시지만, 그가 친히 뿌린 생명의 씨앗을 때가 되어 거두어 가시는 분도 하나님이시라는 사실 말이다. 이 세상에 어떤 모양으로 왔던, 또한 어떻게 살던 우리의 생명은 누구나 하나님께로부터 오는 것이요 하나님께로 가는 것이다. 생명의 주인은 하나님이시다. 그러므로 세상의 모든 사람들은 자신의 영혼을 하나님이 거두어 가시므로 그분 앞에 설 때를 생각하며 하나님의 독생자 예수 그리스도를 믿고 하나님을 경외하며 두려움으로 살아야 할 것이다. 여기에 참된 구원과 소망이 있기 때문이다.

나는 이러한 일들을 경험한 후에는 사람이 죽어 장례를 집례 할 때마다 이 간증을 통해 인간 생명의 시작과 끝이 하나님께로 말미암는 것임을 증거하고 있다. 인간의 생명은 하나님께로부터 세상에 왔다가 다시 하나님께로 돌아가는 것이다. 우리 인생의 세상 여행을 소풍으로 표현한 천상병 시인의 아름다운 시가 있어 적어본다.

*귀천(歸天)
　　　　　　　　- 천상병

나 하늘로 돌아가리라.
새벽빛 와 닿으면 스러지는

이슬 더불어 손에 손을 잡고,

나 하늘로 돌아가리라.

노을빛 함께 단둘이서

기슭에서 놀다가 구름 손짓하면은,

나 하늘로 돌아가리라.

아름다운 이 세상 소풍 끝내는 날,

가서, 아름다웠더라고 말하리라……

"말하는 자의 소리여 이르되 외치라 대답하되 내가 무엇이라 외치리 이까 하니 이르되 **모든 육체는 풀이요 그의 모든 아름다움은 들의 꽃과 같으니 풀은 마르고 꽃이 시듦은 여호와의 기운이 그 위에 붊이라 이 백성은 실로 풀이로다** 풀은 마르고 꽃은 시드나 우리 하나님의 말씀은 영원히 서리라 하라"(사 40:6-8)

"**한번 죽는 것은 사람에게 정해진 것이요 그 후에는 심판이 있으리니 이와 같이 그리스도도 많은 사람의 죄를 담당하시려고 단번에 드리신 바 되셨고 구원에 이르게 하기 위하여 죄와 상관없이 자기를 바라는 자들에게 두 번째 나타나시리라**"(히 9:27-28)

"**예수께서 이르시되 내가 곧 길이요 진리요 생명이니 나로 말미암지 않고는 아버지께로 올 자가 없느니라**"(요 14:6)

2.

환상의 파노라마

인천에서 시무하던 교회로부터 다른 지역의 교회로 옮기는 과정에서 일어난 일이다. 교회를 사임하면서 나는 마음을 낮추고 겸손히 하나님의 선하신 뜻이 무엇인지, 하나님이 무엇을 더 기뻐하시는지 몹시 괴로워하며 하나님께 구했다. 그렇게 기도하는 가운데 아무리 대다수의 교우들이 내가 그곳에 남아있어 목회하는 것을 원할지라도 하나님은 나의 마음을 사임하는 쪽으로 인도하셨다. 그래서 나는 가야할 새로운 목회지도 정하지도 않은 상태에서 노회에 사임서를 제출했다.

노회에 사임서를 제출할 때 시무하던 교회의 강단에서 내려오기로 약속한 기간은 3개월 정도였다. 시간은 빠르게 흘러 벌써 2개월이 지났다. 가야할 임지는 나타나지 않았다. 마음은 조급해지고 답답했다. 혼자의 몸이 아니라 가정이 있고, 처자식이 있다는 것이 큰 부담이 되었다. 나는 아내에게 이런 제안도 했다.

"하나님이 내게 시무할 임지를 주시지 않으면 난 어느 기도원이든지

가서 하나님이 새로운 임지를 주시기까지 기도하면서 청소라도 하며 먹고 지낼 터이니 당신은 아이들 데리고 김포 부모님께 가 있어요. 미안해요."

그러던 어느 날 지인으로부터 한 교회를 소개받게 되어 이력서를 냈더니 선을 보러 오라고 하였다. 그런데 내가 그 교회에 선을 보는 날이 우연찮게도 그동안 강단을 지켜오던 교회를 사임하기로 노회와 약속한 주일이었다. 그 날은 1995년 9월 마지막 주일이었다. 나를 지지해 주던 교우들은 이러한 노회와의 약속한 사실을 알지 못했다. 나는 그날 오전 예배를 드리면서 교회를 사임한다는 말은 하지 않고, 저녁예배는 어느 교회에 헌신예배 설교를 인도하러 간다고만 하였다. 그러나 사실 나는 그날로 7년 동안 시무하던 교회의 강단에서 아주 내려온 것이었다.

그 주일 저녁 경기도 화성에 있는 한 교회에 가서 저녁예배 설교를 함으로써 선을 보았다. 내가 행한 설교의 선은 그 교회로서는 다섯 번째이며 마지막 선이었다. 내 앞에 네 명의 목사가 다녀갔다. 나는 설교를 하러 가면서 당시의 절박한 상황과는 달리, 나의 마음에선 다음과 같은 순진하고 정직한 기도를 올리고 있었다. 그것은 성령의 감동과 인도하심이었다.

"주님, 나 하나 잘 되자고, 그리고 꼭 그 교회에 가서 시무하려는 인간적 욕심 때문에, 단 한번이자 마지막일 수 있는 설교를 외형적 멋이나 부리는 생명 없는 말씀을 전하지 않게 하소서. 내가 그 교회에 가고 안가고 떠나 그동안 하나님께서 그리스도 예수 안에서 내게 베푸신 은혜와 사랑과 능력을 있는 그대로 증거하고 올 수 있게 하여 주세요. 오늘 저녁 나의 설교도, 나의 인생도, 가정도 다 하나님께 부탁합니다."

이렇게 기도를 드리고 나니 마음이 참 평안했다. 사적인 모든 욕심을 내려놓고 모든 것을 주님께 맡겨서인지 아무런 긴장감도 불안함도 없이 그렇게 마음이 평안하고 가벼울 수가 없었다. 나는 그 날 저녁 기도한 대로 그동안 주께서 내 삶에 베푸신 은총과 하나님의 살아계심을 전했다. 나는 보편적으로 원고 설교를 한다. 특별히 헌신예배 초청 등 특별 설교를 할 때는 언제나 원고설교를 했다. 그러나 그 날은 모든 것을 성령님께 맡기고 원고 없이 간증 설교를 했다. 집으로 돌아오는 내 마음은 한결 편안하고 가벼웠다.

하루가 지났다. 내 마음은 어제 같지 않았다. 눈앞에 보이는 가족 때문에 착잡하기만 하였다. 그래서 간단한 짐을 꾸려 차를 운전하고 화성 칠보산 기도원으로 올라갔다. 지금은 폐허가 된 기도원이지만 그때만 해도 어느 정도 영성과 은혜가 살아있는 기도원이었다. 기도원으로 올라가는 내 머리는 몹시 복잡했다. 새로운 모험의 길을 떠나려 하는 사람이라면 누구나 모든 무거운 짐을 내려놓고 싶은 심정일 것이다. 그러나 나는 그렇지 못했다.

나는 지금 혼자의 몸이 아닌 처자식이 있는 몸이라는 생각, 처자식이 있다는 것이 그날따라 나를 얼마나 힘들고 부자유스럽게 했는지 모른다. 그리고 한편으로는 그 동안 가족들에게 잘해준 것 없이 많이 힘들게 한 것 같아 미안함과 괴로움이 내 마음을 무겁게 짓눌렀다. 이 모든 것이 가장이라는 위치에서 느끼는 책임감일 것이다.

월요일 첫 날 기도원에 도착하여 짐을 풀었지만, 마음의 무거운 짐은 풀지 못했다. 그래도 내가 기대고 의지할 분은 하나님 한 분 밖에 없었기에, 오직 주님만 바라보며 기도에 열중했다. 화요일이 되었다. 오전 집회를 마치고 많은 사람들이 예배의 자리를 떠났지만 나는 그대로 자리를 지키며 기도하였다. 기도 줄이 잡히면서 기도가 깊어질 즈음, 갑자기 부드럽고 세미한 하나님의 음성이 내 귀에 들려왔다.

"아무것도 염려하지 마라."

이러한 부드러운 주님의 음성과 함께 '**파노라마 같은 동영상의 환상**'이 내 앞에 펼쳐졌다. 그것은 '**다음 주 목요일에 모든 살림살이를 꾸려 여러 돕는 손길들을 통해 이사하는 환상**'이었다. 나는 혼자 말로 독백하듯이 하나님께 여쭈었다.

"하나님 저는 아직 짐도 꾸리지 못했는데, 시간적으로 다음 주 목요일은 너무 빠르지 않나요?"

그렇게 말씀을 드렸는데 하나님께서 내게 나타내신 응답은 다른 것이 아닌 성령의 기름부음을 느끼게 하는 몸의 전율과 세상이 줄 수 없는 큰 평안함이었다.

"평안을 너희에게 끼치노니 곧 나의 평안을 너희에게 주노라 내가 너희에게 주는 것은 세상이 주는 것 것과 같지 아니하니라 너희는 마음에 근심하지도 말고 두려워하지도 말라"(요14:27)

내 입술에서는 이러한 고백이 절로 나왔다.

"하나님 감사합니다! 하나님 감사합니다! 하나님 정말 정말 감사합니다!"

다음날 나는 집으로 하산하여 하나님이 행하실 일을 기대하며 기다렸다. 주일이 되었다. 오후 2시쯤 되었을까? 선을 보고 온 교회에서 제직회를 인도하신 당시 시찰장 김목사님이 전화를 하셨다. 제직회를 열어 교우들의 의견을 물은 결과, 대부분의 교우들이 선을 보고 간 다섯 분의 목사님 중에서 박찬범 목사님을 담임목사님으로 모시기로 결의를 하였다는 내용의 전화였다. 그리고 김목사님은 한 마디를 덧붙이셨다.

"여기 이 교회는 담임목사님이 자리를 비운지가 오래됐습니다. 오실수 있으면 빨리 오시는 것을 교인들이 좋아할 것입니다."

이 또한 나의 사정을 잘 아시는 세밀하시고 자비하신 하나님의 특별한 은총이었다. 왜냐하면 나는 이미 그동안 목회하던 교회에서 사임을 했기 때문에 지금 거처하고 있는 사택도 빨리 내어주어야 하기 때문이다. 상황이 그렇다 보니 전화를 받고 나서, 이러한 사실을 아내에게 알리고, 우리는 함께 감사하는 마음으로 부지런히 서둘러 짐을 꾸리기 시작했다. 지지하던 모든 교우들에게도 사실을 알렸다. 그리고 협력하는 교인들과 함께 이사 날짜를 잡아 이사를 하였다. 그 날은 하나님께서 환상으로 보여주신 목요일이었다.

하나님께서는 이사하는 과정에도 함께 하시고 은혜를 베푸셨다. 작별해야만 하는 교우들이지만 더 오랫동안 함께 하지 못하는 아쉬움 속에서도 이사하는 모든 일을 즐거움으로 힘껏 도왔다. 그들 중 많은 분들이 이

샷짐 차를 뒤따라 와서 끝까지 하나님께서 인도하시는 나의 새로운 목회지로 짐을 옮기는 수고도 아끼지 않았다.

그러한 모습을 바라보면서 내 마음 속에서는 말로 형용할 수 없는 하나님의 크신 은총에 감사했고, 또한 변함없이 마음으로 사랑하며 땀 흘리며 도와주는 교우들을 향한 고마움이 새록새록 내 마음 깊은 곳에서부터 올라와 말할 수 없는 큰 기쁨과 행복함에 젖었다. 그 때의 상황을 생각하면 모든 옛 교우들에게 더없이 고마울 뿐이다.

"나의 사랑하는 옛 교우들이여! 예수 이름으로 여러분을 사랑하며 축복하노라"

하나님은 예수 그리스도 안에서 그동안도 심히 부족한 나를 사랑하시고 큰 은혜를 베푸셨지만 이번 목회지를 새롭게 옮기는 일에도 특별히 개입하시고 인도하시므로 말로 형용할 수 없는 풍성한 은혜를 베풀어 주셨다.

이러한 하나님의 크신 은혜로 이전 목회지에서 다음 목회지로 옮기는 과정에서 중간에 쉬거나 방황하는 일이 없이 곧바로 목회를 이어갈 수 있었다. 참으로 감사하지 않을 수 없는 일이다. 하나님은 심히 부족한 종을 위하여 새롭게 시무할 사역지까지 예비해 두시고 인도하셨으니 이 놀라운 은혜를 어찌 감사하며 찬양하지 않을 수 있으랴!

모든 감사와 찬송과 영광을 성부와 성자와 성령 하나님께 올려 드립니다.

그리고 그 때 또 하나의 잊을 수 없는 것이 있다. 인천에서 화성으로 이삿짐을 옮기는 수고를 마치고 둘러 앉아 다과를 나누는 자리에서 내 마음에 특별히 기도해주고 싶은 집사님이 있었다. 그 집사님은 건축업자인데 척추디스크에 문제가 있어서 허리를 잘 쓰지 못하였다.

　그동안 부인 집사님을 통해서 기도를 받을 것을 권했지만 소식이 없었다. 그런데 그 남편 집사님이 몸이 불편함에도 불구하고 그 날 아침 일찍부터 부인 집사님과 함께 오셔서 이삿짐을 옮기는 수고를 아끼지 않았고 또한 화성까지 오셔서 짐을 풀어주시는 것이었다. 이 어찌 고맙고 감사하지 않을 수 있으리요!

　성령께서 제 마음을 감동하셔서 기도해주고 싶은 마음이 솟아올랐다. 그래서 집사님께 제안을 했다.

　"집사님 지금 허락하신다면 기도해드리고 싶은데 기도 받으시겠습니까?"

　"목사님이 기도해 주신다면 기도 받겠습니다."

　집사님은 흔쾌히 허락하시는 것이었다. 그래서 우리는 다과 나누기를 마치고 모두 함께 찬양하고 함께 기도했다. 나는 집사님의 허리에 손을 얹어 안수하며 간절히 성령님의 충만한 임재와 치유를 위해 간구했다.

　하나님은 우리의 기도에 응답하셨고 집사님을 치유하여 주셨다. 집사님은 부드럽고 편안해진 허리로 집으로 돌아갈 수 있었다.

할렐루야! 모든 영광을 하나님께 돌립니다.

3.

"네 아들이 다 나았다"

늦둥이로 태어난 둘째의 어렸을 때 일이다.

우리가 새로운 교회로 부임하여 이사를 하였을 때, 그곳의 교우들은 모두들 반갑게 우리를 환영하며 맞아주었다. 나는 감사한 마음과 새 희망 속에 사택과 교회의 주변 환경을 정리하며 교우들을 하나하나 돌보며 목회 사역을 다져갔다. 부임한 지 얼마 되지 않았지만, 교우들의 영적 무장을 비롯하여 몇 가지 기도제목을 내어놓고 40일 특별새벽기도회를 하기 위해 이미 광고를 하고 준비도 마친 상태였다.

그런데 아내가 어린애가 아프다고 병원을 다니기 시작했다. 특별한 상황이 아닌 한 병원에 다니는 것을 내가 그리 좋아하지 않기 때문에, 때로는 알리지 않고 다녔다. 나 자신도 아프면 병원도 가고 약방에 가서 약을 사 먹기도 한다. 무조건 병원이나 약방을 싫어하거나 멀리하는 것은 아니다. 하나님은 병원과 약을 통해서도 일하시고 치유하신다는 것을 인정한다. 그러나 내 생각은 기왕에 우리가 전능하신 하나님을 믿는다면 병원이나 약방을 의지하기보다 더욱 하나님을 의지하고 간구함으로써, 믿음도 키우고 살아계신 하나님의 치유하심을 경험하며 하나님께 영광을 돌렸으면 하는 마음이 더 큰 것이다.

어느 날 아내는 나에게 다가오더니만 무거운 입을 열었다.

"그동안 당신 모르게 아이를 데리고 여러 번 병원을 다녔어요. 오늘 다녀온 작은 병원에서는 더 이상 아들의 병을 치료할 수 없다며 **'대학병원으로 가보라'**고 의사가 추천서를 써 주었어요." 라고 말하는 것이었다.

이런 경우 어찌해야 하겠는가? 그날 밤 아이를 지켜보니 오른쪽 허벅지가 아파 고통을 느끼며 잠을 제대로 못자는 것이었다. 아픈 것이 점점 심해지고 있었다. 마음이 쓰리고 아팠다. 다음 날 나는 아내와 함께 어린 아들을 데리고 B대학병원으로 가서 진단을 받았다.

진찰하는 과정에서 의사는 어린 아기의 오른쪽 허벅지에 아주 커다란 주사기의 바늘을 찔러 골수를 뽑아냈다. 그 때 고통이 얼마나 큰지 아기는 자지러지게 울었다. 옆에서 그 모습을 지켜보던 나는 갑자기 현기증이 나서 쓰러지듯 의자로 누워 정신을 잃는 것 같았다.

얼마쯤 지나 검사 결과가 나왔다. 그런데 담당의사가 하는 말은 또 한 차례 내 심장을 녹아들게 했다.

"이 아기는 수술을 해야 합니다. 아주 드문 경우인데, 나쁜 균이 골수에 침입하여 수술을 하지 않으면 위험해집니다. 그런데 유감스럽게도 우리가 최선을 다해 수술을 해도, 치료율은 70퍼센트 밖에는 보장을 못합니다. 30퍼센트는 우리도 책임을 질 수 없습니다. 그 때는 오른쪽 다리를 못 쓰게 될 수도 있습니다."

나는 그 때 의사의 하는 말을 들으며 마음이 철렁 내려앉는 듯 큰 아픔을 느꼈다. 이유는 **"아이가 수술을 받아도 30퍼센트는 보장을 못하고, 자칫하면 오른쪽 다리를 못 쓰게 될 수도 있습니다."** 는 말 때문이었다.

의사가 우리를 향해 **"부모님 걱정하지 마세요. 수술만 하면 괜찮습니다."** 라고 했다면 나는 조금은 걱정이 되더라도 의사에게 수술을 맡기며 기다렸을 것이다. 그런데 의사가 덧붙여 한 그 말이 얼마나 아빠 된 내 마음을 괴롭히는지…. **"3퍼센트도 아닌 30퍼센트…"**

만약의 경우지만, 내 자식이 평생 한 쪽 다리를 쓰지 못하며 산다고 생각하니, 순간적으로 엄청난 고통이 파도처럼 밀려들었다. 나의 마음이 몹시 무겁고 아팠다. 아이는 입원을 하고 수술을 기다려야 했다. 아이의 상태가 아주 나쁘기 때문에 되도록 빨리했으면 하는 것이 담당의사의 생각이었다. 그래서 특별한 일이 없는 한 내일 아침 일찍 수술 집도를 할 것이라는 말을 듣고, 나는 아들을 아내에게 맡기고 집으로 돌아왔다. 새벽기도회를 인도해야 했고 또한 특별히 아들을 위해 기도하기 위해서였다.

나는 가정에 우환이 있으면 부모님이나 형제들에게 잘 알리지 않았다. 그런데 이 일 만큼은 왠지 알리지 않을 수 없는 너무 큰일이라는 생각이 들었다. 그래서 부모님과 형제들에게 전화를 걸어 내일 아침 일찍 수술을 하게 될 것이라고 알렸다.

그날 밤 나는 잠을 잘 수가 없었다. 집에 들어가지 못하고 성전에서 엎드려 아들의 치유를 위해 간절히 기도했다. 그동안 바르지 못한 삶의 부분들을 회개하고 자복했다. 또한 내 삶과 가정의 우환으로 인해 부모 형제나 교우들에게 덕을 세우지 못하고 하나님의 영광을 가리는 일이 없도록 간절히 마음을 쏟아 호소하며 간구했다.

어느덧 밤이 깊고 새벽이 되었다. 갑자기 머리로부터 온 몸에 강한 전류가 흐르는 것 같은 성령의 기름부음을 느끼면서 순간 주님의 음성이 들렸다.

"아무것도 염려하지 마라. 네 아들이 다 나았다."

이러한 주님의 음성을 듣는 동시에 내 속에 아들로 인한 슬프고 답답한 마음이 한 순간에 다 씻은 듯 사라지고 너무나도 큰 평안함이 위로부터 마음 가득하게 임하는 것을 느꼈다. 뿐만 아니라 하나님은 나에게 주께서 아픈 아들을 고치셨다는 것을 아무런 의심 없이 받아들일 수 있도록 큰 확신의 선물도 주셨다.

나는 하나님의 그 놀라운 은혜의 음성을 듣고 이렇게 하나님께 말씀을 드렸다.

"하나님 감사합니다. 하나님 감사합니다. 오늘 새벽기도 마치고 병원 가는대로 하나님이 고쳐주신 것을 믿고 퇴원시키겠습니다."

새벽기도를 마치고 차를 운전하며 병원으로 향했다. 어제와는 달리 마음이 가벼웠다. 하나님이 너무 너무 좋았다. 마음 속 깊은 곳에서 하나님을 향해 감사가 절로 나왔다. 병원에 도착하여 보니 어린 아들이 편안히 잠이 들어 있었다. 나는 아내에게 지난 밤 하나님께서 우리 아들을 고쳐주신 사실 이야기를 해 주었다. 그리고 담당 의사가 출근하는 대로 퇴원시키기로 하였다.

한편 나는 아내로부터 새벽에 병원에서 있었던 일에 대한 이야기를 들었다. 수술을 하기 위해 아주 이른 새벽부터 수술 준비를 해야 했다. 어린 아기를 대상으로 MRI 사진을 찍으려면 절차가 조금 복잡했다. 자기 몸을 통제할 수 있는 자기 의지가 없기 때문에 사진을 찍는 동안 움직이지 못하게 수면제 주사를 놓아 잠을 자게 해야 했다. 그런데 우리 아들에게는 수면제 약이 효과를 발휘하지 못했다. 아기는 고통이 심했다. 진통제를 주어도 효과가 없을 만큼 통증이 심했다. 병원 측은 아이와 씨름을 하다가 포기하고 수술실은 다른 사람에게로 넘어갔다는 것이다.

MRI 사진을 찍기 위해 병원 측은 우리 아들의 상태가 너무 안 좋아서 우리보다 더 빠른 순서의 환자들에게 양보를 받아낸 것이었는데, 안타깝게도 사진조차 찍지 못하고 포기해야 했던 것이다. 그러나 그것까지도 하나님은 합력하여 선을 이루어 감사의 조건이 되게 하셨다. 우리가 그 사진을 찍기 위해서 당시 선불로 45만 원을 지불했는데, 하나님이 깨끗하게 치유해 주셔서 사진을 찍을 이유도 수술할 이유도 없게 되었으니 우리는 퇴원하면서 지불했던 그 돈을 다시 찾게 되었던 것이다. 이 어찌 감사한 일이 아니겠는가?

우리는 돌아오는 주일 기쁜 마음으로 그 돈을 감사헌금으로 하나님께 드렸다. 만일 수술을 했으면 더 많은 수술비, 입원비, 몸과 마음의 고통, 시간허비 등 얼마나 많은 손해를 보았겠는가! 그렇게 진정이 되지 않던 고통은 내가 하나님께로부터 **"아무것도 염려하지 마라. 네 아들이 다 나**

았다." 라는 음성을 들은 바로 그 시각에 안정이 되었고 편안히 잠을 잘 수 있었던 것이다.

"그 낫기 시작한 때를 물은즉 어제 일곱 시에 열기가 떨어졌나이다 하는지라 그의 아버지가 **예수께서 네 아들이 살아있다 말씀하신 그 때**인 줄 알고 자기와 그 온 집안이 다 믿으니라"(요 4:52-53)

아내의 이야기를 듣다보니 아침이 밝았다. 우리는 퇴원수속을 밟았다. 담당 의사를 만나 퇴원을 하겠다고 말했다. 그랬더니 의사는 **"우리 병원이 못미더워서 서울에 있는 더 큰 병원으로 옮기려고 합니까?"** 그래서 자초지종을 이야기 하며 하나님이 치유하셔서 우리 아기는 다 나았다고 말했다. 의사는 우리가 하는 말이 이상하고 의심스러운 듯이 다시 말을 꺼내며 **"퇴원은 시켜드리지만 아이의 병이 나쁜 질병이라 무슨 문제가 생기면 우리는 책임을 지지 않습니다."** 하며 각서 용지를 내어주고 기록하게 하고 사인까지 하게 했다.

퇴원 수속을 밟는 동안 아버지를 비롯하여 여러 형제들이 모여들었다. 언제나 고마운 부모님과 형제들, 이렇게 어려울 때 찾아주는 부모님과 형제들이 있다는 것이 그 날의 기쁨을 한층 더해 주었다. 오랜만에 함께 모인 우리 가족은 퇴원을 하여 집으로 돌아가서 서둘러 음식 재료를 준비하여 맛있는 오찬을 나누며 하나님께 감사하였고, 모처럼 즐겁게 가족의 사랑을 나누었다.

하나님은 나와 내 아들의 생명의 주인이시다. 부모님을 통해 내 생명을 보내신 분도 하나님이시요, 환난 중 나를 치료하시고 살리신 분도 살아계신 하나님이시다. 그 자비로우신 하나님은 내 아들의 질병도 고쳐주셨다. 하나님은 내 인생의 처음부터 지금까지 그리고 앞으로도 변함없는 사랑으로 인도하시고 보호하시는 전능하신 분이시다.

내 인생에 오늘이 있음은 오직 그리스도 예수 안에 있는 말로 다 형용할 수 없는 하나님의 은혜요 큰 복이다. 모든 감사와 찬양과 영광을 지금도 살아계신 하나님, 전능하신 하나님, 큰 사랑의 하나님께 드린다. 할렐루야!

"주 예수를 믿으라 그리하면 너와 네 집이 구원을 받으리라"(행 16:31)

4.

하나님은 그 시간
그곳에 그 분을!

　우리 장로님 말에 의하면 세광교회는 1차 천일기도번제를 드리고 난 후에 흉가 같은 교회 본당을 깨끗하고 예쁘게 리모델링 하였고, 2차 천일기도번제를 드리고 난 후에는 사택 및 화장실이 있는 2층 건물을 새롭게 신축하게 되었다고 증언하였다. 이 모든 것이 기도의 산물임을 말하고 있다.

　온 교회가 마음을 같이하여 정성된 기도의 제단을 쌓은 후 특별히 그러한 목적을 가지고 한 것은 아니었지만 하나님은 우리 교회에 놀라운 은혜를 베푸셔서 그 때마다 본당 리모델링과 사택 건물을 신축할 수 있도록 귀한 보너스를 주신 것이다.

　내가 부임할 당시 우리 교회는 터는 넓게 자리 잡고 있으면서도 차가 들어가는 진입로가 없었다. 그래서 진입로 작업을 위해서 재정적인 문제를 비롯하여 여러 어려움이 있었지만 하나님의 은혜로 잘 마칠 수 있었다.

이렇게 진입로를 만들고 교회와 사택 사이 담을 헐고 주차장으로 사용할 마당을 마련하였다. 그 후에 하나님은 심하게 낡은 교회 본당을 안팎으로 리모델링을 하도록 인도하셔서 이것도 잘 마칠 수 있었다. 벌써 십여 년이 흐른 과거의 일이다.

리모델링만 하는 것이 아니라 욕심을 내어 건물 앞쪽에 여러모로 활용할 수 있도록 건축업자에게 부탁하여 현관 위로 작게 달아내어 건물을 지었다. 모든 건축 일을 마쳤을 때 우리 교우들은 감사했고 기뻤다. 감사예배와 함께 임직식의 행사도 성대하게 가졌다.

그런데 뜻하지 않은 문제가 생겼다. 바로 그 현관 위 달아낸 작은 건물로 인하여 하루는 구청에서 나와서 이것을 헐어야 한다는 것이었다. 몰라서 한 것이니 잘 봐달라고 부탁했지만 소용이 없었다. 구청에서 나온 분들은 다음에 다시 올테니까 그 안에 원위치 시켜놓으라고 하면서 돌아갔다. 한 주일이 지나고 그들은 다시 나왔는데 손에는 커다란 쇠함마를 들고 있었고, 다시 두려움을 주는 엄한 경고를 하고 돌아갔다.

나의 고민은 말이 아니었다. 나는 몇 가지를 깊이 생각했다. 첫째는 하나님의 영광이 가리는 것이다. 낡은 건물로 오랫동안 흉하게 버려진 채 있었던 하나님의 성전이 모처럼 새롭게 리모델링을 하였는데 어느 한쪽 부분을 허물어야 하는 상황이 벌어질 때 지역에 믿지 않는 사람들이 바라볼 때 어떻게 생각할까? 마음이 괴로웠다.

둘째는 오랫동안 교회가 어려워 흉가처럼 방치했던 건물을 내가 와서 리모델링이라는 변화를 주었을 때 모든 교우들이 감사하고 기뻐하며 하나님께 영광을 돌렸는데 만일 달아낸 건물이 허물어졌을 때 교우들이 얼마나 실망할까 하는 생각에 밥맛도 잃고 잠도 오지 않았다. 내 입에서는 주여 주여 소리가 절로 나왔다. 더욱 간절히 기도하지 않을 수 없었다.

나는 이렇게 괴롭고 힘든 가운데 성전에서 간절한 기도를 올리고 음료수 박스를 구입하여 손에 들고 구청 담당부서를 찾아갔다. 거기에는 우리 교회를 찾아왔던 반장을 비롯하여 반원들이 자리를 지키고 있었다. 그들 앞에 내 자신의 모습은 마치 고양이 앞에 쥐와 같았고, 사나운 맹수들 앞에 힘없고 초라한 한 마리의 양이었다.

나는 반장을 비롯하여 모두를 향해 정중히 고개를 숙여 인사를 하였다. 반장은 자리에 앉아 나를 알아보고 왔냐고 인사를 받았다. 그런데 바로 그때 칸막이 너머에 앉아있던 팀장이 이쪽에서 주고받는 인사 소리에 고개를 돌려 우리를 쳐다보다가 나를 보고 벌떡 일어나더니만 허리를 굽혀 정중히 인사를 하며 말을 건네었다.

"목사님 오셨어요 어쩐 일이세요. 뭐 도와드릴 일이라도 있습니까?"

더 나아가서 반장을 향해 **"우리 목사님 도와드릴 일 있으면 잘 좀 도와드리세요."** 하고 부탁까지 하는 것이었다.

상황이 놀랍게 역전되었다. 모든 책임을 맡은 직속상관인 팀장이 그곳을 찾은 목사를 보면서 그토록 정중하게 인사를 올리면서 부탁까지 하니까 반장은 자세를 새롭게 하면서 일어나 이런 말을 하였다.

"목사님, 걱정하지 말고 돌아가세요. 잘 될 겁니다."

나는 고맙고 감사하다는 말로 정중히 인사를 드리고 돌아왔다. 나는 그때 그 팀장님을 통해서 나를 만나주시는 구세주 예수님을 만나는 경험을 한 것이다.

그렇게 하여 그토록 내 마음에 큰 짐이 되고 고통을 주었던 문제는 아무런 탈 없이 깨끗이 해결되었다. 큰 건물이 아닌 작은 것이고, 또한 민원에 걸려서 꼭 처리해야 할 것도 아니기 때문에 조금만 아량을 베풀면 융통성 있게 넘길 수 있는 것이라 선처를 해주었다고 생각한다.

그 팀장님은 다른 사람이 아니라 우리 교회 가까이 있는 동사무소에 여러해 전에 사무장으로 근무하셨던 분이었다. 그런데 그 분이 바로 그 시점에 구청 담당부서의 팀장으로 시무지를 옮겨 일하고 계셨던 것이다. 전혀 알지 못했던 것이다.

내가 큰 어려움을 당하고 있었을 때, 내가 아무런 힘도 없이 초라한 모습으로 무서운 맹수들 앞에 어린 양처럼 그 곳을 찾았을 때, 하나님은 그 분을 다른 곳이 아닌 바로 거기에 앉혀 주시고, 내가 찾아간 그날 그 시간 어떤 출장도 없게 하시고, 잠시 다른 업무로 자리를 비우게 하지도 않으시고 자리를 지키고 있게 하셨다.

그 날 나는 그곳을 찾아가면서도 나의 입에서는 쉬지 않고 주를 찾으면서 발걸음을 옮겼다. 그런데 자비와 긍휼에 풍성하시고 간절히 주를 찾는 자에게 자비를 베푸시고 응답하시기를 기뻐하시는 하나님께서는 내가 그곳을 찾아갈 것을 미리 아시고 그 팀장님을 그 시간 그곳에 자리를 지키고 있다가 나를 만나게 하셨던 것이다. 할렐루야!

"환난 날에 나를 부르라 내가 너를 건지리니 그가 나를 영화롭게 하리로다"(시 50:15)

이 얼마나 고맙고 감사한 일인가? 내 인생에 평생 잊을 수 없는 일중의 하나다. 하나님께 감사드리고, 도움을 주셨던 팀장님에게 감사드린다. 더 나아가 팀장님의 부탁을 들어주셨던 반장님과 반원들에게도 진심으로 감사를 드리고 싶다. 나는 이들 모두를 진심으로 축복한다.

내가 이 교회로 와서 시무하면서 비록 약하고 어려운 교회지만 처음부터 시행한 것 중의 하나가 매년 일 년에 두 차례 동사무소에 속한 환경미화원들과 인근의 경로당 어르신들 대접하는 일이었다. 여름 복중에는 삼계탕으로, 겨울에는 해물탕으로 음식을 대접하였다. 나중에는 경로당 어르신들이 두 번 대접받는 것이 부담스럽다고 한 번만 하자고해서 여름에 한번만 하였다.

이러한 일로 인하여 동네 나이 드신 어르신들을 비롯하여 동사무소 동장님과 실무적인 일을 감당하는 사무장님 하고는 자연스럽게 친분을 쌓게 되었다. 내가 어려운 문제를 가지고 구청을 찾았을 때 저에게 구세주로 나타났던 그 팀장님도 동사무소의 사무장으로 있을 때 그렇게 알고 친하게 지냈던 분이었다. 특별히 더 친분을 나눌 수 있었던 것은 그 분이 독실한 기독교인이었기 때문이기도 하였다.

얼마간의 기간을 두고 직원들이 교체되는 가운데 그 사무장도 교체되어 어디로 옮겨갔는지 알 수 없게 가셨는데 저의 삶을 주관하시고 때를 따라 은혜를 베푸시는 전능하신 하나님께서는, 환난 날에 주님만 의지하여 바라볼 수밖에 없는 상황에서 주의 이름을 부르며 간절히 주의 도우심을 구하는 심히 부족한 이 종을 위해 미리 그 사무장을 그곳으로 옮겨주시고, 그 날 그 시간에 그 자리를 지키게 하심으로 기적적인 큰 은혜를 베풀어 주셨다.

　나는 그렇게 그 팀장님을 그 곳에서 만남으로 너무나도 크고 무거웠던 괴로운 짐을 다 내려놓을 수 있었다. 내 삶의 위기에서 이렇게 구원하신 하나님을 어찌 감사하지 않을 수 있으며 어찌 찬양과 영광을 돌리지 않을 수 있겠는가?

"누구든지 주의 이름을 부르는 자는 구원을 받으리라"(롬 10:13)

5.

"그러니까 왔지요"

　화성에서 수원으로 목회지를 옮긴 지 얼마 지나지 않았을 때이다. 그해 추석이 가까이 올 무렵 인천의 이* 집사님이 전화를 하였다. 내용인즉 집사님은 왼쪽 다리가 너무너무 쑤시고 아파서 잠도 잘 못 잤다. 그래서 여러 날 병원에 가서 치료도 받아 보았지만 효과가 없었다. 그렇게 여러 달을 보냈는데 하루는 병원에 갔더니 의사가 하는 말이 골반이 많이 뒤틀려 신경이 눌려서 그렇다는 것이다.

　오래전부터 허리에 문제가 생겨 좌골신경통이 생겼는데도 공장 식당을 경영하면서 주방 일을 도맡아 하다 보니 자기 몸은 제대로 돌보지 못했다. 시간이 갈수록 병도 깊어지고 고통도 심해진 것이다. 한쪽 다리가 아파서 아프지 않은 다리에 힘을 주며 걷다 보니 골반이 뒤틀리게 되었고, 그 결과 오른쪽 다리가 왼쪽 다리보다 짧아져 걷는 것도 절룩거리게 되었다.

　의사는 수술을 해도 큰 수술을 해야 할 것이라고 했다. 상황이 이렇게 심각하다 보니 고민이 너무나도 크고 많았다. 수술하는 것도 겁나고, 만만찮은 수술비 걱정도 태산 같았다. 또한 수술 후 회복하기까지 안정을 취해야 하기 때문에 일도 못할 것을 생각하니 몸과 마음이 너무 힘든 가운데 박목사님 생각이 나서 전화를 하였다는 것이다.

나는 이 집사님의 전화 소리를 듣고 이렇게 말했다.

"집사님, 내가 지금 전화로 기도해 드리면 집사님의 아픈 통증은 나을 거예요. 그러나 골반이 뒤틀린 것과 다리 짧은 것은 시간을 내서 한번 다녀가도록 했으면 해요. 오셔서 같이 기도합시다."

이렇게 말하고서는 전화로 기도를 해 주었다. 집사님은 그 즉시 통증이 물러갔고 그날 밤부터는 단잠을 잘 수 있었다고 한다.

추석이 지나고, 주일 오후예배가 끝나는 시간에 맞춰 집사님은 딸과 함께 나타났고, 우리는 함께 사택으로 들어가 차를 나누었다. 거실에는 나와 아내 그리고 이 집사님과 딸 그렇게 넷이 둘러앉았다. 나는 집사님의 아픈 곳과 다리 상태를 점검하면서 집사님의 다리를 뻗게 하여 다리의 길고 짧은 것을 확인하니 오른쪽 다리가 2~3센티미터 정도 짧은 것을 확인할 수 있었다. 나는 집사님에게 물었다.

"집사님, 지금 박 목사가 집사님을 위해 예수 이름으로 기도하면 하나님께서 집사님의 골반과 다리를 고쳐 주실 줄 믿나요?"

집사님은 시원스럽고 확신이 있는 말로 대답을 했다.

"목사님, 그러니까 왔지요."

그 말을 듣는 순간 내 마음에 큰 감동과 함께 내 안에 계신 성령님께서 기뻐하시는 것을 느꼈다. 하나님께서 기쁘게 역사하시리라는 믿음이 넘쳐났다. 우리는 함께 주님을 찬양했다.

"찬양하라 내 영혼아 찬양하라 내영혼아 내 속에 있는 것들아 다 찬양하라"

"감사하라 내 영혼아…"

"기뻐하라 내 영혼아…"

나는 소리 내어 말씀을 암송했다.

"믿는 자들에게는 이런 표적이 따르리니 내 이름으로 귀신을 쫓아내며, … 병든 사람에게 손을 얹은즉 나으리라."

"믿음의 기도는 병든 자를 구원하리니 주께서 저를 일으키시리라."

나는 예수님의 보혈과 말씀을 의지하여 손을 얹고 간절히 기도했다.

"주의 성령님 여기 충만하게 임하소서. 능력 있는 주의 천사들과 함께 임하셔서 친히 수술하여 주소서. 권능은 주님께 있습니다. 치료하시는 분도 주님이십니다. 주께서 사랑하시는 딸을 불쌍히 여기시고 고쳐 주옵소서."

"나사렛 예수 이름으로 명하노니 그동안 하나님의 사랑하시는 딸 이 집사님을 괴롭힌 악한 병마는 성령의 권능으로 묶음을 받고 물러갈지어다. 물러갈지어다."

"예수 이름으로 명하노니 주의 창조의 권능과 치료의 능력으로 뒤틀린 골반은 정상으로 회복되고, 오른쪽 짧은 다리는 왼쪽 다리의 길이와 같이 정상적으로 맞춰질지어다 정상적으로 맞춰질지어다."

이렇게 큰 소리로 명령과 선포기도를 하고, 자세를 달리하여 더 기도하려고 하는데, 이 집사님이 나를 불렀다.

"목사님 잠깐만요. 목사님이 기도해 주실 때 나는 분명히 가만히 있으려고 하는데 다리가 움직였어요. 이상해요."

"그래요, 그러면 다리를 뻗어 보세요."

집사님은 두 다리를 쭉 폈다. 기적이 일어났다. 주의 이름으로 명한 대로 뒤틀린 골반이 정상으로 돌아왔고, 오른쪽 다리도 왼쪽 다리와 같이 길이가 똑같이 맞추어져 있었다. 할렐루야!

나는 집사님에게 말했다.

"집사님, 일어나서 허리도 움직여 보시고, 걸어도 보세요."

집사님은 일어나서 허리도 움직여 보고 걸어도 보았다. 모든 것이 정상이었다.

우리는 다시 하나님 앞에 겸손히 엎드려 기도했다. 집사님에게 은혜를 베풀어 고쳐 주신 것을 진심으로 감사하며 하나님께 영광을 돌렸다.

하나님 감사합니다. 내가 주의 이름을 찬양합니다. 주는 선하시며 인자하심이 영원하십니다. 모든 영광을 하나님께 돌립니다. 할렐루야!

하나님은 지금도 살아 계십니다.

하나님은 지금도 예수 이름으로 기도하는 것을 들으시고 응답하십니다.

"예수께서 이르시되 할 수 있거든이 무슨 말이냐 믿는 자에게는 능히

하지 못할 일이 없느니라 하시니 곧 그 아이의 아버지가 소리를 질러 이르되 내가 믿나이다 나의 믿음 없는 것을 도와주소서 하더라"(막 9:23-24)

"예수께서 돌이켜 그를 보시며 이르시되 **딸아 안심하라 네 믿음이 너를 구원하였다** 하시니 여자가 그 즉시 구원을 받으니라"(마 9:22)

6.

삼- 세 번의 기적

우리 세광교회는 '사랑의 중보기도 천일 기도번제'라는 타이틀을 걸어 놓고 3년 가까이 매일 새벽과 밤으로 기도회 모임을 가졌다. 비록 모이는 숫자는 많지 않아도 천일의 날 수를 채워가며 찬송하고 간구하며 부르짖었다. 그러던 어느 날 밤 9시 기도회를 드리기 위해 모였는데 미용실 영업을 하시는 김권사님의 표정이 어두운 얼굴을 하고 있었다. 그래서 나는 "김권사님 무슨 일 있어요?" 물었다. 그랬더니 권사님은 그 날 있었던 일을 이야기 했다.

오늘 집에서 높은 곳에 있는 것을 꺼내기 위해 의자를 놓고 올라갔다 내려오다가 무릎 관절에 큰 고통을 느끼며 주저앉아 버렸다는 것이다. 그래서 일도 못하고 결혼한 딸을 불러 고색에 있는 병원을 찾아 가서 의사에게 검진을 받은 결과 왼쪽 무릎 연골이 찢어져 파열되어 수술을 해야 된다고 했단다.

의사가 그렇게 말하면서 양말을 벗은 발을 보더니만 왼발 두 번째 발가락이 엄지발가락 위에 올라가 있는 기형의 모습을 보면서 수술하는 김에 이것도 수술해야지 그냥 두면 나중에는 이것 때문에 더 고생하게 될 것이라고 하였다. 사실 평소 그 발가락 때문에 잘못하여 부딪치면 너무너무 견디기 힘들게 아팠다고 하였다. 그렇지만 권사님은 한편 재정적으로 어려운 상황에 있었기 때문에 수술비가 겁이 났다. 같이 갔던 딸이 옆에서 듣다가 "그러면 수술비는 얼마나 드나요?" 물으니 의사의 말이 7-8백만 원은 들어갈 것이라 했다고 한다.

이런 이야기를 들은 나는 권사님에게 말했다. "권사님 우리 기도회를 마치고 따로 남아 기도합시다." 이렇게 말을 하고는 기도회를 시작하였다. 기도회를 마치고 남은 사람은 목사인 나와 김권사님 그리고 나의 장모님 셋이 남았다. 나는 기도하기 전에 평안한 마음으로 믿음의 말을 선포했다.

"권사님 아무 걱정하지 말고 전능하신 하나님만 믿고 기도합시다. 전능하신 하나님께서 권사님의 무릎과 발가락을 고쳐주실 것입니다. 무릎의 연골이 찢어진 것은 고쳐주셔도 보이지 않지만, 왼발 엄지발가락 위에 올라가 있는 둘째 발가락이 내려온 것을 보면 하나님이 고치신 것을 확실하게 알 수 있으니까, 우리가 기도하고 발가락이 고쳐진 것을 보면 하나님께서 무릎도 고쳐주신 것을 믿읍시다."

이렇게 믿음과 희망의 말을 선포하고 함께 기도하기 시작했다.

"하나님 아버지, 하나님께서 사랑하시는 권사님이 생각지 않은 사고로 고통 중에 있습니다. 그러나 우리는 이 시간 전능하신 하나님과 주께서 약속하신 말씀을 믿고 예수 이름으로 기도하오니 응답하여 주옵소서.

어떤 허물과 죄악이 있더라도 크신 사랑으로 용서하여 주시고, 십자가의 보혈로 깨끗하게 씻어주시옵소서. 주께서 성령으로 충만하게 임하소서. 주의 능력 있는 천사들과 함께 임하셔서 하나님이 사랑하시는 딸을 정상적으로 고쳐주옵소서."

나는 이어서 권사님의 삶을 괴롭히는 어둠의 세력을 향해 큰소리로 강력하게 꾸짖었다.

"나사렛 예수 이름으로 명하노니 하나님이 사랑하시는 딸을 괴롭히는 악한 마귀 어둠의 세력들은 물러갈지어다. 물러갈지어다."

그리고 무릎의 찢어진 연골과 기형 발가락의 치유를 위해 강력한 명령과 선포의 기도를 했다.

"나사렛 예수 이름으로 명하노니 하나님의 창조의 능력과 치유의 권능으로 권사님의 찢어진 무릎 연골은 정상적으로 붙고 치유될지어다. 치유될지어다."

"예수 이름으로 명하노니 성령님의 창조의 권능으로 권사님의 엄지발가락 위에 올라가있는 둘째 발가락은 제자리로 내려갈지어다. 정상적으로 내려갈지어다."

참으로 간절하게 기도하며 외쳤다. 그리고 발가락을 살펴보았다. 아무런 변화가 없었다. 다시 그렇게 기도하기를 세 번이나 하였다. 그러나 아쉽게도 조금도 변화된 것이 없었다. 인간적으로 약간의 실망 아닌 실망의 마음이 들었다. 그렇지만 나는 이렇게 말했다.

"김권사님 우리 실망하지 맙시다. 오늘은 이것으로 기도를 마치지만 다시 또 도전합시다."

이렇게 말하고서 나는 기도 장소인 교육관을 나와 사택으로 갔다. 김 권사님과 나의 장모님은 교육관에서 거의 매일 내 집처럼 기도하며 잠을 자기 때문에 기도를 마치고 김권사님은 조심스럽게 세면장에 가서 세면을 하고 발을 닦고 교육관으로 다시 들어왔다. 그 때 거기 계시던 장모님이 우연찮게 김권사님의 발을 보고 놀라며 말했다.

"김권사님, 권사님 발가락이 내려왔어!"

눈이 휘둥그레진 김권사님은 감사 감격의 마음으로 발가락을 확인하고, 무릎도 이렇게 저렇게 걷고 힘주어 딛고 하면서 관찰을 하였다. 아무런 이상도 통증도 없었다. 하나님은 발가락과 함께 무릎도 깨끗하게 고쳐주신 것이었다. 두 분은 하나님이 행하신 크신 일을 생각하며 하나님께 감사하며 영광을 돌렸다. 이들은 예수 안에서 큰 행복을 맛보았다. 그리고 그 날 밤 이들은 단잠을 잤다. 다음 날 새벽 기도회를 마치고 김권사님은 이 놀라운 하나님의 치유역사를 나에게 알려 주었다. 나 또한 하나님이 행하신 크신 일에 대하여 하나님을 찬송하며 감사와 영광을 돌렸다.

"할렐루야! 존귀하신 주의 이름을 높여 찬양하며 감사드립니다."

김*권사님은 여러 해 세월이 흘렀어도 무릎 관절에 아무런 이상 없이 건강하고 튼튼한 무릎을 유지하면서 일을 하고 있다. 그리고 손님들에게 하나님이 새롭게 만들어 주신 아름다운 미인의 발을 내보이면서 하나님을 자랑하고 있다. 하나님께서 그동안 심히 부족한 저를 통해 많은 영광을 나타내셨지만 이번 일로 또 다른 새로운 것을 깨닫게 하셨다. 우리가 기도하면서 실망치 않고 계속 믿음으로 도전한다면 하나님은 놀라운 응답과 기적을 나타내신다는 사실을!

"예수 안에서 믿음으로 도전하라. 곧바로 응답이 없다고 실망치 말고, 전능하시고 자비하신 하나님과 그 말씀을 믿고 기도하며 계속 도전하라"

우리 말에 **"삼– 세 번"**이라는 말이 있다. 못해도 세 번까지는 희망을 갖고 다시 한다는 의미이다. 그런 의미에서 나는 이때의 기적을 **"삼– 세 번의 기적"**이라 일컫고 있다. 하나님과 그 말씀을 굳게 믿고 실망치 않고 도전한다면 하나님은 결코 우리를 실망시키지 않으시는 분이시다. 아합 왕이 이스라엘을 다스리던 때에 3년 반이나 비가 오지 않아 가뭄의 피해가 극심한 가운데 엘리야 선지자는 사환과 함께 갈멜산에 올라가 무릎을 꿇고 머리를 무릎 사이에 넣고, 약속의 말씀을 붙잡고 간절히 하나님께 기도하면서 사환을 시켜 하나님이 비를 내리실 징조를 7번이나 확인하였다. 마침내 하나님은 엘리야의 기도에 응답하시므로 사람의 손만한 작은 구름이 떠오르는 것을 보게 하시고, 큰 비를 내리셨다.

"예수께서 그들에게 대답하여 이르시되 하나님을 믿으라 내가 진실로 너희에게 이르노니 누구든지 이 산더러 들리어 바다에 던져지라 하며 그 말하는 것이 이루어질 줄을 믿고 마음에 의심하지 아니하면 그대로 되리라 그러므로 내가 너희에게 말하노니 무엇이든지 기도하고 구하는 것은 받은 줄로 믿으라 그리하면 너희에게 그대로 되리라"(막 11:22-24)

여러 해가 지난 지금에 와서도 나는 그 때 일을 생각하면 이런 의문이 들며 하나님께 감사하지 않을 수 없다. 내가 그 때 어떻게 김권사님의 왼발 엄지발가락 위에 올라타고 있는 둘째 발가락이 기도하면 내려갈 것이라는 믿음을 가지고 권사님에게 기도하자고 말할 수 있었는지? 어찌했던 그때 그러한 엉뚱한 생각의 믿음을 주시고 도전할 수 있도록 인도하신 하나님께 참으로 감사할 따름이다.

지금도 하나님은 살아계신다.

예수님은 우리의 모든 죄악을 담당하시고 십자가에서 피 흘려 죽으심으로 우리를 죄와 율법의 저주로부터 속량하셨다. 하나님은 그를 죽은 자 가운데서 다시 살리셨다. 예수님은 우리의 모든 약함과 모든 질병도 담당하셨고, 믿음으로 나오는 모든 병자들을 다 고쳐 주셨다. 어제나 오늘이나 영원토록 동일하신 예수님은 지금도 우리의 삶속에서 성령으로 하나님의 영광을 나타내기를 원하신다.

"내가 진실로 진실로 너희에게 이르노니 **나를 믿는 자는 내가 하는 일을 그도 할 것이요 또한 그보다 큰 일도 하리니** 이는 내가 아버지께로 감이라 너희가 내 이름으로 무엇을 구하든지 내가 행하리니 이는 아버지로 하여금 아들로 말미암아 영광을 받으시게 하려함이라"(요 14 : 12-13)

"**예수 그리스도는 어제나 오늘이나 영원토록 동일하시니라**"(히 13 : 8)

7.

간암과 유방암 치유

**장인 어른의
간암 치유**

내가 화성에서 목회를 하던 때의 일이다. 장인이 몸이 아파서 수원 모 대학 병원에 입원을 하게 되었다. 진단 결과 간암으로 판정이 되어 조직검사까지 마쳤다. 의사의 말로는 확실한 간암으로 크게 자랐다고 했다. 초기라서 수술이나 항암치료를 통해 살 가능성이 컸으면, 의사는 크게 걱정하지 말라고 가족들을 조금은 안심시켰을 것이다. 그러나 그렇지 않았고, 의사의 말과 표정에는 어둠이 깔려있었다. 희망이 없어 보였다. 그러한 의사의 말과 표정을 읽으면서 장모님을 비롯하여 가족들은 절망감에 눈물을 흘렸다.

가족들의 입에서 나오는 말들은 "이제는 죽겠구나" "죽으면 어떻게 해" 하면서 부정적이고 절망적인 말들이 쏟아졌다. 나는 날마다 화성에서 매일 또는 하루 걸러서 출퇴근 하다시피 하며 간절히 기도하였다. 무엇보다도 먼저 가족들의 입에서 나오는 부정적이고 절망적인 말들을 단호히 차단시키며 그런 말을 입 밖에 내지 말라고 주의를 주었다. 하나님의 치유하심을 위해 기도하면서 그런 부정적이고 절망적인 말들은 치유 사역에 절대적 장애물이 되고 방해가 되기 때문이다.

막 5:40에 보면 **"그들이 비웃더라 예수께서 그들을 다 내보내신 후에 아이의 부모와 또 자기와 함께한 자들**(베드로와 야고보와 요한)**을 데리시고 아이 있는 곳에 들어가사"**란 말씀이 나온다. 예수님은 회당장 야이로의 딸을 살리기 위해 죽은 아이의 시신이 있는 곳으로 들어가시면서, 왜 아이의 부모와 세 제자만 함께 있게 하셨는가? 아이의 부모는 자식의 구원을 위한 간절함이 있었고, 세 제자는 예수님의 능력을 믿는 자들이기 때문이라 할 수 있다. 그러나 다른 이들은 아직 믿음을 갖지 못하였고 또한 예수님의 말씀과 행하시는 일을 불신하고 비웃는 자들로 그들과는 사역을 함께 할 수 없기 때문이다.

하나님은 우리의 치료자시요 구원자이시다. 오직 하나님만이 우리의 희망이요 해답이다. 사역자는 이러한 믿음을 가지고 기도에 임하는 것이다. 그러므로 하나님을 불신하는 모든 부정적이고 절망적인 생각과 말들은 마귀로부터 오는 것임을 알고 물리쳐야 한다. 나는 완벽한 확신은 갖지 못했을지라도 전능하신 하나님을 믿는 진실한 믿음과 간절함으로 장인의 간이 있는 위치에 손을 얹어 기도하고 또 기도했다. 예수 이름으로 간암을 일으킨 악하고 더러운 귀신을 나가라고 소리치며 꾸짖었다. 장인도 목사이지만 부족한 사위 목사를 신뢰하며 지푸라기라도 잡는 심정으로 마음을 같이하며 나의 손을 꼭 잡고 간절히 기도했다.

여러 날이 지났다. 장인은 다시 사진을 찍고 검사를 하게 되었다. 그런데 놀라운 일이 일어났다. 단단한 간암 덩어리가 부드럽게 풀어졌다. 기적이 일어난 것이다. 할렐루야!

의사들은 놀랐다. 마치 자기들이 잘못 검진을 하지는 않은 것인지 의문을 갖기도 했다. 장인 본인은 물론 모든 가족들의 얼굴에 근심 빛이 사라졌다. 가족들 모두의 얼굴은 밝게 빛났고, 주님이 주시는 참된 평안함과 소망으로 넘쳐났다. 우리는 하나님께 진심으로 감사하며 영광을 돌렸다. 장인은 얼마간 병원에서 치료를 받고 건강한 몸으로 퇴원을 하였다.

하나님 감사합니다. 모든 영광을 하나님께 돌립니다.

김H권사님의 유방암 치유(본인의 간증)

1983년 12월에 부모님의 사랑과 축복 속에서 결혼하고 출가하여 아들 하나를 얻었다. 결혼생활은 뜻하지 않게 너무 어려워 마음고생은 이루 말할 수 없었고 삶은 고달팠다. 견디는 것이 한계가 있어 남편과 이혼을 하게 되었고, 온갖 일을 하며 죽기 살기로 살았다. 많은 환난이 있었으며 충격을 받을 만한 일들도 있었다. 지금에 와서 생각해 보니 그동안 어떻게 그 힘든 세월을 그래도 잘 참고 버티어 냈는지 아마도 아들이 있었기 때문이라는 생각이 든다.

그렇게 힘들게 살아가던 어느 날, 직장에서 퇴근을 했는데 갑자기 머리가 심하게 아팠다. 아무도 옆에 없어 정신을 바짝 차리고 119를 불러 병원으로 이동하여 검진 결과 뇌출혈이라는 판정을 받았다. 수술 시간은 7시간이 넘게 걸렸다. 나는 그 병원에서 20일 정도 입원을 하고 있다가 퇴원을 했다.

그 후 3일이 지났는데 제 행동이 어린 아이 같았고, 거동에 의심이 가서 또 다시 병원을 찾아가는 일이 생겼다. 원인은 머리에 압이 맞지 않아 물이 찼다하여 다시금 2차 수술을 하게 되었다. 수술이 잘되어 아무런 고통 없이 지내게 되었다. 모든 것이 하나님의 은혜라 생각하며 감사했다. 더 나아가 하나님이 순간순간 함께 해주신다는 믿음이 생겨나고, 내게 주어진 환난은 주님께로 더 가까이 나아가며 믿음이 자라나게 해 주시는 것을 느끼면서 감사했다.

1년이 지났다. 그런데 생각하지 않은 유방암이 발견되었다. 다행스러운 것은 초기라서 가벼운 수술을 하고 방사선 치료를 24번 받았다. 의사는 이런 말을 했다. "만약에 가슴에 큰 고통이 있게 되면 가슴을 절제해야 하는 일이 있을 수 있습니다." 이 말을 들은 나의 마음 한 구석에는 엄청난 공포가 자리 잡기도 했다. 그래서 이런 공포와 불안에서 벗어나기 위해서 직장에 더 열심을 내었고, 또한 특별한 아픔이 없었기 때문에 이런 상황 가운데서도 열심히 출퇴근 하였다.

2018년 3월 첫 주부터 가슴과 등에 통증이 느껴졌다. 밤이면 온 밤을 꼬박 새울 정도로 뼈를 깎는 고통 속에 잠을 못 이루었다. 처음에는 한의원을 찾아보고, 또 내과에서 기본적인 검사를 해 보았지만 이상이 없다 해서 낮에는 견딜 수가 있었는데 밤에는 참을 수가 없었다. 가슴 통증으로 인해 소리 내서 웃지도 울지도 못하고, 재채기도 못했다. 유방암 초기 수술 후, 나의 미련함 때문인지 너무 삶이 바빠서인지 정기적으로 진료를 받아서 확인을 해야 하는데 아무런 고통도 불편함도 없어 병원에 다니며 확인하는 것도 없이 살았다. 그렇게 세월이 4년이 흘렀을 때 다시 유방암이 재발했다는 병원의 진단이 나왔다.

이 무렵 교회에서 권사 임직자로 피택을 받고 교육을 받게 되었다. 그 가운데 나 스스로 지금의 고통을 잘 견디고 이길 수 있을까 하는 생각과 더불어 한편 내 마음에서는 일시적으로 아프다 낫겠지 하는 가벼운 생각도 들었다. 어느 날 장로님 한 분이 저의 아픈 이야기를 듣고 제게 이런 말씀을 해 주셨다.

"권사 임직을 앞두고 하나님이 주시는 기도 제목이라 생각하고 하나님께 부르짖어 기도해봐. 하나님이 집사님 기도에 응답하셔서 가슴의 답답함이 뻥 뚫리고 고쳐주실 수 있으니까."

나는 그 때 그 말이 마음에 와 닿았다. 2018년 3월 18일 오후 예배를 마치고, 집으로 갔다가 저녁에 다시 성전을 찾아 간절히 기도를 하기 시작했다. 당시 나에게는 세광교회 박목사님의 사모님에게 일어난 치유의 기적이 큰 위로와 소망이 되었다. 왜냐하면 병원에서 3주에서 6주 정도밖에 살지 못한다는 의사의 진단이 나왔는데 하나님의 놀라우신 치유의 역사로 사모님이 건강하게 생활을 하였기 때문이었다. 그래서 기도하면 하나님께서 나에게도 고쳐주시는 기적을 나타내시리라는 은근한 기대와 희망을 가지게 되었고, 기도의 자리로 나아갈 수 있었던 것이다.

내가 성전 앞쪽에서 기도할 때, 내가 기도하러 온 것을 아신 목사님께서는 성전 뒤쪽에서 나를 위해 간절한 기도로 지원을 하며 도와주셨다. 나의 병을 고쳐주시고 고통을 낫게 해 달라고 기도하려고 하는데 그러한 기도는 나오지 않고 아들 구원을 위한 간절한 기도가 나왔다.

"하나님 아버지 아들을 불쌍히 여겨주시고 용서해 주시고, 회개하며 하나님께로 돌아오게 해주세요. 아들을 구원해 주세요. 믿음을 갖고 교

회 나오도록 은혜를 베풀어 주세요."

아들을 위해 기도하는데 눈에서는 눈물이 펑펑 쏟아졌다. 그렇게 기도하면서 나 자신이 잘못 살아온 것에 대한 회개의 기도가 나왔다. 이렇게 오래 기도하는 가운데 어느 순간 하나님의 특별한 은혜가 임하였다. 성령께서 나의 머리부터 시작하여 온 몸에 전율이 흐르듯이 뜨겁게 임하여 흐르는 것을 느낄 수 있었다. 순간 나의 마음에는 하나님이 주시는 참 평안함이 임했다. 세상이 줄 수 없는 그런 평안함을 느꼈다. 나의 입에서는 마음 속 깊은 곳에서 우러나오는 감사의 고백이 눈물과 함께 흘러나왔다.

"하나님 아버지 감사합니다. 감사합니다. 나 같은 죄인을 받아주시고 은혜를 베풀어 주셔서 너무너무 감사합니다."

비록 가슴에 통증은 있어도 마음은 평안했다. 그리고 무엇보다도 하나님은 나에게도 은혜를 베푸셔서 고쳐주실 것이라는 믿음을 주셨다.

그런데 새로운 문제가 생겼다. 나와 가족 간에 많은 갈등과 시험이 찾아왔다. 병원에서 유방암 4기라는 판정과 병원에 입원하여 치료를 받아야 한다는 말을 들은 아들과 오빠와 올케와의 대립이 크게 일어났다. 나는 하나님이 고쳐주실 것이기 때문에 병원의 치료를 받지 않겠다 했고, 가족들은 의사의 말을 따라 절대적으로 의사가 하라는 대로 병원에 입원하여 치료를 받아야 한다고 서로 고집을 부렸다.

고난 주간을 맞이했다. 나는 새벽으로 저녁으로 박목사님께 기도를 받았다. 5일째 되던 날 놀랍게도 그렇게 나를 아프고 힘들게 했던 통증이 기도를 받으면서 사라졌다. 그리고 그 날부터는 잠도 편안하게 잘 수 있었다. 나는 하나님께 그리고 목사님께 감사했다. 그리고 하나님께 영광을 돌렸다.

"하나님, 정말 감사해요. 나에게 이런 놀라운 은혜를 베풀어 주셔서 감사합니다."

그 날 부터는 마음도 한결 더 가볍고 평안했고, 몸도 아프지 않으니까 나 자신이 가진 것 없어도 너무 행복하다는 생각에 빠져 살았다. 나를 지켜보는 목사님도, 주위의 사람들도 하는 말이 **"김집사님은 암환자가 건강한 일반인들보다 얼굴이 더 밝고 평안한 것 같다"**고 했다. 사실 그랬다. 암이 재발되기 전 보다 내 마음은 더 평안했고 행복했다. 무엇보다도 하나님께서는 말씀을 통해서 더욱 은혜를 주셨다.

"너희가 **내 이름으로 무엇을 구하든지 내가 행하리니** 이는 아버지로 하여금 아들로 말미암아 영광을 받으시게 하려 함이라 **내 이름으로 무엇이든지 내게 구하면 내가 행하리라**"(요 14:13-14)

하나님은 나에게 하나님의 말씀을 믿는 믿음을 주시고, 또한 기도의 특권을 주신 것을 알게 하셨다. 그래서 하나님의 말씀대로 예수 이름으로 기도하면 우리 주님이 그대로 행하시고 이루시리라는 기대와 소망 속에 나는 기도의 사람으로 발전해 갔다. 새벽에 일어나 성전에 나가는 것이 즐거움이 되었다. 목사님께서 특별히 암송하고 묵상하라고 주신 성경 말씀이 있다.

"예수께서 들으시고 이르시되 **이 병은 죽을 병이 아니라 하나님의 영광을 위함이요** 하나님의 아들이 이로 말미암아 영광을 받게 하려 함이라

하시더라"(요 11:4)

"저물매 사람들이 귀신들린 자를 많이 데리고 예수께 오거늘 **예수께서 말씀으로 귀신들을 쫓아내시고 병든 자들을 다 고치시니** 이는 선지자 이사야를 통하여 하신 말씀에 우리의 연약한 것을 친히 담당하시고 병을 짊어지셨도다 함을 이루려 하심이더라"(마 8:16-17)

이러한 말씀들을 묵상하며 기도할 때 더욱 소망이 넘쳐났고, 하나님의 영광을 위해 내 병을 완전히 고쳐주시리라는 확신이 들었다. 어느 날은 말씀을 묵상하며 기도하고 잠자리에 들었는데 하나님께서 천사들을 보내셔서 내 몸을 만져주심으로 깨끗하게 치료해 주시는 느낌을 받기도 했다. 나는 주님께서 나에게 놀라운 치유의 기적이라는 선물을 주시는 것을 깨달으며 참으로 행복했고 하나님께 감사하지 않을 수 없었다.

2018년 5월 20일, 나에게는 참으로 영광스런 권사 임직식이 있었다. 목사님은 나에게 이번 임직식에 순서에는 없지만 하나님이 특별히 은혜를 베풀어 주신 것에 대해서 간증하라고 하셨다. 마음에도 하나님이 고쳐주신다는 확신 속에 평안함을 주셨고, 또한 목사님이 안수하며 기도해 주심으로 가슴의 모든 고통도 깨끗이 사라진 것에 대해서 모든 분들 앞에서 간증함으로 하나님께 영광을 돌리라고 하셨다.

나는 처음에는 두렵고 떨렸지만 하나님의 은혜에 보답하는 마음과 목사님의 말씀에 순종하는 마음으로 이것을 위해 간절히 기도하고 임직식 날 많은 사람들 앞에서 담대하게 간증을 했다. 많은 사람들의 반응이 좋아서 더욱 감사했다. 그 날의 임직식은 나에게 있어서는 특별히 잊을 수 없는 기쁘고 행복한 추억의 시간이었다. 아들은 나에게 일어나는 놀라운 기적을 느끼며, 2박3일의 여행일정을 잡아 즐거운 시간을 갖기도 했다. 나의 기도는 이것이다.

"하나님 아버지, 예수 이름으로 구하오니 하루 속히 나의 아들에게 믿음의 선물을 주셔서 함께 교회도 다니고 하나님을 사랑하며 섬기는 그 날이 속히 오게 하옵소서."

나는 그 날이 머지않아 올 것을 확신했다.

의사의 권면과 가족들의 성화에 항암치료도 받았다. 그리고 요양원에 입원하게 되었다. 그래도 나는 새벽마다 세광교회 박목사님에게 전화를 걸어 기도 받는 것을 잊지 않고 계속 이어갔다. 내 마음은 변함없이 평안했고, 나의 몸은 계속적으로 좋아지는 것을 느꼈다. 요양원의 많은 환자들은 대부분 얼굴이 어두웠지만 나는 항상 밝게 지냈다. 하나님이 그러한 은혜와 평안함을 주셨다. 요양원 내에서는 이따금 죽어서 요양원을 떠나는 사람들도 있었다. 마음이 아팠다.

그렇게 요양원 생활도 마치고 몸도 많이 좋아져서 가족들과 함께 4박 5일간의 여행도 피곤함 없이 즐겁게 잘 다녀올 수 있었다. 모든 것이 하나님의 은혜다. 하나님은 나의 구원자요 나의 치료자이시다. 또한 하나님은 환난 날의 나의 피난처요 나의 큰 도움이시다. 하나님께 감사하지 않을 수 없다.

집에서 생활하는 동안 할 수 있으면 성전에서 모이는 새벽기도회에 참석하여 기도하고, 일주일에 두 번 정도는 전도하고자 노력하였다. 예수 그리스도의 복음 전파는 나에게 새 생명을 허락하신 주님이 주신 사명이라고 생각했다. 성전 새벽기도회와 전도활동을 혼자는 하기 어려운데 같은 방향에 사시는 마음 착한 이*권사님이 마음을 같이하여 활동할 수 있어서 더욱 가능했다.

정기적으로 병원을 찾아 여러 달에 걸쳐 두 번이나 검진을 받았는데 담당 의사는 암 세포가 깨끗하게 없어졌다고 하면서 완치판정을 내려주었다. 그 때마다 제일 먼저 전화를 걸어 기쁜 소식을 전한 곳은 언제나 진실하고 간절하게 날 위해서 기도해 주신 박목사님이었다. 목사님은 소식을 들을 때마다 하나님께 감사하며 영광을 돌리셨다. 참으로 하나님께 감사하지 않을 수 없고, 영광을 돌리지 않을 수 없는 하나님의 은혜요 기적이다. 이 글을 쓰면서도 나의 눈에는 감사와 감격의 눈물이 흐르고 있다.

나의 이 간증이 암으로 고통당하는 많은 환자들에게 진정한 도움이 되고 희망을 주었으면 하는 마음이다. 앞으로 살아가는 동안 나의 입술로 예수님 자랑하며 살고, 복음전파하며 살기를 마음에 굳게 다짐한다.

그리고 덧붙여 감사하며 증거하고 싶은 것이 있다. 하나님의 은혜로 유방암을 치료받고 해방되었다. 기도의 참맛을 알고 계속 기도생활을 하는 중에 좋으신 하나님은 기도의 응답으로 좋은 아파트도 선물로 주셨다. 유방암 치유 간증을 《**암과 질병 이렇게 고쳐라**》 책에 내어놓을 때만 해도 아들이 교회에 나오지 않아 계속 나의 기도제목이었는데 《**기적을 찾아 떠나는 여행**》에 이 간증을 다시 올리는 지금은 놀라운 기도응답으로 그 아들이 좋은 신앙인 집안의 여성을 만나 사랑으로 교제하며 교회를 다니고 있다.

나를 향한 하나님의 사랑이 어찌 크신지요! 분에 넘치는 사랑을 나에게 쏟아 부어 주셨어요. 나만 특별히 사랑하시는 것 같아 너무 기쁘고 감사하지 않을 수 없어요.

주님 사랑해요. 내가 호흡하는 순간순간 주님을 찬양하고 감사드려요. 주님은 환난 날에 나의 큰 도움이 되셨고, 나의 치료자 나의 구원자가 되셨어요. 하나님 아버지, 진심으로 사랑하며 무한 감사드려요. 할렐루야!

기적을 찾아 떠나는 여행

초판 인쇄   2022년 4월 14일
초판 발행   2022년 4월 17일

지 은 이   야곱 박찬범
펴 낸 곳   코람데오
등   록   제300-2009-169호
주   소   서울시 종로구 세종대로 23길 54, 1006호
전   화   02)2264-3650, 010-5415-3650
             FAX. 02)2264-3652
E-mail   soho3650@naver.com

ISBN | 979-11-92191-07-2 03230

값 15,000원